Georgische Verbtabellen

Steffi Chotiwari-Jünger, Damana Melikischwili, Lia Wittek

Georgische Verbtabellen

Steffi Chotiwari-Jünger, Damana Melikischwili, Lia Wittek

BUSKE

Bibliografische Information der Deutschen Nationalbibliothek

Die Deutsche Nationalbibliothek verzeichnet diese Publikation in der Deutschen Nationalbibliografie; detaillierte bibliografische Daten sind im Internet über <http://dnb.d-nb.de> abrufbar.
ISBN 978-3-87548-510-3

 Druck und Bindung: Druckhaus „Thomas Müntzer", Bad Langensalza. Papier: alterungsbeständig nach ANSI-Norm resp. DIN-ISO 9706, hergestellt aus 100% chlorfrei gebleichtem Zellstoff. Printed in Germany. *www.buske.de*

Inhaltsverzeichnis

Vorwort

In Deutschland haben Lernende der georgischen Sprache mit zwei Lehrbüchern (Lia Abuladze und Andreas Ludden: »Lehrbuch der georgischen Sprache«, Hamburg 2006 / Kita Tschenkeli: »Einführung in die georgische Sprache« in zwei Bänden, Zürich 1958) sowie mit einigen Kassetten und CDs bzw. DVDs seit Jahren die Möglichkeit, sich unter Anleitung oder selbstständig in die als sehr schwierig geltende georgische Sprache einzuarbeiten und einen großen Wortschatz anzueignen.

Auch das Übersetzen aus dem Georgischen ist mit dem Wörterbuch von K. Tschenkeli (»Georgisch-deutsches Wörterbuch«, Zürich 1960–74) und dem darin enthaltenen Verbwurzelverzeichnis aufgrund der Kompliziertheit des georgischen Verbs zwar nicht einfach, aber durchaus erlernbar. Das »Deutsch-georgische Wörterbuch« von Yolanda Marchev aus dem Jahre 1999 stellt hierzu eine sehr wichtige Ergänzung dar.

Nachdem einige meiner Studierenden, Wissenschaftler und andere Georgisch-Interessierte über die Grundlagen des Georgischen hinauswuchsen, stellte ich fest, dass gerade die aktive Unterhaltung in der georgischen Sprache (Austausch über Sachverhalte, Diskussionen etc.) sowie die Übersetzung aus dem Deutschen ins Georgische große Schwierigkeiten bereiteten, hierfür jedoch keinerlei Lehrbücher und Hilfsmittel für Fortgeschrittene zur Verfügung standen. Dies betraf vor allem das überaus komplizierte georgische Verb.

Bereits seit Längerem dachte ich daher darüber nach, zu diesem Zweck einen Apparat für Anfänger und fortgeschrittene Lernende zu erstellen, der sich nicht nur an Sprachwissenschaftler und Kartwelologen richten sollte. Nach mehreren Anläufen fand ich mit Damana Melikischwili (Tbilisi) und Lia Wittek (Berlin) zwei georgische Mitstreiterinnen.

Damana Melikischwili lieferte mit ihrem Buch »kartuli zmnis uγlebis sist̥ema« (Das Konjugationssystem des georgischen Verbs, Tbilisi 2001) die theoretische Grundlage für das vorliegende Buch (Teil 3). Seit 1975 arbeitete Frau Melikischwili an der Klassifizierung des georgischen Verbs und führte das Prinzip der drei Diathesen ein, das auch in das »Lehrbuch der georgischen Sprache« von Abuladze/Ludden einfloss.[1]

Lia Wittek wiederum konnte mich als Muttersprachlerin in Berlin vor allem bei der Erarbeitung der Verbtabelle in Teil 2 engagiert unterstützen.

Ich selbst brachte meine jahrzehntelangen Erfahrungen als Georgischdozentin (Humboldt-Universität und Freie Universität Berlin) und Übersetzerin ein und wusste, worin die Schwierigkeiten beim aktiven Sprechen und Schreiben sowie die Mängel an Hilfsmitteln bestanden.

[1] Zu dem Thema sind bereits zwei Artikel von Damana Melikischwili in deutscher Sprache in der wissenschaftlichen Zeitschrift »Georgica« (Zeitschrift für Kultur, Sprache und Geschichte Georgiens und Kaukasiens) erschienen: »Das System der Konjugation des transitiven Verbs im modernen Georgisch« (Georgica 1978, S. 17–23) und »Zu den Prinzipien der Klassifikation und Qualifikation konjugierter Formen des georgischen Verbs« (Georgica 29 (2006), S. 23–36).

So entstand das vorliegende Verbenbuch für deutsche Lernende: ein Buch, das es in ähnlicher Form bereits für viele andere Sprachen gibt und das in Zukunft neben Lehr- und Wörterbuch zweifellos zum Grundinventar eines jeden Lernenden der georgischen Sprache gehören sollte.

Danken möchte ich all meinen Studierenden, die in den letzten Semestern gemeinsam mit mir verstärkt Verbendiskussionen führten, sowie deren georgischen Freunden und Verwandten, die uns mit Rat und Tat zur Seite standen. Ein besonderer Dank gilt meinem Ehemann Artschil Chotiwari, der nun schon jahrelang geduldig meine Fragen »erträgt«.

Steffi Chotiwari-Jünger Juni 2010

Verwendete Literatur

Abuladze, L. / Ludden, A.: *Lehrbuch der georgischen Sprache*. Hamburg 2006.
beglarišvili, c. / gagniʒe, ǯ. / gvencaʒe, m.: *mok̥le germanuli-kartuli leksik̥oni*. Tbilisi 1990.
Jelden, M.: *Wörterbuch Deutsch-Georgisch/Georgisch-Deutsch.* Hamburg 2001.
Marchev, Y.: *Deutsch-Georgisches Wörterbuch.* Freudenstadt 1999.
Melikishvili, D. / Humphries, J. D. / Kupunia, M.: *The Georgian Verb. A Morphosyntactic Analysis*. Hyattsville 2008.
Melikišvili, D.: *kartuli zmnis uγlebis sist̥ema*. Tbilisi 2001.
Tschenkéli, K.: *Georgisch-Deutsches Wörterbuch*. Zürich 1960.
Tschenkéli, K.: *Einführung in die georgische Sprache*. Zürich 1959.

Vorbemerkungen zur Verbtabelle

1 Benutzerhinweise

Mit der folgenden Verbtabelle können Sie ausgehend von einem deutschen Verb (z.B. abfinden: abfinden (jmdn.) / abfinden, sich) das entsprechende georgische Verb samt seiner drei Grundformen aufspüren, die man sich beim Erlernen jedes georgischen Verbs einprägen sollte.

In der ersten Spalte stehen der deutsche Infinitiv (z.B. schreiben) und das entsprechende georgische Verbalnomen, da es im Georgischen keinen Infinitiv gibt, sondern nur ein Verbalnomen (das Schreiben). Danach folgen drei Spalten mit den Ausgangsverbformen für die drei Zeitgruppen Präsens, Aorist und Perfekt, oder – falls es eine dieser Formen nicht gibt – eine entsprechende andere Form, z.B. Imperfekt statt Aorist. Es folgt die Angabe der Nummer des jeweiligen Verbparadigmas (1–66) in Teil 3 (S. 95–136), das als Beispiel für den entsprechenden Konjugationstyp gegeben wird.

Darüber hinaus gibt es noch spezielle Angaben zu den Verben, die den Lernenden bisweilen gewisse Schwierigkeiten bereiten, da sie im Deutschen gar nicht oder nur wenig bekannt sind:

1. Es wird vermerkt, wie ein georgisches Verb gebraucht wird, z.B. ausziehen (etw.), ausziehen (jmdn.):

ausziehen (etw.) გახდა	იხდის	გაიხადა	(არ) გაუხდია	24
ausziehen (jmdn.)	ხდის	გახადა	(არ) გაუხდია	24
ausziehen, sich	იხდის	გაიხადა	(არ) გაუხდია	24

2. Auch wird bereits aus der Tabelle ersichtlich, ob es sich bei einem Verb um ein Verb der 1., 2. oder 3. Konjugation handelt, ob das logische Subjekt in allen drei Zeitgruppen im Nominativ (2. Konjugation) oder im Dativ steht (3. Konjugation, inversive Verben wie etwa »mir gehört«) oder ob es wechselnde logische Subjekte gibt (1. Konjugation: In der ersten Zeitgruppe steht das logische Subjekt im Nominativ, in der zweiten Zeitgruppe im Ergativ, in der dritten Zeitgruppe im Dativ). Da die Verben der 1. Konjugation die mit Abstand häufigsten Verben im Georgischen sind, ist die Tabelle auf diese Verben ausgerichtet. Alle anderen Verben werden mit abweichenden Personalpronomen angegeben. Folglich steht über der 2. Spalte ის, über der 3. Spalte მან und über der 4. Spalte მას:

Infinitiv / Georg. Verbalnomen	3. Pers. Präsens ის	3. Pers. Aorist მან	3. Pers. Perfekt მას	Nr.
	რას შვრება?	რა ქნა?	რა უქნია?	

3. Gleichzeitig werden häufige Passiva und Kausativa verzeichnet, da diese im Georgischen nicht aus verschiedenen Elementen zusammengesetzt werden (im Deutschen: es wird gemacht / im Georgischen ein Wort: კეთდება).

machen/tun 2				
გაკეთება	აკეთებს	გააკეთა	(არ) გაუკეთებია	28
gemacht werden	კეთდება	ის გაკეთდა	ის (არ) გაკეთებულა	44
jmdn. etw. machen lassen	აკეთებინებს	გააკეთებინა	(არ) გაუკეთებინებია	28

4. Bei einigen Verben wird darüber hinaus angegeben, für wen (zu wessen Gunsten, wem zuliebe, an wessen Stelle) eine Tätigkeit ausgeführt wird. Auch hierdurch verändert sich das Verb:

a. **მიხატავს** er malt für mich / an meiner Stelle etwas
   ხატავს er malt
   მხატავს er malt mich

b. **მიგზავნის** er schickt für mich
   გზავნის er schickt etwas
   მგზავნის er schickt mich

c. **გამიყიდა** er verkaufte für mich / an meiner Stelle etwas
   გაყიდა er verkaufte etwas
   გამყიდა er verkaufte mich
   მომყიდა er verkaufte mir etwas

5. Bei einigen wenigen Verben wird auch ein unterschiedliches Präfix im Aorist / Perfekt vermerkt, je nachdem, ob eine Tätigkeit neutral oder zu einer Person hin oder her ausgeführt wird: z.B. schreiben:

schreiben (etw.) წერა	წერს	დაწერა	(არ) დაუწერია	18
schreiben (hin) მიწერა	სწერს	მისწერა	(არ) მიუწერია	18
schreiben (her) მოწერა	სწერს	მოსწერა	(არ) მოუწერია	18

6. Verben, die in der Einzahl und Mehrzahl unterschiedliche Verbwurzeln benutzen, werden entsprechend angegeben:

sitzen (EZ) ჯდომა	ზის	ის იჯდა	ის (არ) მჯდარა	I.
sitzen (MZ) სხდომა	ისინი	ისინი	ისინი	
	სხედან	ისხდნენ	(არ) მსხდარან	

7. Auch jene Verben, die zwischen Gegenständen oder etwas Belebtem unterscheiden, sind vermerkt:

hinbringen (etw.) მიტანა	მას მიაქვს	მიიტანა	(არ) მიუტანია	I.
hinbringen (jmdn.) მიყვანა	მიჰყავს	მიიყვანა	(არ) მიუყვანია	

8. Verben, die bei besonderer Höflichkeit ein anderes Verb benutzen, sind ebenfalls aufgelistet:

sein ყოფნა	არის	ის იყო	ის (არ) ყოფილა	I.
ბრძანება	ბრძანდება	ის ბრძანდებოდა	ის (არ) ბრძანებულა	I.
sein ხლება	გახლავს	გახლდა	(არ) გხლებია	I.

Sicher werden Sie nicht alle Verben in der vorliegenden Verbtabelle finden, wenngleich wir uns bemüht haben, die wichtigsten zusammenzutragen. Aber Sie können Ihre persönlich notwendigen

Verben in dieser Weise auch selbst erstellen. Um von georgischen Muttersprachlern hierfür die richtigen Zeitformen zu erhalten, sollten Sie ihnen die folgenden Fragen stellen. Und vergessen Sie nicht, auch nach dem Personalpronomen zu fragen, um gleich eine Einordnung in einen der drei Konjugationstypen vornehmen zu können. Daneben bietet es sich auch an, zu erfragen, wie das Verb konjugiert wird, wenn es sich um einen Gegenstand oder eine Person handelt, wenn es ein oder zwei Objekte besitzt …

I. Zeitgruppe | I სერია

1. Präsens | აწმყო — რას შვრება?
2. Imperfekt | უწყვეტელი — რას შვრებოდა?
3. Konjunktiv Präsens | აწმყოს კავშირებითირას შვრებოდეს?
4. Futur | მყოფადი — რას იზამს?
5. Konditional | ხოლმეობითი-პირობითი — რას იზამდა?
6. Konjunktiv Futur | მყოფადის კავშირებითი — რას იზამდეს?

II. Zeitgruppe | II სერია

7. Aorist | წყვეტილი — რა ქნა?
8. Optativ | II კავშირებითი — რა ქნას?

III. Zeitgruppe | III სერია

9. Perfekt | რეზულტატივი — რა უქნია?
10. Plusquamperfekt | II რეზულტატივი — რა უქნა?
11. Konjunktiv Perfekt | III კავშირებითი — რა უქნას?

Es folgen Erläuterungen zur Anwendung der Zeiten und Modi:

1. Präsens: 1. Gegenwart, 2. Futur (wie im Deutschen ist es aber auch möglich zu sagen »Morgen gehe ich in die Stadt« statt »Morgen werde ich in die Stadt gehen«, vorwiegend in nächster Zukunft); 3. verneinter Imperativ der 2. Person mit **ნუ.**

2. Imperfekt: Vergangenheitsbeschreibung, die lange andauert, unabgeschlossen oder wiederholt beschrieben ist (»Gestern habe ich am Haus gebaut.« [es ist noch nicht fertig]. »Vorgestern bin ich den ganzen Tag geschwommen.«).

3./5./6. Konjunktiv Präsens/Futur und Konditional: Möglichkeitsform in der Gegenwart bzw. in der Zukunft, steht in Nebensätzen mit dem Wort **რომ** (wenn), im Hauptsatz steht Konditional (»Wenn ich zur Schule ginge, hätte ich gute Zensuren«); außerdem:

Konjunktiv Präsens: nach Wörtern wie: **ნეტავი** (wenn doch), **თითქოს** (als ob)

Konjunktiv Futur: nach Wörtern wie: **ნეტავი** (wenn doch), **თითქოს** (als ob)

Konditional: in Sätzen mit **ხოლმე** (pflegte zu tun); nach Ausdrücken wie **შენ ადგილზე** (an deiner Stelle). Siehe auch: Plusquamperfekt (Hauptsatz Konditional, Nebensatz Plusquamperfekt).

4. Futur: zukünftige Handlung; verneinter Imperativ der 2. Person mit **ნუ.**

7./9. Aorist / Perfekt

Aorist: abgeschlossene Vergangenheit, normale bejahte Erzähl- und Schreibform in der Vergangenheit, ein verneinter Aorist bedeutet »nicht wollen« (»Ich wollte den Brief nicht schreiben« statt »Ich habe den Brief nicht geschrieben.«); bejahter Imperativ der 2. Person.

Perfekt: abgeschlossene Vergangenheit, die der Erzähler selbst nicht erlebt, sondern nur gehört hat (»Wie sich herausgestellt hat,/Offensichtlich hat er den Brief geschrieben.«) sowie jede Art normaler verneinter Erzähl- und Schreibform.

8. Optativ: nach Verben und Ausdrücken wie wollen, mögen, sich bemühen, können, jmdn. bitten, müssen, sollen, es ist möglich, es ist nötig, es ist erforderlich, es ist Zeit, es ist unmöglich, es ist besser, es ist vorzuziehen, (es) kann sein (,dass), selbst wenn, wenn auch … (Im Deutschen steht hier meist der Infinitiv); in Sätzen mit რომ (um zu, damit); der verneinte Imperativ für die 2. Person mit არ (»Du sollst nicht lachen.«); der Imperativ der 1. und 3. Person (»Wollen wir tanzen!«, »Soll er doch sprechen!«).

10. Plusquamperfekt: 1. Vorvergangenheit, 2. steht in Nebensätzen mit dem Wort რომ (wenn), im Hauptsatz steht Konditional (»Wenn ich zur Schule gegangen wäre, hätte ich gute Zensuren.«); nach Verben und Ausdrücken wie: musste, sollte, es war möglich, es war nötig, es war erforderlich, es war Zeit, es war unmöglich … (Im Deutschen steht hier meist der Infinitiv); 3. Gebrauch anstelle des Konjunktiv Perfekts.

11. Konjunktiv Perfekt: Konjunktiv der Vergangenheit, steht nach bestimmten Wörtern oder Ausdrücken (müsste, hätte), Wunschformeln (du solltest, du sollst …), heute seltener gebraucht, wird durch Plusquamperfekt ersetzt.

2 Das georgische Verb im Vergleich zum deutschen

2.1 Das Verbalnomen

Die erste Unsicherheit beim Erlernen der georgischen Verben ergibt sich bereits dadurch, dass die georgische Sprache nicht über einen Infinitiv, sondern über ein Verbalnomen verfügt.[2] Daraus folgt, dass jedes georgische Verb in einer bestimmten Person erlernt werden muss (am besten in der 3. Person Singular).

2.2 Einteilung der Konjugationstypen nach morphologischen Gesichtspunkten

Wie ein georgisches Verb konjugiert wird (1., 2. oder 3. Konjugation), kann man lediglich an der Verbform der 3. Person Singular Präsens (zusammen mit dem Personalpronomen) erkennen, d.h.

[2] Übersetzungen von Beispielen georgischer Verben ins Deutsche werden im vorliegenden Buch aber im Infinitiv angegeben.

von dieser Form ableiten (morphologische Unterscheidung); allenfalls gibt es gewisse syntaktische und semantische Unterschiede oder Hilfestellungen.[3]

Es folgt eine Übersicht über die Merkmale der drei Konjugationstypen georgischer Verben (Anzahl: ca. 9000 Stück).

[3] Die theoretische Grundlage für die drei Hauptkonjugationen und 66 Verbparadigmen können Interessierte in den folgenden Büchern nachschlagen: Melikišvili, D.: *kartuli zmnis uγlebis sisṭema*. Tbilisi 2001. Melikishvili, D. / Humphries, J. D. / Kupunia, M.: *The Georgian Verb. A Morphosyntactic Analysis*. Hyattsville 2008.

1. Konjugation = 1. Diathese[4]	
Verbtyp	transitive Verben und intransitive, aktive Mittelverben
Menge	ca. 5300 Verben
Verbparadigmen	§ 1–34 / 34 Konjugationstypen
Merkmale	– 3. Person Singular Präsens mit Personalsuffix **-ს** am Ende – Personalpronomen: **ის** in erster Zeitgruppe, **მან** in zweiter Zeitgruppe, **მას** in dritter Zeitgruppe
Beispiele	– *transitive Verben*: **ის წერს-მან დაწერა / მას (არ) დაუწერია** (er schreibt / er schrieb (nicht)) – *aktive Mittelverben*: **ის მღერის-მან იმღერა / მას (არ) უმღერია** (er singt / er sang (nicht))
2. Konjugation = 2. Diathese	
Verbtyp	intransitive abgeleitete denominale und deverbale, passive und (nach deutschem Verständnis) reflexive Verben
Menge	ca. 2300 Verben
Verbparadigmen	§ 35–52 / 18 Konjugationstypen
Merkmale	– 3. Person Singular Präsens mit Personalsuffix **-ა** am Ende – Personalpronomen: **ის** in allen Zeitgruppen
Beispiele	– *denominale / deverbale Verben*: **ის წითლდება-ის გაწითლდა / ის (არ) გაწითლებულა** (er wird rot / er wurde (nicht) rot) // **ის კეთდება-ის გაკეთდა / ის (არ) გაკეთებულა** (es wird gemacht / es wurde (nicht) gemacht) – *Handlungspassiv*: **ის იწყება-ის დაიწყო / ის (არ) დაწყებულა** (er wird begonnen / er wurde (nicht) begonnen)

[4] Die Grundlage für die Einteilung in die drei georgischen Hauptkonjugationstypen stellt das grammatische morphosyntaktische Prinzip dar (Dionysios Thrax hat diesen Terminus in seiner »Grammatik« verwendet). Diese Klassifikation stützt sich nicht auf eine sogenannte semantische Kategorie des Genus. Jede einzelne Diathese eint eine Verbstruktur, und zwischen den Verbgruppen besteht eine syntaktische Beziehung (syntaktische Konstruktion). Im Einzelnen: In der 1. Konjugation (1. Diathese) sind Verben der R-0(Null)-Struktur und einer veränderlichen syntaktischen Konstruktion (Ergativkonstruktion) vereinigt, deren Subjekt kasusveränderlich ist: In der Präsens-Zeitgruppe steht das Subjekt im Nominativ, in der Aorist-Zeitgruppe im Ergativ, in der Perfekt-Zeitgruppe im Dativ. Bei der 2. Konjugation (2. Diathese) sind Verben der R-I-Struktur vereinigt. Diese besitzen eine stabile Subjektkonstruktion (Nominativkonstruktion), deren Subjekt in allen Zeitgruppen im Nominativ steht. Die Dativkonstruktion der 3. Konjugation (3. Diathese) vereinigt hauptsächlich affektive Verben (Verben der Gemütserregung). Der hier immer im Dativ stehende Aktant (logisches Subjekt) ist ein empfindendes, einen schwachen Willen habendes Subjekt.

	– *Zustandspassiv*: ის სწერია / ის (არ) ეწერა (er ist geschrieben / er war (nicht) geschrieben) – *reflexives Verb*: ის იმალება-ის დაიმალა / ის (არ) დამალულა (er versteckt sich / er versteckte sich (nicht))
3. Konjugation = 3. Diathese	
Verbtyp	indirekte = inversive Verben
Menge	ca. 280 Verben
Verbparadigmen	§ 53–66 / 14 Konjugationstpypen
Merkmale	– 3. Person Singular Präsens mit Personalpräfix **ს/ჰ/0**- am Anfang – Personalpronomen: მას in allen Zeitgruppen
Beispiele	*inversive Verben*: მას მოსწონს-მას მოეწონა / მას (არ) მოსწონებია (ihm gefällt / ihm gefiel (nicht)) // მას ჰქვია-მას ერქვა / მას (არ) რქმევია (er heißt / er hieß (nicht)) // მას უნდა-მას უნდოდა / მას (არ) ნდომებია (er will / er wollte (nicht))
Ausnahmen	
Verbtyp	irreguläre oder eigentümliche Verben
Verbparadigmen	I.
Beispiele	არის (er ist) // მიდის (er geht)

Im Folgenden werden einzelne Verben der drei Konjugationstypen aufgeführt:

1. Konjugation (transitive Verben) (jeweils 3. Person Präsens / Futur / Aorist / Perfekt)

reinigen	ის წმენდს, ის გაწმენდს, მან გაწმინდა, მას (არ) გაუწმენდია
schreiben	ის წერს, ის დაწერს, მან დაწერა, მას (არ) დაუწერია
fangen	ის იჭერს, ის დაიჭერს, მან დაიჭირა, მას (არ) დაუჭერია
essen	ის ჭამს, ის ჭამს, მან ჭამა, მას (არ) უჭამია
abschicken	ის გზავნის, ის გაგზავნის, მან გაგზავნა, მას (არ) გაუგზავნია

verkaufen	ის ყიდის, ის გაყიდის, მან გაყიდა, მას (არ) გაუყიდია
entfalten	ის შლის, ის გაშლის, მან გაშალა, მას (არ) გაუშლია
öffnen	ის ხსნის, ის გაიხსნის, მან გაიხსნა, მას (არ) გაუხსნია
zählen	ის თვლის, ის გათვლის, მან გათვალა, მას (არ) გაუთვლია
waschen	ის რეცხავს, ის გარეცხავს, მან გარეცხა, მას (არ) გაურეცხავს
malen	ის ხატავს, ის დახატავს, მან დახატა, მას (არ) დაუხატავს
schließen	ის ხურავს, ის დახურავს, მან დახურა, მას (არ) დაუხურავს
abschließen	ის კეტავს, ის დაკეტავს, მან დაკეტა, მას (არ) დაუკეტავს//ია
nähen	ის კერავს, ის შეკერავს, მან შეკერა, მას (არ) შეუკერავს//ია
einschenken	ის ასხამს, ის დაასხამს, მან დაასხა, მას (არ) დაუსხამს//ია
(aus)trinken	ის სვამს, ის დალევს//შესვამს, მან დალია//შესვა, მას (არ) დაულევია//შეუსვია
bauen	ის აშენებს, ის ააშენებს, მან ააშენა, მას (არ) აუშენებია
machen	ის აკეთებს, ის გააკეთებს, მან გააკეთა, მას (არ) გაუკეთებია
wiederholen	ის იმეორებს, ის გაიმეორებს, მან გაიმეორა, მას (არ) გაუმეორებია
beginnen	ის იწყებს, ის დაიწყებს, მან დაიწყო, მას არ დაუწყია
einladen	ის პატიჟებს, ის დაპატიჟებს, მან დაპატიჟა, მას არ დაუპატიჟებია
löschen	ის აქრობს, ის გააქრობს, მან გააქრო, მას არ გაუქრია
wärmen	ის ათბობს, ის გაათბობს, მან გაათბო, მას არ გაუთბია
backen	ის აცხობს, ის გამოაცხობს, მან გამოაცხო, მას არ გამოუცხვია

1. Konjugation (aktive Mittelverben) (jeweils 3. Person Präsens / Futur / Aorist / Perfekt)

wohnen, leben	ის ცხოვრობს, ის იცხოვრებს, მან იცხოვრა, მას (არ) უცხოვრია
sich bewegen	ის მოძრაობს, ის იმოძრავებს, მან იმოძრავა, მას (არ) უმოძრავია
spazieren	ის სეირნობს, ის ისეირნებს, მან ისეირნა, მას (არ) უსეირნია
schreien	ის ყვირის, ის იყვირებს, მან იყვირა, მას (არ) უყვირია
tanzen	ის ცეკვავს, ის იცეკვებს, მან იცეკვა, მას (არ) უცეკვია

weinen	ის ტირის, ის იტირებს, მან იტირა, მას (არ) უტირია
sich drehen	ის ტრიალებს, ის იტრიალებს, მან იტრიალა, მას (არ) უტრიალია
fliegen	ის ფრინავს, ის იფრენს, მან იფრინა, მას (არ) უფრენია
zittern	ის კანკალებს, ის იკანკალებს, მან იკანკალა, მას (არ) უკანკალია
stöhnen	ის კვნესის, ის იკვნესებს, მან იკვნესა, მას (არ) უკვნესია
schwimmen	ის ცურავს, ის იცურავებს, მან იცურავა/იცურა, მას (არ) უცურავია
sprechen	ის ლაპარაკობს, ის ილაპარაკებს, მან ილაპარაკა, მას (არ) ულაპარაკია
denken	ის ფიქრობს, ის იფიქრებს, მან იფიქრა, მას (არ) უფიქრია
flüstern	ის ჩურჩულებს, ის იჩურჩულებს, მან იჩურჩულა, მას (არ) უჩურჩულია
lachen	ის იცინის, ის იცინებს, მან იცინა, მას (არ) უცინია
singen	ის მღერის, ის იმღერებს, მან იმღერა, მას (არ) უმღერია
frühstücken	ის საუზმობს, ის ისაუზმებს, მან ისაუზმა, მას (არ) უსაუზმია
spielen	ის თამაშობს, ის ითამაშებს, მან ითამაშა, მას (არ) უთამაშია
lernen	ის სწავლობს, ის ისწავლის, მან ისწავლა, მას (არ) უსწავლია
handeln	ის მოქმედებს, ის იმოქმედებს, მან იმოქმედა, მას (არ) უმოქმედია
arbeiten	ის მუშაობს, ის იმუშავებს, მან იმუშავა, მას (არ) უმუშავია
ausfindig machen	ის შოულობს, ის იშოვნის, მან იშოვნა, მას (არ) უშოვნია
bitten, fordern	ის თხოულობს, ის ითხოვს, მან ითხოვა, მას (არ) უთხოვია
kaufen	ის ყიდულობს, ის იყიდის, მან იყიდა, მას (არ) უყიდია

2. Konjugation (jeweils 3. Person Präsens / Futur / Aorist / Perfekt)

geschrieben werden	ის იწერება, ის დაიწერება, ის დაიწერა, ის (არ) დაწერილა
geschnitten werden	ის იჭრება, ის დაიჭრება, ის დაიჭრა, ის (არ) დაჭრილა
wachsen	ის იზრდება, ის გაიზრდება, ის გაიზარდა, ის (არ) გაზრდილა
angebrannt werden	ის ინთება, ის აინთება, ის აინთო, ის (არ) ანთებულა
begonnen werden	ის იწყება, ის დაიწყება, ის დაიწყო, ის (არ) დაწყებულა

gezählt/gehalten werden	ის ითვლება, ის დაითვლება, ის დაითვალა//დათვლილ იქნა, ის (არ) დათვლილა
zerstört werden	ის ინგრევა, ის დაინგრევა, ის დაინგრა, ის (არ) დანგრეულა
schmutzig werden	ის ისვრება, ის დაისვრება, ის დაისვარა, ის (არ) დასვრილა
geöffnet werden	ის იხსნება, ის გაიხსნება, ის გაიხსნა, ის (არ) გახსნილა
ausgegeben werden	ის იხარჯება, ის დაიხარჯება, ის დაიხარჯა, ის (არ) დახარჯულა
gehängt werden	ის იკიდება, ის დაიკიდება, ის დაიკიდა, ის (არ) დაკიდულა
gewärmt werden	ის თბება, ის გათბება, ის გათბა, ის (არ) გამთბარა
bleiben	ის რჩება, ის დარჩება, ის დარჩა, ის (არ) დარჩენილა
fallen	ის ვარდება, ის დავარდება, ის დავარდა, ის (არ) დავარდნილა
sterben	ის კვდება, ის მოკვდება, ის მოკვდა, ის (არ) მომკვდარა
sich stellen	ის დგება, ის დადგება, ის დადგა, ის (არ) დამდგარა
sich setzen	ის ჯდება, ის დაჯდება, ის დაჯდა, ის (არ) დამჯდარა
sich hinlegen	ის წვება, ის დაწვება, ის დაწვა, ის (არ) დაწოლილა
gemacht werden	ის კეთდება, ის გაკეთდება, ის გაკეთდა, ის (არ) გაკეთებულა
gesäubert werden	ის იწმინდება, ის გაიწმინდება, ის გაიწმინდა, ის (არ) გაწმენდილა
angesiedelt werden	ის სახლდება, ის დასახლდება, ის დასახლდა, ის (არ) დასახლებულა
verteuert werden	ის ძვირდება, ის გაძვირდება, ის გაძვირდა, ის (არ) გაძვირებულა
schwarz werden	ის შავდება, ის გაშავდება, ის გაშავდა, ის (არ) გაშავებულა
groß werden	ის დიდდება, ის გადიდდება, ის გადიდდა, ის (არ) გადიდებულა
fertig werden	ის მზადდება, ის მომზადდება, ის მომზადდა, ის (არ) მომზადებულა

2. Konjugation (Zustandspassiv) (wenig entwickelt, ca. 56 Verben, jeweils 3. Person Präsens / Futur / Aorist / Perfekt. Diese Verben werden v. a. in der 3. Person gebraucht)

ist auf etw. geschrieben	აწერია
ist für jmdn. geschrieben	უწერია
ist geschrieben	წერია

es ist geschrieben	ის წერია/სწერია, ის ეწერება, ის ეწერა, ის (არ) წერებულა//ჩა/დაწერებულა
es ist auf/an etw. angebunden	ის აბია, ის ებმება, ის ება, ის (არ) დაბმულა
es liegt / es ist hingeworfen	ის გდია, ის ეგდება, ის ეგდო, ის (არ) გდებულა
es ist angenäht	ის აკერია, ის ეკერება, ის ეკერა, ის (არ) ჰკერებია
es fehlt ihm	ის აკლია, (დააკლდება), ის აკლდა(დააკლდა), ის (არ) ჰკლებია
es ist eingegossen/gefüllt	ის ასხია, ის ესხმება, ის ესხა, ის (არ) სხმია
es ist ausgehängt/ausgebreitet	ის ფენია, ის ეფინება, ის ეფინა, ის (არ) დაფენილა
es liegt/ist gelagert/geordnet/hingestellt	ის აწყვია, ის ეწყობა, ის ეწყო, ის (არ) წყობილა
es hängt	ის ჰკიდია, ის ეკიდება, ის ეკიდა, ის (არ) კიდებულა

3. Konjugation (inversive = indirekte Verben) (jeweils 3. Person Präsens / Futur / Aorist / Perfekt)

ihm gefällt	მას მოსწონს, მას მოეწონება, მას მოეწონა, მას (არ) მოსწონებია
ihn freut	მას უხარია, მას გაეხარდება, მას გაეხარდა, მას (არ) გახარებია
ihm tut etwas weh	მას (ს)ტკივა, მას (ს)ტკივდება, მას (ს)ტკიოდა, მას (არ) (ს)ტკივებია
ihm ist kalt	მას (ს)ცივა, მას შე(ს)ცივდება, მას შე(ს)ცივდა, მას (არ) შე(ს)ცივნია.
ihm ist heiß	მას (ს)ცხელა, მას და(ს)ცხება, მას და(ს)ცხა, მას (არ) და(ს)ცხომია
ihm scheint	მას ჰგონია, მას ეგონება, მას ეგონა, მას (არ) ჰგონებია
ihm ist zum Weinen	მას ეტირება, მას აეტირება, მას ეტირებოდა, -
ihm ist zum Singen	მას ემღერება, მას აემღერება, მას ემღერებოდა, -
ihm ist zum Lachen	მას ეცინება, მას გაეცინება, მას ეცინებოდა, მას (არ) გა(ს)ცინებია
ihm kommt es sauer vor	მას ემჟავება, მას აემჟავება, მას ემჟავებოდა, მას (არ) მჟავებია
ihn reut etwas	მას ენანება, მას დაენანება, მას ენანებოდა, მას (არ) დანანებია
er hat Hunger	მას (ს)შია, მას მოშივდება, მას მოშივდა, მას (არ) მოშივებია
er hat Durst	მას სწყურია, მას მო(ს)წყურდება, მას მო(ს)წყურდა, მას (არ) მო(ს)წყურებია
er hat Zeit	მას სცალია, მას ეცლება, მას ეცალა, მას (არ) სცალებია

er braucht	მას (ს)ჭირდება, მას და(ს)ჭირდება, მას და(ს)ჭირდა, მას (არ) და(ს)ჭირვებია
er hasst	მას სძულს, მას შესძულდება, მას სძულდა, მას (არ) სძულებია
er heißt	მას ჰქვია, მას ერქმევა, მას ერქვა, მას (არ) რქმევია
er liebt	მას უყვარს, მას ეყვარდება, მას უყვარდა, მას (არ) ჰყვარებია
er will	მას უნდა, მას მოუნდება, მას მოუნდა, მას (არ) ნდომია
er kann/vermag	მას შეუძლია, მას შეეძლება, მას შეეძლო, მას (არ) შე(ს)ძლებია
er wundert sich	მას უკვირს, მას გაუკვირდება, მას გაუკვირდა, მას (არ) გაჰკვირვებია
er freut sich	მას უხარია, მას გაეხარდება, მას გაეხარდა, მას (არ) გაჰხარებია
er hat Angst	მას ეშინია, მას შეეშინდება, მას შეეშინდა, მას (არ) შეშინებია
er hält etwas	მას უჭირავს, ის დაიჭერს, მას ეჭირა, მას (არ) სჭერია
er möchte schlafen	მას ეძინება, მას დაეძინება, მას დაეძინა, მას (არ) და(ს)ძინებია
er schläft	მას (ს)ძინავს, მას დაეძინება, მას ეძინა, მას (არ) (ს)ძინებია.
er versteht	მას ესმის, ის გაიგებს, მას ესმოდა, მას (არ) სმენია
er erinnert sich	მას ახსოვს, ის დაიხსომებს, მას ახსოვდა, მას (არ) ხსომებია
er hört	მას ესმის, ის მოისმენს, მან მოისმინა, მას (არ) მოუსმენია
er ist wach	მას ჰღვიძავს, ის გაიღვიძებს, მას გაეღვიძა, მას (არ) გაჰღვიძებია
er wünscht	მას სურს, ის ისურვებს, მას სურდა, მას (არ) (მო) სურვება,
er schämt sich	მას (ს)რცხვენია, მას შერცხვება, მას შერცხვა, მას (არ) შერცხვენია
er verwechselt	მას ეშლება, მას შეეშლება, მას შეეშალა, მას (არ) შეშლია

2.3 Das Subjekt, das Objekt und das Verb

Das georgische Verb erschließt sich einem deutschen Lernenden nicht allein durchs Hören, da es über Eigenheiten verfügt, die dem Deutschen (Indogermanischen/Indoeuropäischen) unbekannt sind. Gerade die 1. Konjugation (1. Diathese), zu der die meisten Verben zählen, verfügt in den verschiedenen Zeitgruppen über unterschiedliche Kasusformen: Mal steht das logische Subjekt wie im

Deutschen im Nominativ, in der 2. Zeitgruppe jedoch steht es im Ergativ, in der 3. Zeitgruppe sogar im Dativ. Der in der folgenden Tabelle hervorgehobenen 2. und 3. Zeitgruppe der 1. Konjugation ist somit besondere Aufmerksamkeit zu widmen.

Zeitgruppe	1. Konjugation = 1. Diathese	2. Konjugation = 2. Diathese	3. Konjugation = 3. Diathese	Ausnahmen
1. Zeitgruppe	logisches Subjekt im Nominativ / logisches Objekt im Dativ*	logisches Subjekt im Nominativ / logisches Objekt im Dativ*	logisches Subjekt im Dativ* / logisches Objekt im Nominativ	versch.
2. Zeitgruppe	logisches Subjekt im Ergativ / logisches direktes Objekt im Nominativ / logisches indirektes Objekt im Dativ	logisches Subjekt im Nominativ / logisches Objekt im Dativ*	logisches Subjekt im Dativ* / logisches Objekt im Nominativ	versch.
3. Zeitgruppe	logisches Subjekt im Dativ / logisches Objekt im Nominativ	logisches Subjekt im Nominativ / logisches Objekt im Dativ*	logisches Subjekt im Dativ* / logisches Objekt im Nominativ	versch.

* nach deutschem Verständnis kann es Dativ oder Akkusativ sein

2.4 Welche Tempus- und Modusformen gehören zur 1., 2. oder 3. Zeitgruppe?

Zeitgruppe	wichtig für die Verbtabelle
1. Präsens Imperfekt, Konjunktiv Präsens Futur, Konditional, Konjunktiv Futur	Präsens ist Ausgangspunkt für die Bildung aller anderen Formen der 1. Zeitgruppe
2. Aorist Optativ	Aorist ist Ausgangspunkt für die Bildung des Optativs
3. Perfekt Plusquamperfekt, Konjunktiv Perfekt	Perfekt ist Ausgangspunkt für die Bildung aller anderen Formen der 3. Zeitgruppe

Die hier gewählten Ausdrücke für die Tempus- und Modusformen stimmen in vielen Fällen nicht mit den namensgleichen Formen aus anderen Sprachen überein. Zur Verwendung der Tempus- und Modusformen vergleichen Sie bitte die Erläuterungen in der Benutzerhinweisen auf S. 11–12.

Aus der Tabelle wird ersichtlich, warum man immer drei Formen eines georgischen Verbs kennen sollte (Präsens, Aorist, Perfekt), um es zumindest grob zu erfassen (von diesen Formen können dann wiederum die anderen Verbformen abgeleitet werden). Dies ist vergleichbar mit der deutschen Sprache, denn auch hier muss ein Nicht-Muttersprachler Abfolgen wie die folgenden lernen: »geben, gab, gegeben / sprechen, sprach, gesprochen«.

Nun könnte mancher auf die Idee kommen, nur zwei Zeiten zu lernen und dadurch die am häufigsten verwendeten Zeiten des Präsens und der Vergangenheit abzudecken. Leider ist dem nicht so, denn das Georgische verwendet zum Beispiel für die bejahte, gesehene Vergangenheit den Aorist und für die verneinte, ungesehene Vergangenheit das Perfekt. Deshalb ist es notwendig, von jedem Verb unbedingt alle drei Verbformen zu lernen.

2.5 Ein- und mehrpersonige Verben

Im Georgischen kann man innerhalb eines Verbs bis zu vier verschiedene Personen zum Ausdruck bringen, wobei Subjektmarker, Objektmarker und Relationsvokale (Versionsmarker) die am häufigsten genutzten Zeichen für die Mehrpersonalität sind.

Subjektmarker (Präfixe und Pluralsuffixe des Subjekts)
stehen entweder vor der Wurzel und dem Relationsvokal oder nach der Wurzel

	Singular	Plural
1. Person	ვ-	ვ- -თ
2. Person	ø (ხ-, ს-, ჰ-)	ø (ხ-,ს-,ჰ-) -თ
3. Person	-ს, -ა, -ო	-ენ, -ან, -ნ, -ნენ, -ეს

Objektmarker (Präfixe und Pluralsuffix des Objekts)
stehen vor der Wurzel und dem Relationsvokal

	Singular	Plural
1. Person	მ- (mir/mich)	გვ- (uns)
2. Person	გ- (dir/dich)	გ- -თ (euch, Ihnen, Sie)
3. Person	ჰ-, ს-, ø-* (ihm/ihn)	ჰ-, ს-, ø-* (ihnen, sie)

* Beim **direkten** Objekt steht immer das Null-Präfix ø. Beim **indirekten** Objekt steht:
– vor den Konsonanten დ, ტ, თ, ძ, წ, ც, ჯ, ჭ, ჩ das Präfix ს-
– vor გ, კ, ქ, პ, ყ normalerweise ჰ-
– vor anderen Konsonanten und vor Vokalen das Null-Präfix ø.

Beispiele für das Präsens (Objekt beim transitiven Verb):

შენ მხატავ მე	du malst mich
ის მხატავს მე	er malt mich
თქვენ მხატავთ მე	ihr malt mich / Sie malen mich
ისინი მხატავენ მე	sie malen mich

შენ გვხატავ ჩვენ	du malst uns	
თქვენ გვხატავთ ჩვენ	ihr malt uns / Sie malen uns	
ისინი გვხატავენ ჩვენ	sie malen uns	
მე გხატავ შენ	ich male dich	
ის გხატავს შენ	er malt dich	
ჩვენ გხატავთ შენ	wir malen dich	a)
ისინი გხატავენ შენ	sie malen dich	b)
მე გხატავთ თქვენ	ich male euch / ich male Sie	a)
ის გხატავთ თქვენ	er malt euch / er malt Sie	a)
ჩვენ გხატავთ თქვენ	wir malen euch / wir malen Sie	a)
ისინი გხატავენ თქვენ	sie malen euch / sie malen Sie	b)
მე ვხატავ მას	ich male ihn	c)
შენ ხატავ მას	du malst ihn	d)
ის ხატავს მას	er malt ihn	e)
ჩვენ ვხატავთ მას	wir malen ihn	f)
თქვენ ხატავთ მას	ihr malt ihn / Sie malen ihn	g)
ისინი ხატავენ მას	sie malen ihn	h)
მე ვხატავ მა	ich male sie	c)
შენ ხატავ მათ	du malst sie	d)
ის ხატავს მათ	er malt sie	e)
ჩვენ ვხატავთ მათ	wir malen sie	f)
თქვენ ხატავთ მათ	ihr malt sie / Sie malen sie	g)
ისინი ხატავენ მათ	sie malen sie	h)

- neun Formen sind eindeutig.
- ein- und dieselbe Form ist vierdeutig [a)].
- ein- und dieselbe Form ist zweideutig [b) – h)].

Bei a) bis h) ist es ratsam, die Personalpronomen zu benutzen, während bei den eindeutigen Formen die Personalpronomen ohne Verständnisverlust weggelassen werden können.

Versionsmarker (Relationsvokale)
bezeichnen die Beziehung zwischen Subjekt und Objekt; sie geben also an, für wen eine Handlung ausgeführt wird oder zu wessen Gunsten bzw. anstelle einer Person. Sie stehen vor der Wurzel:

Bei transitiven Verben

ი- (Subjektversion »für sich«, d.h. ich für mich, du für dich, er/sie/es für sich, …),

უ- (Objektversion; für das indirekte Objekt der 3. Person »für ihn, sie, es«),

ა- (neutrale oder superessive Version »auf etwas/jmdn.«),

ø- (fehlender Relationsvokal; für wen eine Handlung ausgeführt wird, bleibt unbekannt)

	Singular	Plural
1. Person	მი- (für mich)	გვი- (für uns)
2. Person	გი- (für dich)	გი- -თ (für euch, für Sie)
3. Person	უ- (für ihn/sie/es)	უ- (für sie)

Bei intransitiven Verben

ა- (Zeichen der superessiven Version)

ე- (Zeichen der Objektversion)

ი- (Zeichen der Subjektversion)

უ- (Zeichen der Objektversion)

ø- (fehlender Relationsvokal; für wen eine Handlung ausgeführt wird, bleibt unbekannt)

Beispiele:

einpersonigesVerb:	წერს (er schreibt)
zweipersonigesVerb:	სწერს (er schreibt ihm) // ეხატება (es wird für ihn gemalt)
dreipersoniges Verb:	მისცა (er gab ihm etwas)
vierpersoniges Verb:	დამიჩაგვრინო (Hilf mir, dass mein Kind nicht von ihm unterdrückt wird.) // მიჭმიე (Gib (du) ihm an meiner Stelle Essen.)

2.6 Unterschiede einzelner georgischer Verben im Vergleich zum Deutschen

1. Im Deutschen zwei Objekte, im Georgischen ein Objekt und objektive Version

ის გზავნის მას (er schickt etw./jmdn.): Verb mit einem direkten Objekt. Bei dem gleichen Verb mit zwei Objekten (jmdm. etw. schicken) wird im Georgischen die objektive Version herangezogen und nicht wie im Deutschen das indirekte Objekt:

ის უგზავნის მას მას (er schickt jmdm. etw.; Georg.: er schickt für jmdn. etw.)

Wie dieses Verb funktionieren weitere Verben:

ის უმატებს მას მას (er fügt etw./jmdm. etw. hinzu):

ის უმატებს ასოს სიტყვას (er fügt dem Wort einen Buchstaben hinzu; Georg.: er fügt für das Wort einen Buchstaben hinzu, dir. Objekt und objektive Version)

ის უთხრის მას მას (er kratzt jmdm. etw. aus):

ის უთხრის მას თვალს (er kratzt ihm die Augen aus; Georg.: er kratzt für ihn das Auge aus, direktes Objekt und objektive Version)

ის უჩვენებს მას მას (jmdm. etw. austreiben):

ის უჩვენებს მას ხეირს (er treibt ihm den Unfug aus; er zeigt es ihm; Georg.: er zeigt für ihn die Belustigung, direktes Objekt und objektive Version)

ის ურევს მას მას (er mischt jmdm. etw. zu):

ის ურევს მას შაქარს კაკაოში (er mischt ihm/ihr Zucker in den Kakao; Georg.: er mischt für ihn Zucker in den Kakao, direktes Objekt und objektive Version)

2. Im Deutschen ein Objekt, im Georgischen objektive Version

ის ურეკავს მას (er ruft jmdn. an, direktes Objekt im Deutschen; Georg.: er klingelt für ihn an, zu seinen Gunsten, objektive Version, »mittels Telefon« ist gedacht).
Wie dieses Verb funktionieren weitere Verben:

ის უსმენს მას (er hört etw./jmdm. zu): indirektes Objekt im Deutschen; Georg.: er hört für jmdm./zugunsten von jmdn. zu, objektive Version

ის უყურებს მას (er schaut etw./jmdn. an, direktes Objekt im Deutschen; Georg.: er schaut für etw./jmdn./zugunsten von etw./jmdm., objektive Version).

3. Im Deutschen Objekt und präpositionales Objekt, im Georgischen zwei Objekte

ის სტეხს მას მას (er bricht etw./jmdm. etw. ab): **ის სტეხს ხეს ტოტს** (er bricht dem Baum einen Ast ab), zwei Objekte im Georg.; im Deutschen ein Objekt und ein präpositionales Objekt: er bricht vom Baum einen Ast ab

Wie dieses Verb funktionieren weitere Verben:

ის ახსენებს მას (ი)მას (er erinnert ihn an etw./jmdn.)

ის ადარებს მას (ი)მას (er vergleicht jmdn./etw. mit jmdm./etw.)

ის აშორებს მას (ი)მას (er trennt etw./jmdn. von etw./jmdm.)

ის სჭრის მას (ი)მას (er schneidet etw. von etw./jmdm. ab)

4. Im Deutschen ein Objekt, im Georgischen zwei Objekte (davon eins gedacht)

ის სცემს მას (er schlägt etw./jmdn. mit dem Stock), im Deutschen ein Objekt, im Georgischen zwei Objekte: er schlägt ihm [den Stock], wobei »Stock« gedacht ist.

Wie dieses Verb funktionieren weitere Verben:

ის (ჰ)ხედავს მას (er sieht etw./jmdn. an), im Georgischen zwei Objekte: er richtet ihn das Auge, wobei »Auge« gedacht ist.

2.7 Die wichtigsten Imperativformen mit Substantiv in verschiedenen Kasus

Das Georgische nutzt für den positiven und negativen Imperativ verschiedene Zeitformen. Daraus ergeben sich für die Lernenden Schwierigkeiten, vor allem, weil das darauf folgende logische Objekt mal im Nominativ, mal im Dativ steht:

	Aorist	Präsens / Futur	Optativ
	nimm! ...	*nimm nicht! ...*	*du sollst (doch) nicht nehmen! ...*
nehmen	აიღე + Nom.	ნუ იღებ + Dativ	არ აიღო + Nom.
öffnen	გააღე	ნუ აღებ	არ გააღო
pflücken	მოკრიფე	ნუ კრეფ	არ მოკრიფო
rauchen	მოწიე	ნუ წევ	არ მოწიო
reinigen	გაწმინდე	ნუ წმინდავ	არ გაწმინდო
schenken	აჩუქე	ნუ აჩუქებ	არ აჩუქო

Passiva und Kausativa
Passiva und Kausativa werden durch ein eigenes Verb ausgedrückt und nicht wie im Deutschen durch unterschiedlich zusammengesetzte Formen.

Passiva:

Aktiv: **მასწავლებელი წერს.** (Der Lehrer schreibt.)

Passiv: **წერილი იწერება.** (Der Brief wird geschrieben.)

Kausativa:

Aktiv: ვცხოვრობ (ich lebe/wohne)

Kausativ: ვაცხოვრებ (ich lasse jemanden leben/wohnen)

Aktiv: ის წმედს (er putzt)

Kausativ: ის აწმენდინებს ბიჭს. (er lässt den Jungen putzen)

3 Weitere Besonderheiten des georgischen Verbs

3.1 Verben mit Wurzelveränderungen

Verben, die innerhalb der Zeitgruppen ihre Wurzel verändern, gibt es zwar nicht allzu viele, jedoch sind dies sehr wichtige und häufig genutzte Verben:

sein	არის / იქნება / ის იყო / ყოფილა
machen	შვრება / იზამს / მან ქნა / უქნია
liegen (Sache)	დევს / იდება / ის იდო / დებულა
etw. sagen	ამბობს / იტყვის / მან თქვა / უთქვამს
jmdm. etw. sagen	ეუბნება / ეტყვის / მან უთხრა / უთქვამს
sehen	ხედავს / დაინახავს / მან და ინახა / დაუნახავს
blicken/sehen/gucken	უყურებს / შეხედავს / მან უყურა// შეხედა / შეუხედავს
gehen/fahren	მიდის / წავა / ის წავიდა / წასულა
häufig gehen/fahren	დადის / ივლის / მან იარა / უვლია
trinken	სვამს / დალევს / მან დალია / დაულევია
herbringen (Sache)	მოაქვს / მოიტანს / მან მოიტანა / მოუტანია
hin/wegbringen (Sache)	მიაქვს / წაიღებს / მან წაიღო / წა უღია
herbringen (Person)	მოჰყავს / მოიყვანს / მან მოიყვანა / მოუყვანია
hinbringen (Person)	მიჰყავს / მიიყვანს / მან მიიყვანა / მიუყვანია
gebären	შობს / kein Futur / მან შვა / უშვია
sitzen	ზის / იჯდება / ის იჯდა / მჯდარა
geben	აძლევს / მისცემს / მან მისცა / მიუცია

3.2 Verben, die in ein- und derselben Personalform eine andere Wurzel aufweisen

1. Wurzel ბრძან (geruhen/belieben zu sagen, zu gehen, zu sein, sich zu setzen)

თქმა/ბრძანება:	მან თქვა/ მან ბრძანა
(მო)სვლა/მობძანება:	ის მოვიდა/ის მობრძანდა (ჩა-,ა-,მი-,გადა-,შე-,...)
ყოფნა/ბრძანება:	შენ ხარ/შენ ბრძანდები// ხართ/ბრძანდებით

ჯდომა/დაბრძანდება:	დაჯექი!/დაბრძანდი!

2. Wurzel რთმევ (geben/überreichen/zu sich nehmen)

(მი)ცემა/მირთმევა:	მან მისცა/ მან მიართვა
ძლევა/მირთმევა:	ის აძლევს/ ის მიართმევს
ჭამა/მირთმევა:	ჭამე!/მიირთვი!//ჭამეთ!/ მიირთვით!

3. Wurzel ხლ (geruhen/belieben zu sein, zu speisen)

ყოფნა/ხლება:	არის/ახლავს/ახლდა/ხლებია ვარ/გახლავარ
ჭამა/ხლება:	(ვ)ჭამე/გეახელი

Durch die Wahl einer Wurzel kann bei diesen Verben die Höflichkeit einer Aussage variiert werden. Die rechte Variante ist jeweils die höflichere.

3.3 Verben, die in den Singular- und Pluralformen verschiedene Wurzeln aufweisen

ვიღებ მე მას (ვაშლს).	Ich pflücke ihn (den Apfel).
ვკრეფ მე მათ (ხილს).	Ich pflücke sie (die Früchte).
აბია ის მას.	Er (der Apfel) hängt an ihm.
ასხია ისინი მას.	Sie (die Früchte) hängen an ihm.
აგდებს ის მას.	Er wirft es weg.
ყრის ის მათ.	Er wirft sie (viele) weg.
(გა)აგდებს ის მას.	Er jagt es (das Kind) hinaus.
გარეკავს ის მათ (ძროხებს).	Er jagt sie (die Kühe) hinaus.
დებს ის მას.	Er legt es hin.
აწყობს ის მათ.	Er legt sie (die Sachen) hin.
ვარდება ის.	Er fällt hin.
ცვივა ისინი (ხილი).	Es (das Obst) fällt,
ცვივიან ისინი.	Sie fallen hin.
კლავს ის მას.	Er tötet ihn.
ხოცავს ის მათ.	Er tötct sie (viele).
იხოცებიან ისინი.	Sie töten.
ამტვრევს ის მას.	Er macht es entzwei.
ამსხვრევს ის მათ.	Er macht sie (viele) entzwei.
სვამს ის მას.	Er setzt ihn hin
სხამს ის მათ.	Er setzt sie (viele) hin.
(წა)იყვანს ის მას.	Er nimmt ihn mit.
(წა)ასხამს ის მათ.	Er nimmt/führt sie (viele) mit.
დაეცა (თავს) ის მას.	Er wurde von ihm überfallen.
დაესხა (თავს ჯარი).	Er wurde durch sie (die Armee) überfallen.
დაესხნენ ისინი მათ.	Er wurde durch sie (viele) überfallen.
ზის ის.	Er sitzt.
სხედან ისინი.	Sie sitzen.

3.4 Verben, die in Verbindung mit belebten und unbelebten Objekten unterschiedliche Wurzeln aufweisen

მი/მო-ტანა – მი/მო-ყვანა:

მი/მო-ვიტან მე მას (საგანი).	Ich bringe ihn (den Gegenstand) mit/hin.
მი/მო-ვიყვან მე მას (ბავშვი).	Ich bringe es (das Kind) mit/hin.
მი/მო-მაქვს მე ის (საგანი).	Ich werde ihn (den Gegenstand) hin-/mitbringen.
მი/მო-მყავს მე ის (ბავშვი).	Ich werde es (das Kind) hin-/mitbringen.

ქონება – ყოლა:

მაქვს მე ის (საგანი).	Ich habe ihn (den Gegenstand).
მყავს მე ის (შვილი).	Ich habe es (das Kind).
მექნება მე ის (საგანი).	Ich werde ihn (den Gegenstand) haben.
მეყოლება მე ის (შვილი).	Ich werde es (das Kind) haben.
ვიქონი/ებ მე მას.	Ich werde ihn (den Gegenstand) dabei haben.
ვიყოლი/ებ მე მას.	Ich werde es (das Kind) dabei haben.
ვიქონიე მე იგი.	Ich hatte ihn (den Gegenstand) dabei.
ვიყოლიე მე იგი.	Ich hatte es (das Kind) dabei.

დადგომა – (და)ყენება:

გავდგი (საგანი).	Ich stellte (einen Gegenstand) hin.
გავიყვანე (ადამიანი, ცხოველი).	Ich stellte/führte (Menschen, Tiere) hinaus.

აღება – აყვანა:

ავიღე (საგანი).	Ich nahm (einen Gegenstand).
ავიყვანე (ბავშვი).	Ich nahm (ein Kind) mit (hoch).

დება – წოლა:

დევს, დავდე (საგანი),	Es liegt (ein Gegenstand), ich legte (einen Gegenstand).
წევს, /დავაწვინე/ (ადამიანი).	Es liegt (ein Mensch), ich legte (einen Menschen) hin.

3.5 Einzelne wichtige Verben

a. **ცოდნა** (wissen, kennen)
Das Verb ცოდნა ist das einzige moderne Verb mit einem Ergativ in der Präsens-Zeitgruppe, sonst funktioniert es wie ein inversives (indirektes) Verb: მან იცის, მან იცოდა, მან იცოდეს, მას ეცოდინება, მას სცოდნია

Ein ähnliches Verb ist უწყება (wissen; veralt.): მან უწყის, მან უწყოდა, მან უწყოდეს

b. **(მი/მო)ცემა** (jmdm. etwas geben)
Hier ist die Wurzel von ცემ auf ც verkürzt: (მი)სცემს, (მი)ვეცი, (მი)ეცი, (მი)სცა

c. **ალ/იარება** (bewaffnen)
ალ/იარება ist ein Verb, bei dem ein Präfix **nach** dem Subjektzeichen stehen und flüchtig sein kann:
ვალიარებ-ალიარა-ულიარებია

d. **დგომა** (stehen) und **წოლა** (liegen)
Dies sind Verben, bei denen das Subjektzeichen der 3. Person Plural abweicht: **დგას - დგანან, წევს-წვანან,**

e. **(მ)გვანება** (ähnlich sein) und **ყოლა** (haben; für Belebtes)
Dies sind Verben, bei denen ein -ვ- eingeschoben wird:
ჰგავს-ჰგვანან, ჰყავს-ჰყვანან (auch **ჰყავთ**)

f. **(გამო)ჩენა** ((er)scheinen, zu sehen sein)

Verbtabelle

Im Folgenden werden rund 800 der ca. 9000 georgischen Verben in alphabetischer Reihenfolge gegeben. In der letzten Spalte wird das Verbparadigma angegeben (Paradigma 1–34: 1. Konjugation, Paradigma 35–52: 2. Konjugation, Paradigma 53–66: 3. Konjugation, I. bedeutet irreguläres bzw. eigentümliches Verb).

Deutscher Infinitiv / Georgisches Verbalnomen	3. Pers. Präsens: ის	3. Pers. Aorist: მან	3. Pers. Perfekt: მას	Nr.
	რას შვრება?	რა ქნა?	რა უქნია?	
abbrechen (etw.) მოტეხვა	ტეხს	მოტეხა	(არ) მოუტეხია	19
abbrechen (etw. von etw.)	სტეხს	მოსტეხა	(არ) მოუტეხია	19
abbrechen (Uni) მიტოვება	ტოვებს	მიატოვა/დატოვა	(არ) მიუტოვებია/დაუტოვებია	28
abbrennen (etw.) დაწვა, გადაწვა	წვავს/გადაწვავს	დაწვა/გადაწვა	(არ) და(გადა)უწვავს//ია	26
abbrennen (jmdm. etw.)	უწვავს	დაუწვა/გადაუწვა	(არ) და(გადა)უწვავს//ია	26
abdecken გადახურვა	ხურავს	გადახურა	(არ) გადაუხურავს//ია	26
Abend essen ვახშმობა	ვახშმობს	ივახშმა	(არ) უვახშმია	14
abfinden (jmdn.) დაკმაყოფილება	აკმაყოფილებს	დააკმაყოფილა	(არ) დაუკმაყოფილებია	28
ანაზღაურება	ანაზღაურებს	აანაზღაურა	(არ) აუნაზღაურებია	28
abfinden (sich mit etw.) შერიგება	ურიგდება	ის შეურიგდა	ის (არ) შერიგებია	44
შეგუება	ეგუება	ის შეეგუა	ის (არ) შე(ჰ)გუებია	45
abfliegen/abheben ფრენა	ფრინდება	ის გაფრინდა	ის (არ) გაფრენილა	43
abgeben (Stimme) ხმის მიცემა	ხმას აძლევს	ხმა მისცა	ხმა (არ) მიუცია	I.
abgeben (etw./jmdn.) გადაცემა	გადასცემს	გადასცა	(არ) გადაუცია	I.
abgewöhnen, sich (etw.) გადაჩვევა	ეჩვევა	ის გადაეჩვია	ის (არ) გადაჩვეულა	38

Deutscher Infinitiv / Georgisches Verbalnomen	3. Pers. Präsens: ის	3. Pers. Aorist: მან	3. Pers. Perfekt: მას	Nr.
abhängen (Bild) ჩამოხსნა	ხსნის	ჩამოხსნა (! მე ჩამოვხსენი)	(არ) ჩამოუხსნია	23
abhängen (von jmdm.)	დამოკიდებული არის	ის დამოკიდებული იყო	ის დამოკიდებული (არ) ყოფილა	I.
abhauen (selbst) გაპარვა	იპარება	ის გაიპარა	ის (არ) გაპარულა	44
abhauen (vor jmdm.)	ეპარება	ის გაეპარა	ის (არ) გა(ჰ)პარვია	44
abholen (etw.) (წა)მოღება	მოაქვს	წამოიღო	(არ) წამოუღია	I.
abholen (jmdn.) დახვედრა	ხვდება	ის დახვდა	(არ) დახვედრია	48
(წა)მოყვანა	(წა)მოჰყავს	(წა)მოიყვანა	(არ) (წა)მოუყვანია	I.
abkühlen (etw.) გაგრილება	აგრილებს	გააგრილა	(არ) გაუგრილებია,	28
გაცივება	აციებს	გააცივა	(არ) გაუციებია	14
abkühlen (jmdn.)	უგრილებს	გაუგრილა	(არ) გაუგრილებია	28
	უცივებს	გაუცივა	(არ) გაუცივებია	14
abkühlen, sich (mit etw.)	გრილდება	ის გაგრილდა	ის (არ) გაგრილებულა	44
ablegen (Examen) ჩაბარება	აბარებს	ჩააბარა	(არ) ჩაუბარებია	28
ablegen (Kleidung) გახდა	იხდის	გაიხადა	(არ) გაუხდია	24
ablehnen (etw./jmdn.) უარყოფა	უარყოფს	უარყო	(არ) უარუყვია	I.
უარის თქმა	უარს ამბობს	უარი თქვა	უარი (არ) უთქვამს//უთქვია	I.
abnehmen (Gewicht) გახდომა	ხდება	ის გახდა	ის (არ) გამხდარა	48
abnehmen (Brille) მოხსნა	იხსნის	მოიხსნა (! მე მოვიხსენი)	(არ) მოუხსნია	23
abnehmen (jmdm. etw.) ჩამორთმევა	ართმევს	ჩამოართვა	(არ) ჩამოურთმევია	22
abreißen მოგლეჯა	გლეჯს	მოგლიჯა	(არ) მოუგლეჯია	20
მოხევა	ხევს	მოხია	(არ) მოუხევია	22

Deutscher Infinitiv / Georgisches Verbalnomen	3. Pers. Präsens: ის	3. Pers. Aorist: მან	3. Pers. Perfekt: მას	Nr.
abschicken (s. schicken)				
abschließen (etw.) და-/ჩაკეტვა	კეტავს	და-/ჩაკეტა	(არ) და-/ჩაუკეტავს	19
abschließen (Vertrag) ხელშეკრუ-ლების დადება	ხელშეკრულებას დებს	ხელშეკრულება დადო	ხელშეკრულება (არ) დაუდევს//დაუდია	29
abschneiden (jmdm./etw.) (ჩა)მოჭრა	ჭრის	მოჭრა (! მე მოვჭერი)	(არ) (ჩა)მოუჭრია	23
abschneiden (für jmdn.)	უჭრის	ჩამოუჭრა (! მე მოვუჭერი)	(არ) ჩამოუჭრია	23
abschreiben (etw.) გადაწერა	გადაწერს	გადაწერა	(არ) გადაუწერია	18
abschreiben (für jmdn.)	უწერს	გადაუწერა	(არ) გადაუწერია	18
absolvieren (s. beenden)				
abspeichern (etw.) შენახვა	ინახავს	შეინახა	(არ) შეუნახავს	26
abstellen (Auto) გაჩერება	აჩერებს	გააჩერა	(არ) გაუჩერებია	28
დაყენება	აყენებს	დააყენა	(არ) დაუყენებია	28
abgestellt werden (Wasser) დაწყვეტა	წყდება	ის დაწყდა	ის (არ) დაწყვეტილა	48
abgestellt werden (Strom) გათიშვა	თიშავს	გათიშა	(არ) გაუთიშავს	26
abtreiben აბორტის გაკეთება	აბორტს იკეთებს	აბორტი გაიკეთა	ა. (არ) გაუკეთებია	28
abgetrieben werden	აბორტი კეთდება	აბორტი გაკეთდა	ა. (არ)გაკეთებულა	44
abtrocknen (etw.) გაშრობა	აშრობს	გააშრო	(არ) გაუშრია	31
abtrocknen (jmdn.)	უშრობს	გაუშრო	(არ) გაუშრია	31
abtrocknen, sich	იშრობს	გაიშრო	(არ) გაუშრია	31
abwägen აწონ-დაწონა	აწონ-დაწონის	აწონ-დაწონა	(არ) აუწონ-დაუწონია	25
abwiegen (etw.) აწონვა	წონის	აწონა	(არ) აუწონია	25

Deutscher Infinitiv / Georgisches Verbalnomen	3. Pers. Präsens: ის	3. Pers. Aorist: მან	3. Pers. Perfekt: მას	Nr.
abwiegen (für jmdn.)	უწონის	აუწონა	(არ) აუწონია	25
abwiegen (für sich)	იწონება	აიწონა/აწონილ იქნა	(არ) აწონილა	41
abwischen (etw.) გაწმენდა	(გა)წმენდს	გაწმინდა	(არ) გაუწმენდია	20
abwischen (für jmdn. etw.)	უწმენდს	მოუწმინდა	(არ) მოუწმენდია	20
achten (etw./jmdn.) პატივისცემა	პატივს სცემს	პატივი სცა	პატივი (არ) უცია	I.
amüsieren (jmdn.) გართობა	ართობს	გაართო	(არ) გაურთია	31
amüsieren, sich გართობა	ერთობა	ის გაერთო	ის (არ) გართულა	50a
anbieten (jmdm./etw.) შეთავაზება	სთავაზობს	შესთავაზა	(არ) შეუთავაზებია	31
anbinden (etw./jmdn.) დაბმა	აბამს	დააბა	(არ) დაუბამს	34
angebunden sein	აბია	ისება	ის (არ) (მი)ბმულა	52
anbrennen (Licht) ანთება	ანთებს	აანთო	(არ) აუნთია	29
anbrennen (Fleisch)	იწვება	დაიწვა	(არ) დამწვარა	47
angebrannt werden	ინთება	აინთო	(არ) ანთებულა	28
anbrennen (anzünden) (ცეცხლის)	უკიდებს	მოუკიდა	(არ) მოუკიდებია	45
მოკიდება	ეკიდება	მოეკიდა	(არ) მოჰკიდებია	45
andauern გაგრძელება	გრძელდება	გააგრძელა	(არ) გაუგრძელებია	28
ändern (s. verändern)				
anerkennen (etw./jmdn.)აღიარება	აღიარებს	აღიარა	(არ) უღიარებია	28
anfangen (s. beginnen)				
angeben (etw.) მითითება	უთითებს	მიუთითა	(არ) მიუთითებია	28

Deutscher Infinitiv / Georgisches Verbalnomen	3. Pers. Präsens: ის	3. Pers. Aorist: მან	3. Pers. Perfekt: მას	Nr.
angeben (s. prahlen)				
angenehm sein (s. genießen)				
ängstigen (jmdn.) შეშინება	აშინებს	შეაშინა	(არ) შეუშინებია	28
ängstigen, sich / Angst haben	მას ეშინია	მას შეეშინდა	მას (არ) შეშინებია	56
anhaben (etw.) / gekleidet sein ჩაცმა	მას აცვია	მას ეცვა	მას (არ) სცმია	53
anhaben (jmdm. etw.) / er kann mir nichts				
anhaben გადამტერება დაკლება	ემტერება	ის გადაემტერა	ის (არ) გადამტერებია	45
(s. anziehen)	ვერაფერს აკლებს	ვერაფერი დააკლო	ვერაფერი (არ) დაუკლია	30
anhalten (etw.) გაჩერება	გააჩერებს	გააჩერა	(არ) გაუჩერებია	28
anhalten (für jmdn.)	უჩერებს	გაუჩერა	(არ) გაუჩერებია	28
anhalten (verweilen) შეჩერება	ჩერდება	ის შეჩერდა	(არ) შეჩერებულა	44
anhören (s. zuhören)				
ankommen ჩამოსვლა	ჩამოდის	ის ჩამოვიდა	ის (არ) ჩამოსულა	I.
anmachen (anzünden) ანთება	ანთებს	აანთო	(არ) აუნთია	29
anmachen ჩართვა (s. anschalten)	რთავს	ჩართო	(არ) ჩაურთავს	26
anmerken (jmdm./etw.) შენიშვნა	შენიშნავს	შენიშნა	(არ) შეუნიშნავს	26
annehmen, dass … (s. vermuten)	უშვებს/ თვლის, რომ	დაუშვა/ჩათვალა, რომ	(არ) დაუშვია, ჩაუთვლია	28
annehmen (Paket) მიღება	იღებს	მიიღო	(არ) მიუღია	29
anrufen (jmdn.) დარეკვა	ურეკავს	დაურეკა	(არ)დაურეკავს //დაურეკია	19 26
anschaffen (etw.) შეძენა	იძენს	შეიძინა	(არ) შეუძენია	21

Deutscher Infinitiv / Georgisches Verbalnomen	3. Pers. Präsens: **ის**	3. Pers. Aorist: **მან**	3. Pers. Perfekt: **მას**	Nr.
anschaffen (etw.) **ყიდვა**	**ყიდულობს**	**იყიდა**	**(არ) უყიდია**	32
anschaffen (etw.) **დამზადება**	**ამზადებს**	**დაამზადა**	**(არ) დაუმზადებია**	28
anschalten **ანთება**	**ანთებს**	**აანთო**	**(არ) აუნთია**	29
angeschaltet werden	**ინთება**	**ის აინთო**	**ის (არ) ანთებულა**	42
anschauen (etw.)/an-/zusehen **ყურება**	**უყურებს**	**უყურა**	**(არ) უყურებია**	28
შე/თვალიერება	**ათვალიერებს**	**შე/ათვალიერა**	**(არ) შეუთვალიერებია**	28
anschauen (jmdn.) **შეხედვა** (s. sehen/blicken)	**შეხედავს**	**შეხედა**	**(არ) შეუხედია//შეუხედავს**	28
ansiedeln **დასახლება**	**ასახლებს**	**დაასახლა**	**(არ) დაუსახლებია**	28
angesiedelt werden	**სახლდება**	**ის დასახლდა**	**ის (არ) დასახლებულა**	44
angesiedelt sein	**სახლობს**	**ის სახლობდა**	**ის (არ) (და)სახლებულა**	14
ansprechen **დალაპარაკება**	**ელაპარაკება**	**ის დაელაპარაკა**	**ის (არ) დალაპარაკებია**	45
antreffen **დახვედრა**	**ხვდება**	**ის დახვდა**	**ის (არ) დახვედრია**	48
antworten (etw./jmdn./für jmdn.) **პასუხი**	**პასუხობს**	**უპასუხა**	**(არ) უპასუხია**	14
Antwort geben **პასუხის გაცემა**	**პასუხს სცემს**	**პასუხი გასცა**	**პასუხი (არ) გაუცია**	I.
anziehen (etw.) **ჩაცმა**	**იცვამს**	**ჩაიცვა**	**(არ) ჩაუცვამს**	34
anziehen (jmdn./etw.) **ჩაცმა**	**აცმევს**	**ჩააცვა**	**(არ) ჩაუცმევია**	I.
anziehen, sich **ჩაცმა**	**იცვამს**	**ჩაიცვა**	**(არ) ჩაუცვამს**	34
anziehen (Besucher) **მიზიდვა**	**იზიდავს**	**მიიზიდა**	**(არ) მიუზიდავს//მიუზიდია**	26
anzünden (etw./für jmdn.) **დანთება**	**ანთებს**	**დაანთო**	**(არ) დაუნთია**	29
	ინთება	**ის აინთო**	**ის (არ) ანთებულა**	47
angezündet werden/sein	**ანთია**	**ის ენთო**	**ის (არ) ნთებულა**	52

Deutscher Infinitiv / Georgisches Verbalnomen	3. Pers. Präsens: ის	3. Pers. Aorist: მან	3. Pers. Perfekt: მას	Nr.
arbeiten მუშაობა	მუშაობს	იმუშავა	(არ) უმუშავია	15
შრომა	შრომობს	იშრომა	(არ) უშრომია	14
ärgerlich werden/sein წყრომა	წყრება	ის გაწყრა	ის (არ) გამწყრალა	49
atmen სუნთქვა	სუნთქავს	ისუნთქა	(არ) უსუნთქია	6
aufbewahren შენახვა	ინახავს	შეინახა	(არ)შეუნახავს//შეუნახია	26
aufblühen გაშლა	იშლება	ის გაიშალა	ის (არ) გაშლილა	40
aufessen (s. essen)				
auffallen (jmdm.) თვალში ცემა	თვალში ეცემა	ის თვალში ეცა	ის თვალში (არ) სცემია	45
თვალშიმოხვედრა	თვალში ხვდება	ის თვალში მოხვდა	ის თვალში (არ) მოხვედრია	48
auffallen/hervorstechen გამორჩევა	გამოირჩევა	ის გამოირჩა	ის (არ) გამორჩეულა	38
aufhalten (etw./Tier) შეჩერება	შეაჩერებს	შეაჩერა	(არ) შეუჩერებია	28
შეყოვნება	აყოვნებს	შეაყოვნა	(არ) შეუყოვნებია	28
aufhalten (jmdn.) ხელის შეშლა	ხელს უშლის	ხელი შეუშალა	ხელი (არ) შეუშლია	24
aufheben (Stein) (s. nehmen)				
aufheben (s. aufbewahren)				
aufhören (beendet werden) შეწყვიტა	წყვეტს	შეწყვიტა	(არ) შეუწყვეტია	20
aufhören (s. beenden, etw.)				
aufmachen (s. öffnen)				
aufnehmen (Kontakt) კონტაქტის დამყარება	კონტაქტს ამყარებს	კონტაქტი დაამყარა	კონტაქტი (არ) დაუმყარებია	28
aufnehmen (es mit jmdm. ~) გატოლება	უტოლდება	ის გაუტოლდა	ის (არ) გა(ს)ტოლებია	44

Deutscher Infinitiv / Georgisches Verbalnomen	3. Pers. Präsens: ის	3. Pers. Aorist: მან	3. Pers. Perfekt: მას	Nr.
aufpassen (aufmerksam sein)				
ყურადღებით ყოფნა	ყურადღებით არის	ის ყურადღებით იყო	ის ყურადღება (არ) ყოფილა	I.
aufpassen auf (etw./jmdn.)				
ყურადღების მიქცევა	ყურადღებას აქცევს	ყურადღება მიაქცია	ყურადღება (არ) მიუქცევია	22
დაკვირვება	აკვირდება	ის დაუკვირდა	ის (არ) და(ჰ)კვირვებია	44
aufpassen (s. vorsichtig sein)				
aufräumen დალაგება	ალაგებს	დაალაგა	(არ) დაულაგებია	28
aufgeraumt werden	ლაგდება	ის დალაგდა	ის (არ) დალაგებულა	44
aufrüsten შეიარაღება	იარაღდება	ის შეიარაღდა	ის (არ) შეიარაღებულა	44
aufrütteln შენჯღრევა	ანჯღრევს	შეანჯღრია	(არ) შეუნჯღრევია	22
aufschlagen გაშლა	შლის	გადაშალა	(არ) გადაუშლია	24
aufstehen ადგომა	დგება	ის ადგა	ის (არ) ამდგარა	49
წამოდგომა	წამოდგება	ის წამოდგა	ის (არ) წამომდგარა	49
auftreiben (s. ausfindig machen)				
auftreten თავის დაჭერა	თავს იჭერს	თავი დაიჭირა	თავი (არ) დაუჭერია	20
auftreten (Bühne) გამოსვლა (სცენაზე)	გამოდის	ის გამოვიდა	ის (არ) გამოსულა	I.
aufwachen გაღვიძება	მას ეღვიძება	მას გაეღვიძა	(არ) გაჰღვიძებია	45
aufgeweckt werden	იღვიძებს	გაიღვიძა	(არ) გაუღვიძია	10
aufwecken (jmdn.)	აღვიძებს	გააღვიძა	(არ) გაუღვიძებია	28
ausbrechen (Krankheit) გაჩენა	ჩნდება	ის გაჩნდა	ის (არ) გაჩენილა	44
ausbrechen (Kälte) (s. beginnen)				

Deutscher Infinitiv / Georgisches Verbalnomen	3. Pers. Präsens: ის	3. Pers. Aorist: მან	3. Pers. Perfekt: მას	Nr.
aufziehen (s. erziehen)				
ausbreiten გაშლა	შლის	გაშალა	(არ) გაუშლია	24
დაფენა	აფენს	დააფინა	(არ) დაუფენია	21
ausgebreitet werden	იფინება	ის დაიფინა	ის (არ) დაფენილა	41
ausgebreitet sein	ფენია	ის ეფინა	ის (არ) ფენილა	52
ausdenken, sich (etw.) მოფიქრება	მოიფიქრებს	(მო)იფიქრა	(არ) (მო)უფიქრ(ებ)ია	32
(გა)მოგონება	იგონებს	(გა)მოიგონა	(არ) (გა)მოუგონია	28
ausdrücken (etw.) (s. aussprechen)				
ausdrücken (etw./sich) გამოხატვა	გამოხატავს	გამოხატა	(არ) გამოუხატავს	28
ausfindig machen აღმოჩენა	აღმოაჩენს	აღმოაჩინა	(არ) აღმოუჩენია	21
მონახვა	მონახავს	მონახა	(არ) მოუნახავს	26
ausfüllen (Vordruck) შევსება	ავსებს	შეავსო	(არ) შეუვსია	29
ausfüllen (Loch) ამოვსება	ავსებს	ამოავსო	(არ) ამოუვსია	29
ausgeben დახარჯვა	ხარჯავს	დახარჯა	(არ) დაუხარჯავს	26
ausgeben (Dokumente) გაცემა(საბუთი)	გასცემს, სცემს	გასცა	(არ) გაუცია	I.
aushalten ატანა	იტანს	აიტანა	(არ) აუტანია	18
ausheilen განკურნება	კურნავს	განკურნა	(არ) განუკურნებია//-ნავს	26
auslegen (Ware) დაწყობა	აწყობს	დააწყო	(არ) დაუწყვია	31
auslegen (Korb) დაგება	აგებს	დააგო	(არ) დაუგია	29
ausleihen (s. borgen)				

Deutscher Infinitiv / Georgisches Verbalnomen	3. Pers. Präsens: ის	3. Pers. Aorist: მან	3. Pers. Perfekt: მას	Nr.
ausrotten, ausmerzen აღმოფხვრა	აღმოფხვრის	აღმოფხვრა	(არ) აღმოუფხვრია	23
გაჟლიტა	ჟლეტს	გაჟლიტა	(არ) გაუჟლეტია	20
ausrufen (Republik) გამოცხადება	აცხადებს	გამოაცხადა	(არ) გამოუცხადებია	28
ausruhen, sich (s. erholen, sich)				
ausschalten გამორთვა	რთავს	გამორთო	(არ) გამოურთავს	26
ჩაქრობა	აქრობს	ჩააქრო	(არ) ჩაუქრია	30
aussetzen, sich (Gefahr)	საფრთხეში აგდებს	საფრთხეში ჩააგდო	საფრთხეში (არ) ჩაუგდია	29
ჩაგდება (საფრთხეში)	გამოტოვებს	გამოტოვა	(არ) გამოუტოვებია	28
aussetzen (Studium) გამოტოვება				
aussprechen (etw.) წარმოთქმა	წარმოთქვამს	წარმოთქვა	(არ) წარმოუთქვამს	34
aussprechen, sich გამოთქმა	გამოთქვამს	გამოთქვა	(არ) გამოუთქვამს	34
aussuchen (etw.) გაძევება	აძევებს	გააძევა	(არ) გაუძევებია	28
aussuchen (jmdn.) შერჩევა	შეარჩევს	შეარჩია	(არ) შეურჩევია	22
ausweisen (jmdn.) გასახლება	გაასახლებს	გაასახლა	(არ) გაუსახლებია	28
ausweisen, sich პ. დასაბუთება	პირადობას ასაბუთებს	პირადობა დაასაბუთა	პირადობა (არ) დაუსაბუთებია	28
ausziehen (wegziehen)გადასვლა	გადადის	ის გადავიდა	ის (არ) გადასულა	I.
ausziehen (etw.) გახდა	იხდის	გაიხადა	(არ) გაუხდია	24
ausziehen (jmdn.)	ხდის	გახადა	(არ) გაუხდია	24
ausziehen, sich	იხდის	გაიხადა	(არ) გაუხდია	24
backen გამოცხობა	აცხობს	გამოაცხო [! მე გამოვაცხ(ვ)ე]	(არ) გამოუცხვია	31

Deutscher Infinitiv / Georgisches Verbalnomen	3. Pers. Präsens: ის	3. Pers. Aorist: მან	3. Pers. Perfekt: მას	Nr.
baden ბანაობა	ბანაობს	იბანავა	(არ) უბანავია	15
baden (jmdn.) დაბანა	აბანავებს	აბანავა	(არ) უბანავებია	28
	ბანს	დაბანა	(არ) დაუბანია	18
bauen (etw.) აშენება	აშენებს	ააშენა	(არ) აუშენებია	28
bauen (jmdm./etw.)	უშენებს	აუშენა	(არ) აუშენებია	28
gebaut werden	შენდება	ის აშენდა	ის (არ) აშენებულა	44
gebaut werden (für jmdn.)	უშენდება	ის აუშენდა	ის (არ) აშენებია	44
beabsichtigen განზრახვა	(გან)იზრახავს	განიზრახა	(არ) განუზრახავს	26
beachten (jmdn./etw.) ყურადღების მიქცევა	ყურადღებას აქცევს	ყურადღება მიაქცია	ყურადღება (არ) მიუქცევია	22
beachten, dass … გათვალისწინება	ითვალისწინებს	გაითვალისწინა	(არ) გაუთვალისწინებია	28
beantworten პასუხის გაცემა (s. antworten)	პასუხს სცემს	პასუხი გასცა	პასუხი (არ) გაუცია	I.
Bedeutung haben მნიშვნელობის ქონა	მას მნიშვნელობა აქვს	მას მნიშვნელობა ჰქონდა	მნიშვნელობა (არ)ჰქონია	I.
bedeuten, dass …	ნიშნავს	ის ნიშნავდა (Imperf.)	ის (არ) ნიშნავდა (Imperf.)	I.
beeindrucken მოხდენა	ახდენს	მოახდინა	(არ) მოუხდენია	21
შთაბეჭდილების	შთაბეჭდილებას	შთაბეჭდილება	(არ) შთაბეჭდილება	
beenden (zum Ende kommen) გათავება	ათავებს	გაათავა	(არ) გაუთავებია	28
beenden (absolvieren) დამთავრება	ამთავრებს	დაამთავრა	(არ) დაუმთავრებია	28
beenden (ausführen)	ასრულებს	დაასრულა	(არ) დაუსრულებია	28
befehlen ბრძანება	ბრძანებს	ბრძანა	(არ) უბრძანებია	28
	ბრძანებას სცემს	ბრძანება გასცა	ბრძანება (არ) გაუცია	I.

Deutscher Infinitiv / Georgisches Verbalnomen	3. Pers. Präsens: ის	3. Pers. Aorist: მან	3. Pers. Perfekt: მას	Nr.
befehlen (jmdn./etw.)	უბრძანებს	უბრძანა	(არ) უბრძანებია	28
befestigen გამაგრება	ამაგრებს	გაამაგრა	(არ) გაუმაგრებია	28
befestigt werden	მაგრდება	ის გამაგრდა	ის (არ) გამაგრებულა	44
befinden, dass … მიჩნევა	მიიჩნევს	მიიჩნია	(არ) მიუჩნევია	22
befinden, sich მდებარეობა	მდებარეობს	ის მდებარეობდა (Imperf.)	ის (არ) მდებარეობდა (Imperf.)	14
befreien (jmdn.) გა(ნ)თავისუფლება	ათავისუფლებს	გაათავისუფლა	(არ) გაუთავისუფლებია	28
befreien, sich	ითავისუფლებს	გაითავისუფლა	(არ) გაუთავისუფლებია	28
begegnen (etw./jmdm.) შეხვედრა	ხვდება	ის შეხვდა	ის (არ) შეხვედრია	48
begehen (Objekt) შემოვლა (ტერიტორია)	შემოუვლის	შემოუარა	(არ) შემოუვლია	I.
begehen (Fest) აღნიშვნა (ზეიმის)	აღნიშნავს	აღნიშნა	(არ) აღუნიშნავს	26
beginnen დაწყება	იწყებს	დაიწყო	(არ) დაუწყია	29
begonnen werden (Vorstellung)	იწყება	ის დაიწყო	ის (არ) დაწყებულა	47
begleiten (jmdn.) გაცილება	აცილებს	გააცილა	(არ) გაუცილებია,	28
begleiten (Klavier) თანხლება	თან ახლავს	ის თან ახლდა	ის თან (არ) ხლებია	I.
begnügen, sich დაჯერება დაკმაყოფილება	(ს)ჯერდება	ის და(ს)ჯერდა	ის (არ) და(ს)ჯერებია	45
	კმაყოფილდება	ის დაკმაყოფილდა	ის (არ) დაკმაყოფილებულა	45
begraben დამარხვა	მარხავს	დამარხა	(არ) დაუმარხავს	26
begraben werden	იმარხება	ის დაიმარხა	ის (არ) დამარხულა	42
begraben sein	მარხია	ის ემარხა	ის (არ) მარხულა	52
begreifen გაგება	იგებს	გაიგო	(არ)გაუგია	29
მიხვედრა	ხვდება	ის მიხვდა	ის მიმხვდარა	48

Deutscher Infinitiv / Georgisches Verbalnomen	3. Pers. Präsens: ის	3. Pers. Aorist: მან	3. Pers. Perfekt: მას	Nr.
begründen დასაბუთება	ასაბუთებს	დაასაბუთა	(არ) დაუსაბუთებია	28
begrüßen (etw./jmdn.) მისალმება	ესალმება	ის მიესალმა	ის (არ) მისალმებია	45
behandeln (jmdn.) (gut) მოპყრობა	ეპყრობა	ის მოეპყრო//ა	ის (არ) მოპყრობია	50a
behandeln (Wunde) მორჩენა	არჩენს	მოარჩინა	(არ) მოურჩენია	21
behandeln (Kranken) მოვლა	უვლის	მოუარა	(არ) მოუვლია	I.
behandeln (erörtern) განხილვა	განიხილავს	განიხილა	(არ) განუხილავს	26
behaupten (etw.) მტკიცება	ამტკიცებს	დაამტკიცა	(არ) დაუმტკიცებია	28
behaupten, dass … დარწმუნება	არწმუნებს	დაარწმუნა	(არ) დაურწმუნებია	28
beherrschen (Sprache) ფლობა	ფლობს	ის ფლობდა (Imperf.)	–	I.
beherrschen, sich დაჭერა	თავს იჭერს	თავი დაიჭირა	თავი (არ) დაუჭერია	20
თავის შეკავება	თავს იკავებს	თავი შეიკავა	თავი (არ) შეუკავებია	28
bekannt machen, dass …	ამცნობს	ამცნო	(არ) უმცვნია	30
bekannt machen (mit etw./jmdn.) გაცნობა	აცნობებს	აცნობა	(არ) უცნობებია	28
	აცნობს	გააცნო	(არ) გაუცვნია	30
bekennen, sich გამოტყდომა	(გამო)ტყდება	ის გამოტყდა	ის (არ) გამომტყარა	48
bekreuzigen, sich პირჯვრის გადაწერა	პირჯვარს იწერს	პირჯვარი გადაიწერა	პირჯვარი (არ) გადაუწერია	18
bemerken შემჩნევა	ამჩნევს	შეამჩნია	(არ) შეუმჩნევია	20
ist zu bemerken, bemerkenswert	შესამჩნევია	შესამჩნევი იყო	ის შესამჩნევი (არ) ყოფილა	I.
bemitleiden (jmdn., jmdm. leid tun) შეცოდება	მას ეცოდება	მას შეეცოდა	(არ) შესცოდებია	64
bemühen (jmdn.) დასაქმება	ასაქმებს	დაასაქმა	(არ) დაუსაქმებია	28
bemühen, sich მცდელობა	ცდილობს	ეცადა	(არ) უცდია	I.

Deutscher Infinitiv / Georgisches Verbalnomen	3. Pers. Präsens: **ის**	3. Pers. Aorist: **მან**	3. Pers. Perfekt: **მას**	Nr.
benachrichtigen შეტყობინება	ატყობინებს	შეატყობინა	(არ) შეუტყობინებია	28
benehmen, sich (s. betragen, sich)				
benötigen სჭირდება	მას (ს)ჭირდება	მას და(ს)ჭირდა	(არ) დასჭირვებია	44
benutzen (etw.) მოხმარება	ხმარობს	იხმარა	(არ) უხმარია	32
benutzen (jmdn.) გამოყენება	იყენებს	გამოიყენა	(არ) გამოუყენებია	28
berichten ცნობის მიწოდება	ცნობას აწვდის	ცნობა მიაწოდა	ცნობა (არ) მიუწვდია	I.
berichten (s. mitteilen)			// მიუწოდებია	
beruhigen (jmdn.) დამშვიდება	ამშვიდებს	დაამშვიდა	(არ) დაუმშვიდებია	28
beruhigen, sich დამშვიდება	მშვიდდება	ის დამშვიდდა	ის (არ) დამშვიდებულა	44
დაწყნარება	წყნარდება	ის დაწყნარდა	ის (არ) დაწყნარებულა	44
beschäftigen/lernen მეცადინეობა	მეცადინეობს	იმეცადინა	(არ) უმეცადინია	14
beschäftigen, sich (mit etw.) დაკავება	კავდება	ის დაკავდა	ის (არ) დაკავებულა	44
beschäftigen, sich (mit jmdm.) დათმობა	დროს უთმობს	დრო დაუთმო	დრო (არ) დაუთმია	31
beschließen გადაწყვეტა	წყვეტს	გადაწყვიტა	(არ) გადაუწყვეტია	20
beschreiben აღწერა	აღწერს	აღწერა	(არ) აღუწერია	18
beschützen (jmdn./etw.) დაცვა	იცავს	დაიცვა	(არ) დაუცავს	26
beschweren, sich (über etw.) ჩივილი	ჩივის	იჩივლა	(არ) უჩივლია	4
beschweren, sich (über jmdn.)	უჩივის	უჩივლა	(არ) უჩივლია	4
beseitigen (etw./jmdn.)მოცილება	იცილებს	მოიცილა	(არ) მოუცილებია	28
besetzen (Platz) დაკავება ადგ.	იკავებს (ადგილს)	დაიკავა (ადგილი)	(არ) დაუკავებია (ადგილი)	28

Deutscher Infinitiv / Georgisches Verbalnomen	3. Pers. Präsens: ის	3. Pers. Aorist: მან	3. Pers. Perfekt: მას	Nr.
besichtigen დათვალიერება	ათვალიერებს	დაათვალიერა	(არ) დაუთვალიერებია	28
besiegen დამარცხება	ამარცხებს	დაამარცხა	(არ) დაუმარცხებია	28
bestechen (jmdn.) მოსყიდვა	მოისყიდის	მოისყიდა	(არ) მოუსყიდია	25
მოქრთამვა	ქრთამავს	მოქრთამა	(არ) მოუქრთამავს	26
bestehen (Gefahr) დაძლევა	სძლევს	დაძლია	(არ) დაუძლევია	22
bestehen (Prüfung)ჩაბარება	აბარებს	ჩააბარა	(არ) ჩაუბარებია	28
bestehen (aus) შედგომა	შედგება	ის შედგებოდა	ის (არ) შედგენილა	29
bestehen (seit) არსებობა	არსებობს	ის არსებობდა	ის (არ) არსებულა	14
bestehen (auf etw.) მოთხოვნა	სთხოვს	მოსთხოვა	(არ) მოუთხოვია	18
bestehen (darin, dass …) საქმე ისაა	საქმე ის არის	საქმე ის იყო	საქმე ის (არ) ყოფილა	I.
bestellen (etw./jmdn.) შეკვეთა	უკვეთავს	შეუკვეთა	(არ) შეუკვეთია//-ავს	26
bestellen (Grüße) გადაცემა	სალამს გადასცემს	სალამი გადასცა	სალამი (არ) გადაუცია	I.
bestrafen (jmdn.) დასჯა	სჯის	დასაჯა	(არ) დაუსჯია	24
besuchen (jmdn.) მოწვევა	იწვევს	მოიწვია	(არ) მოუწვევია	22
zu Besuch gehen წასვლა	სტუმრად მიდის	ის სტუმრად წავიდა	ის სტუმრად (არ) წასულა	I.
beteiligen, sich მონაწილეობა	მონაწილეობს	მონაწილეობა მიიღო	მონაწილეობა (არ) მიუღია	14
beten ლოცვა	ლოცულობს	ილოცა	(არ) ულოცია	16
betragen (Summe) შედგენა (თანხა)	ის შეადგენს	ის შეადგინა	ის (არ) შეუდგინია	21
betragen, sich მოქცევა	იქცევა	ის მოიქცა	ის (არ) მოქცეულა	22
betreffen შეხება	მას ეხება	მას შეეხო	მას (არ) შეხებია	45

Deutscher Infinitiv / Georgisches Verbalnomen	3. Pers. Präsens: ის	3. Pers. Aorist: მან	3. Pers. Perfekt: მას	Nr.
betreten (s. eintreten)				
betteln მათხოვრება	მათხოვრობს	იმათხოვრა	(არ) უმათხოვრია	14
beunruhigen (gestört werden) შეწუხება	წუხდება	ის შეწუხდა	ის (არ) შეწუხებულა	44
beurteilen (etw./jmdn.) განსჯა	სჯის	განსაჯა	(არ) განუსჯია	24
bewahren (etw.) დაცვა	იცავს	დაიცვა	(არ) დაუცავს	26
bewahren, sich თავდაცვა	თავს იცავს	თავი დაიცვა	თავი (არ) დაუცვია	26
bewältigen დაძლევა	ძლევს	დაძლია	(არ) დაუძლევია	22
bewegen (jmdn./etw.) მოძრაობა	ამოძრავებს	აამოძრავა	(არ) აუმოძრავებია	28
bewegen, sich	მოძრაობს	იმოძრავა	(არ) უმოძრავია	15
bewegen (von der Stelle rühren) ინძრევა	ინძრევა	ის გაინძრა	ის (არ) განძრეულა	37
bewerten შეფასება	აფასებს	შეაფასა	(არ) შეუფასებია	28
bewertet werden	ფასდება	ის შეფასდა	ის (არ) შეფასებულა	44
bezahlen (etw.) გადახდა	იხდის	გადაიხადა	(არ) გადაუხდია	24
bezahlen (jmdm. etw.)	უხდის	გადაუხადა	(არ) გადაუხდია	24
bezeichnen (etw.) მიჩნევა	მიიჩნევს	მიიჩნია	(არ) მიუჩნევია	22
bezeichnen (jmdn. als) ჩათვლა	თვლის	ჩათვალა	(არ) ჩაუთვლია	24
bezwingen (s. besiegen)				
biegen დრეკა	დრეკს	მოდრიკა	(არ) მოუდრეკია	20
მოღუნვა	ღუნავს	მოღუნა	(არ) მოუღუნავს//-ია	26
gebogen werden	იდრიკება	ის მოიდრიკა	ის (არ) მოდრეკილა	36

Deutscher Infinitiv / Georgisches Verbalnomen	3. Pers. Präsens: ის	3. Pers. Aorist: მან	3. Pers. Perfekt: მას	Nr.
bieten (jmdm. etw.) შეთავაზება	სთავაზობს	შესთავაზა	(არ) შეუთავაზებია	32
binden (etw.) შეკვრა	კრავს	შეკრა (! მე შევძარ/ი)	(არ) შეუკრავს	27
bitten (jmdn. um etw.) თხოვნა	სთხოვს	სთხოვა	(არ) უთხოვია	18
bitten (s. betteln)				
bleiben დარჩენა	რჩება	ის დარჩა	ის (არ) დარჩენილა	48
blicken ცქერა	უცქერს	უცქირა	(არ) უცქერია	20
blühen აყვავება	ყვავის	ის აყვავდა (იყვავა)	(არ) აყვავებულა	4
აყვავილება	ყვავილდება	ის აყვავილდა	ის (არ) აყვავილებულა	44
borgen (Geld) სესხება	სესხულობს	ისესხა	(არ) უსესხია	32
braten შეწვა	წვავს	შეწვა	(არ) შეუწვავს//-ია	26
მოხრაკვა	ხრაკავს	მოხრაკა	(არ) მოუხრაკავს/-ია	26
brauchen (s. benötigen)				
brechen (etw.) გატეხვა	ტეხს	(გა)ტეხა	(არ) (გა)უტეხია	18
brechen, sich (etw.) მოტეხვა	(ი)ტეხს	მო(ი)ტეხა	(არ) მოუტეხია	18
brechen (jmdm. etw.)	უტეხს	გაუტეხა	(არ) გაუტეხია	18
brennen (Wald) დაწვა	იწვის	ის დაიწვა	ის (არ) დამწვარა	I.
brennen (Licht) ანთება	ინთება	აინთო	(არ) ანთებულა	47
angebrannt sein (Licht)	ანთია	ენთო	ის (არ) ნთებულა	52
(s. anbrennen)				
bringen (s. hin- oder herbringen)				

Deutscher Infinitiv / Georgisches Verbalnomen	3. Pers. Präsens: ის	3. Pers. Aorist: მან	3. Pers. Perfekt: მას	Nr.
bügeln დაუთოვება	აუთოვებს	დააუთოვა	(არ) დაუუთოვებია	28
dämmern გათენება	თენდება	გათენდა	(არ) გათენებულა	44
დაბინდება	ბინდდება	დაბინდდა	(არ) დაბინდებულა	44
danken მადლობის გადახდა	მადლობას უხდის	მადლობა გადაუხადა	მადლობა (არ) გადაუხდია	24
dauern გაგრძელება	გრძელდება	ის გაგრძელდა	ის (არ) გაგრძელებულა	44
decken (Tisch) (s. ausbreiten)				
denken ფიქრი	ფიქრობს	იფიქრა	(არ) უფიქრია	14
აზროვნება	აზროვნებს	იაზროვნა	(არ) უაზროვნია	9
dienen (zu etw.) გამოდგომა	ადგება	ის გამოადგა	ის (არ) გამოსდგომია	49
dienen (jmdm.) სამსახ. გაწევა	სამსახურს უწევს	სამსახური გაუწია	სამსახური (არ)გაუწევია	22
drehen (etw./jmdn.) დატრიალება	ატრიალებს	ის (და)ატრიალა	ის (არ)(და)უტრიალებია	28
drehen, sich	ტრიალებს	იტრიალა	(არ) უტრიალია	9
drücken (etw.) და/მიჭერა	აჭერს	და/მიაჭირა	(არ) და/მიუჭერია	20
drücken (jmdn.) მოხვევა	ეხვევა	ის მოეხვია	ის (არ) მოხვევია	38
drücken, sich (vor etw.) თავის აცილება	თავიდან იცილებს	თავიდან აიცილა	თავიდან (არ)აუცილებია	28
jmdm. drückt etw. (Schuh) მოჭერა	უჭერს	ის უჭერდა	(არ) მოუჭერია	20
jmdm. drückt etw. (Gewissen) შეწუხება (სინდისის)	სინდისი აწუხებს	სინდისმა შეაწუხა	სინდისს (არ)შეუწუხებია	28
durcheinander bringen (s. verwechseln)				
durchführen ჩატარება	ატარებს	ჩაატარა	(არ) ჩაუტარებია	28

Deutscher Infinitiv / Georgisches Verbalnomen	3. Pers. Präsens: ის	3. Pers. Aorist: მან	3. Pers. Perfekt: მას	Nr.
durchlesen წაკითხვა	წაიკითხავს	წაიკითხა	(არ) წაუკითხავს//-ია	32
dürfen შეძლება	მას შეუძლია	მას შეეძლო	(არ) შესძლებია	54
	მას უფლება აქვს	მას უფლება ჰქონდა	უფლება (არ) ჰქონია	I.
Durst haben წყურვილი	მას სწყურია	მას მოსწყურდა	(არ) (მო)სწყურებია	56
eilen აჩქარება	ჩქარობს	იჩქარა	(არ) უჩქარია	14
einberufen (jmdn.) გაწვევა	იწვევს	გაიწვია	(არ) გაუწვევია	22
eindringen შეჭრა	იჭრება	ის შეიჭრა	ის (არ) შეჭრილა	39
eindringen (begreifen) ჩაწვდომა	სწვდება	ის ჩასწვდა	ის (არ) ჩასწვდომია	48
einen გაერთიანება	ერთიანდება	ის გაერთიანდა	ის (არ) გაერთიანებულა	44
einführen (Methode) დანერგვა	ნერგავს	დანერგა	(არ) დაუნერგავს//-ია	26
einführen (Gesetz) შემოღება	იღებს	შემოიღო	(არ) შემოუღია	29
einführen (jmdn.) შე(მო)ყვანა	შე(მო)ჰყავს	შე(მო)იყვანა	(არ) შე(მო)უყვანია	I.
eingießen დასხმა	ასხამს	დაასხა	(არ) დაუსხამს	34
eingegossen werden	ისხმება	ის დასხმულ იქნა	ის (არ) დასხმულა	51
eingegossen sein	ასხია	ის ესხა	ის (არ) სხმულა	52
einholen (jmdn.) დაწევა	ეწევა	(ის) დაეწია	ის (არ) დასწევია	38
einkaufen საყიდლ. წასვლა	საყიდლებზე მიდის	ის საყიდლებზე წავიდა	ის საყიდლებზე (არ) წასულა	I.
einladen (jmdn.) დაპატიჟება	ეპატიჟება	დაპატიჟა	(არ) დაუპატიჟებია	I.
მოწვევა, მიწვევა	იწვევს	მოიწვია	(არ) მოუწვევია	22
einladen, sich დაპატიჟება	იპატიჟებს (თავს)	დაიპატიჟა (თავი)	თავი (არ) დაუპატიჟებია	28

Deutscher Infinitiv / Georgisches Verbalnomen	3. Pers. Präsens: ის	3. Pers. Aorist: მან	3. Pers. Perfekt: მას	Nr.
einnehmen (etw.) მიღება	იღებს	მიიღო	(არ) მიუღია	29
einprägen დაზეპირება	იზეპირებს	დაიზეპირა	(არ) დაუზეპირებია	28
einräumen (etw.) ჩა(შე)წყობა	აწყობს	ჩა(შე)აწყო	(არ) ჩა(შე)უწყვია	31
einrichten მოწყობა	აწყობს	მოაწყო	(არ) მოუწყვია	31
einschalten ჩართვა	რთავს	ჩართო	(არ) ჩაურთავს//ჩაურთვია	26
einschätzen/schätzen დაფასება	აფასებს	დააფასა	(არ) დაუფასებია	28
einschenken (s. eingießen, sich)				
einschlafen ჩა-/დაძინება	იძინებს	დაიძინა	(არ) დაუძინია	10
einschließen (etw.) ჩაკეტვა	კეტავს	ჩაკეტა	(არ) ჩაუკეტავს//-ია	26
einschließen (jmdn.)	უკეტავს	ჩაუკეტა	(არ) ჩაუკეტავს//-ია	26
einschmieren (etw./jmdn.) წასმა	უსვამს	წაუსვა	(არ) წაუსვია//-ამს	34
einschmieren, sich	ისვამს	წაისვა	(არ) წაუსვამს//-ია	34
eingeschmiert werden	ეცხება	ის ეცხო	(არ) სცხებია	50
eingeschmiert sein	უსვია	ის ესვა	ის (არ) სმია	53
einsetzen (etw.) ჩადება	დებს	ჩადო	(არ) ჩაუდ(ვ)ია	29
einsetzen, sich (für etw./jmdn.) ჩამოსარჩლება	ესარჩლება	ის გამოესარჩლა	ის (არ) გამოსარჩლებია	45
einsetzen (jmdn. als) (s. ernennen)				
einteilen (etw.) განაწილება	ნაწილდება	ის განაწილდა	ის (არ) განაწილებულა	44
გაყოფა	იყოფა	ის გაიყო	ის (არ) გაყოფილა	I.

Deutscher Infinitiv / Georgisches Verbalnomen	3. Pers. Präsens: ის	3. Pers. Aorist: მან	3. Pers. Perfekt: მას	Nr.
einteilen (jmdn.) დანაწილება	ნაწილდება	ის დანაწილდა	ის (არ) დანაწილებულა	44
დაყოფა	იყოფა	ის დაიყო	ის (არ) დაყოფილა	I.
eintreten/einziehen შესვლა	შედის	ის შევიდა	ის (არ) შესულა	I.
einwickeln შე-/გადახვევა	უხვევს	შეუხვია, გადაუხვია	(არ) შე-/გადაუხვევია	22
empfangen სტუმრის მიღება	სტუმარს იღებს	სტუმარი მიიღო	სტუმარი (არ) მიუღია	29
empfehlen (etw.) რჩევა	ურჩევს	ურჩია	(არ) ურჩევია	22
empfehlen (jmdm. etw.) შეთავაზება	სთავაზობს	შესთავაზა	(არ) შეუთავაზებია	30
empfehlen (jmdn. für etw.)				
რეკომენდაციის გაწევა	რეკომენდაციას უწევს	რ. გაუწია	რ. (არ) გაუწევია	22
enden დამთავრება	მთავრდება	ის დამთავრდა	ის (არ) დამთავრებულა	44
დასრულება	სრულდება	ის დასრულდა	ის (არ) დასრულებულა	44
entfalten (s. ausbreiten)				
entfernen (s. trennen)				
entführen მოტაცება	იტაცებს	მოიტაცა	(არ) მოუტაცებია	28
entscheiden (s. beschließen)				
entschließen, sich გადაწყვეტა	წყვეტს	გადაწყვიტა	(არ) გადაუწყვეტია	20
entschuldigen (etw.) პატიება	პატიობს	აპატია	(არ) უპატიებია	I.
entschuldigen, sich (für etw./jmdn.)				
ბოდიშის მოხდა	ბოდიშს იხდის	ბოდიში მოიხადა	ბოდიში (არ) მოუხდია	24
entstehen წარმოქმნა	წარმოიქმნება	ის წარმოიქმნა	ის (არ) წარმოქმნილა	I.
entstanden sein წარმოშობა	წარმოიშობა	ის წარმოიშვა	ის (არ) წარმოშობილა	I.

Deutscher Infinitiv / Georgisches Verbalnomen	3. Pers. Präsens: ის	3. Pers. Aorist: მან	3. Pers. Perfekt: მას	Nr.
erarbeiten დამუშავება	ამუშავებს	დაამუშავა	(არ) დაუმუშავებია	28
erfahren გაგება	იგებს	გაიგო	(არ) გაუგია	29
შეტყობა	იტყობს	შეიტყო	(არ) შეუტყვია	31
erfreuen (jmdn.) გახარება	ახარებს	გაახარა	(არ) გაუხარებია	28
erfüllen შევსება, ავსება	ავსებს	შეავსო, აავსო	(არ) შეუვსია, აუვსია	29
erhalten (etw. z.B. Burg)	რჩება	ის შემორჩა	ის (არ) შემორჩენილა	48
შემორჩენა	იღებს	მიიღო	(არ) მიუღია	29
erhalten (bekommen) მიღება	შენახული არის	შენახული იყო	შენახული (არ) ყოფილა	I.
erhalten sein შენახვა	ინახავს	შეინახა	(არ) შეუნახავს//შეუნახია	26
erholen, sich დასვენება	ისვენებს	დაისვენა	(არ) დაუსვენია	10
erinnern, sich გახსენება	იხსენებს	გაიხსენა	(არ) გახსენებია	28
შეხსენება	ახსენებს	მან გაახსენა	(არ) გაუხსენებია	28
erinnern, sich (an jmdn./etw.) ხსოვნა	მას ახსოვს	მას ახსოვდა (Imperf.)	(არ) ხსომებია	57
erkälten, sich გაციება	ცივდება	ის გაცივდა	ის (არ) გაციებულა	44
erkennen (etw./jmdn.) შეცნობა	იცნობს	შეიცნო	(არ) შეუცვნია	33
erklären ახსნა	უხსნის	აუხსნა (! მე ავუხსენი)	(არ) აუხსნია	23
erklären (unabhängig) გამოცხადება	აცხადებს	გამოაცხადა	(არ) გამოუცხადებია	28
erlangen შეძენა	იძენს	შეიძინა	(არ) შეუძენია	21
erlauben (etw./jmdm.)	ნებას რთავს	ნება დართო	ნება (არ) დაურთავს	26
ნების დართვა, მიცემა	აძლევს	მისცა	ნება (არ) მიუცია	I.

Deutscher Infinitiv / Georgisches Verbalnomen	3. Pers. Präsens: ის	3. Pers. Aorist: მან	3. Pers. Perfekt: მას	Nr.
erlauben, sich (etw.) გაბედვა	ბედავს	გაბედა	(არ) გაუბედავს//-ია	26
ermüden დაღლა	იღლება	ის დაიღალა	ის (არ) დაღლილა	40
erleiden (s. leiden)				
ernennen დანიშვნა	ნიშნავს	დანიშნა	(არ) დაუნიშნავს	26
ernannt werden	ინიშნება	ის დაინიშნა	ის (არ) დანიშნულა	42
erneuern განახლება	აახლებს	განაახლა	(არ) განუახლებია	28
erobern დაპყრობა	იპყრობს	დაიპყრო	(არ) დაუპყრია	33
eröffnen გახსნა	ხსნის	გახსნა (!მე გავხსენი)	(არ) გაუხსნია	23
erringen მიღწევა	აღწევს	მიაღწია	(არ) მიუღწევია	22
erscheinen (Buch) გამოსვლა	გამოდის	ის გამოვიდა	ის (არ) გამოსულა	I.
erscheinen გამოცხადება	ცხადდება	ის გამოცხადდა	ის (არ) გამოცხადებულა	44
erschrecken (jmdn.) შეშინება	აშინებს	შეაშინა	(არ) შეუშინებია	28
erschrecken, sich	შინდება	შეეშინდა	(არ) შეშინებია	44
erstarken გამაგრება	მაგრდება	ის გამაგრდა	ის (არ) გამაგრებულა	44
განმტკიცება	მტკიცდება	ის განმტკიცდა	ის (არ) განმტკიცებულა	44
მოღონიერება	ღონიერდება	ის მოღონიერდა	ის (არ) მოღონიერებულა	44
erstaunen გაოცება	ოცდება	ის გაოცდა	ის (არ) გაოცებულა	44
ersticken (jmdn.) (s. würgen)				
ertragen (etw.) განცდა	განიცდის	განიცადა	(არ) განუცდია	24
გადატანა	გადაიტანს	გადაიტანა	(არ) გადაუტანია	18

Deutscher Infinitiv / Georgisches Verbalnomen	3. Pers. Präsens: ის	3. Pers. Aorist: მან	3. Pers. Perfekt: მას	Nr.
ertragen (jmdn.) მოთმენა	ითმენს	მოითმინა	(არ) მოუთმენია	21
ატანა	იტანს	აიტანა	აუტანია	18
erwähnen ხსენება	ახსენებს	ახსენა	(არ) უხსენებია	28
დასახელება	ასახელებს	დაასახელა	(არ) დაუსახელებია	28
erwähnt werden	სახელდება	ის დასახელდა	ის (არ) დასახელებულია	44
erwähnt sein	დასახელებული არის	ის დასახებული იყო	ის დასახებული (არ) ყოფილა	I.
erwarten (etw./jmdn.)მოლოდინი	ელოდება	ის დაელოდა	ის (არ) დალოდებია	45
erweitern (etw.) გაფართოება	აფართოებს	გააფართოვა	(არ) გაუფართო(ვ)ებია	28
erwürgen დახრჩობა	ახრჩობს//აღრჩობს	დაახრჩო//დააღჩო	(არ) დაუხრჩვია//დაუღრჩვია	31
erzählen (etw.) ამბის მოყოლა	ყვება	მოყვა	(არ) მოუყოლია	49
erzählen (jmdm.)	უყვება	მოუყვა	(არ) მოუყოლია	49
erziehen აღზრდა	აღ/ზრდის	აღზარდა	(არ) აღუზრდია	24
essen (aufessen) ჭამა	ჭამს	(შე)ჭამა	(არ) (შე)უჭამია	18
existieren არსებობა	არსებობს	იარსება	(არ) უარსებია	14
exportieren გატანა	მას გააქვს (=ის იტანს)	გაიტანა	(არ) გაუტანია	I.
fahren (s. gehen)				
fallen (Einzahl) (და)ვარდნა	ვარდება	ის დავარდა	ის (არ) დავარდნილა	I.
fallen (Mehrzahl)	ისინიცვივა	ისინი დაცვივდა	ისინი (არ) დაცვენილა	I.
fangen (erwischen) დაჭერა	იჭერს	დაიჭირა	(არ) დაუჭერია	20
färben ღებვა	ღებავს	შეღება	(არ) შეუღებავს//-ია	26

Deutscher Infinitiv / Georgisches Verbalnomen	3. Pers. Präsens: ის	3. Pers. Aorist: მან	3. Pers. Perfekt: მას	Nr.
fehlen კლება	აკლია	ის აკლდა	ის (არ) ჰკლებია	53
fehlen (ihm/ihr fehlt etw.)	მას აკლია	მას დააკლდა	მას (არ) დაჰკლებია	53
feiern ზეიმობა	ზეიმობს	იზეიმა	(არ) უზეიმია	14
feiern (Gelage) ქეიფი	ქეიფობს	იქეიფა	(არ) უქეიფია	14
fernsehen ტელევიზორის ყურება	ტელევიზორს უყურებს	ტელევიზორს უყურა	ტელევიზორისათვის (არ) უყურებია	12
fesseln (jmdn.). მიჯაჭვა	ეჯაჭვება	ის მიეჯაჭვა	ის (არ) მიჯავულა	44
fesseln (Buch) გატაცება	იტაცებს	გაიტაცა	(არ) გაუტაცებია	28
festnehmen დაპატიმრება	აპატიმრებს	დააპატიმრა	(არ) დაუპატიმრებია	28
დატყვევება	ტყვევდება	ის დატყვევდა	ის (არ) დატყვევებულა	44
finden (etw./jmdn.) პოვნა	პოულობს	იპოვა	(არ) უპოვია	32
ძიება	ძებნის	მოიძია	(არ) მოუძებია	21
fliegen ფრენა	ფრინავს	ის ფრინა	ის (არ) უფრენია	6
fliegen (selbst)	ფრენს	იფრინა	(არ) უფრენია	2
fliehen/flüchten გაქცევა	გარბის	ის გაიქცა	ის (არ) გაქცეულა	5
ლტოლვა	ილტვის	ის ილტვოდა	(არ) ლტოლვილა	4a
flüstern ჩურჩული	ჩურჩულებს	იჩურჩულა	(არ) უჩურჩულია	9
fordern (s. bitten)				
fortsetzen გაგრძელება	აგრძელებს	გააგრძელა	(არ) გაუგრძელებია	28
fotografieren ფო. გადაღება	ფოტოს იღებს	ფოტო გადაიღო	ფოტო (არ) გადაუღია	29

Deutscher Infinitiv / Georgisches Verbalnomen	3. Pers. Präsens: **ის**	3. Pers. Aorist: **მან**	3. Pers. Perfekt: **მას**	Nr.
fragen (nach etw.) **შეკითხვა**	**კითხულობს**	**იკითხა**	(**არ**) **უკითხავს//უკითხია**	32
fragen (jmdn. oder für jmdn.)	**ეკითხება**	**ის შეეკითხა**	**ის** (**არ**) **შე(ჰ)კითხვია**	45
fragen (jmdn. nach etw., 2 Objekte)	**ეკითხება**	**ჰკითხა**	(**არ**) **უკითხავს//უკითხია**	26
fressen **ჩახეთქვა**	**ხეთქავს**	**ჩახეთქა**	(**არ**) **ჩაუხეთქავს//-ია**	19
freuen, sich **სიხარული**	**მას უხარია**	**მას** [**გაეხარა**], **გაეხარდა** (Imperf.)	(**არ**) (**გა**)**ჰხარებია**	56
frieren **გაყინვა**	**იყინება**	**ის გაიყინა**	**ის** (**არ**) **გაყინულა**	42
frühstücken **საუზმობა**	**საუზმობს**	**ისაუზმა**	(**არ**) **უსაუზმია**	14
fühlen (etw.) **გრძნობა**	**გრძნობს**	**იგრძნო**	(**არ**) **უგრძვნია**	33
fühlen (jmdm. etw.) (Puls) **ხელით მოსინჯვა**	**სინჯავს**	**გასინჯა**	(**არ**) **გაუსინჯავს//-ია**	26
		მოსინჯა	(**არ**) **მოუსინჯავს//-ია**	26
führen (Weg) **სვლა**	**მიდის**	**მიდიოდა**	(**არ**) **წასულა**	I.
führen (Geschäft) **საქმის გაძღოლა**	**უძღვება**	**ის გაუძღვა**	(**არ**) **გასძღოლია**	48
führen (jmdn.) **წაყვანა**	**მიჰყავს**	**წაიყვანა**	(**არ**) **წაუყვანია**	I.
füllen (s. eingießen)				
gähnen **მთქნარება**	**ამთქნარებს**	**დაამთქნარა**	(**არ**) **დაუმთქნარებია**	11
geben (jmdm. etw.) **მიცემა**	**აძლევს**	**მისცა**	(**არ**) **მიუცია**	I.
geben (sehr höflich) **მირთმევა**	**მიართმევს**	**მიართვა**	(**არ**) **მიურთმევია**	I.
geben (s. jmdm. etw. reichen)				
gedulden, sich **მოთმენა**	**ითმენს**	**მოითმინა**	(**არ**) **მოუთმენია**	21
gefallen (ihm/ihr gefällt) **მოწონება**	**მას მოსწონს**	**მას მოეწონა**	**მას** (**არ**) **მოსწონებია**	55

Deutscher Infinitiv / Georgisches Verbalnomen	3. Pers. Präsens: ის	3. Pers. Aorist: მან	3. Pers. Perfekt: მას	Nr.
gehen სვლა, წასვლა	მიდის	ის წავიდა	ის (არ) წასულა	I.
gehen (ständig) სიარული	დადის	იარა	(არ) უვლია	I.
gehören (zu etw./jmdm.) კუთვნება	ეკუთვნის	ეკუთვნოდა (Imperf.)	(არ) კუთვნებია	I.
gelingen გამოსვლა	გამოსდის	გამოუვიდა	(არ) გამოსვლია	-
ihm gelinget etwas მოახერხება	ახერხებს	მოახერხა	(არ) მოუხერხებია	28
genießen სიამოვნება	მას სიამოვნებს	მას ესიამოვნა	(არ) სიამოვნებია	9
genügen კმარება	კმარობს	იკმარა	(არ) უკმარია	14
genügen (jmdm. etw.) დაკმაყოფილება	აკმაყოფილებს	დააკმაყოფილა	(არ) დაუკმაყოფილებია	28
geraten მოხვედრა	ხვდება	ის მოხვდა	ის (არ) მოხვედრია	48
geschehen (etw.) მოხდომა	ხდება	ის მოხდა	(არ) მომხდარა	48
geschehen (jmdm. etw.) დამართება	ემართება	დაემართა	(არ) დამართნია	42
gewinnen მოგება	იგებს	მოიგო	(არ) მოუგია	29
gewöhnen (jmdn. an etw.) მიჩვევა	ეჩვევა	ის მიეჩვია	ის (არ) მიჩვეულა	38
gewöhnen, sich შეჩვევა	ეჩვევა	ის შეეჩვია	ის (არ) შეჩვეულა	38
glauben (etw.) (s. denken)				
glauben (jmdm. etw.) დაჯერება	სჯერა, იჯერებს	დაიჯერა	(არ) დაუჯერებია	58
რწმენა	სწამს	იწამა	(არ) უწამია	57
graben თხრა	თხრის	გათხარა	(არ) გაუთხრია	24
gratulieren მილოცვა	ულოცავს	მიულოცა	(არ) მიულოცავს	26
greifen ჩაჭიდვა	ეჭიდება	ჩაეჭიდა	(არ) ჩასჭიდებია	45

Deutscher Infinitiv / Georgisches Verbalnomen	3. Pers. Präsens: ის	3. Pers. Aorist: მან	3. Pers. Perfekt: მას	Nr.
gründen დაარსება	აარსებს	დააარსა	(არ) დაუარსებია	28
grüßen (jmdn.) მისალმება	ესალმება	ის მიესალმა	ის (არ) მისალმებია	45
grüßen (jmdn. von jmdm.) მოკითხვა	მოიკითხავს	მოიკითხა	(არ) მოუკითხავს	26
grüßen lassen (jmdn.) მოკითხვის შეთვლა	მოკითხვას უთვლის	მოკითხვა შეუთვალა	მოკითხვა (არ)შეუთვლია	24
haben (etw. Unbelebtes) ქონა	მას აქვს	მას ჰქონდა	(არ) ჰქონია	I.
haben (etw. Belebtes) ყოლა	მას ჰყავს	მას ჰყავდა	(არ) ჰყოლია	I.
halten (s. anhalten)				
halten (etw./jmdn.) დაჭერა	მას უჭირავს	დაიჭირა	(არ) დაუჭერია	20
halten (etw./jmdn. für) მიჩნევა	მიიჩნევს	მიიჩნია	(არ) მიუჩნევია	22
ჩათვლა	თვლის	ჩათვალა	(არ) ჩაუთვლია	24
handeln მოქცევა	იქცევა	ის მოიქცა	ის (არ) მოქცეულა	37
handeln მოქმედება	მოქმედებს	იმოქმედა	(არ) უმოქმედია	9
handeln (mit etw./jmdn.) ვაჭრობა	ვაჭრობს	ივაჭრა	(არ) უვაჭრია	14
hängen (aufgehängt sein) კიდება	ჰკიდია	ის ეკიდა	ის (არ)კიდებულა	52
hängen (bei jmdm.)	უკიდია (მას)	ის ეკიდა	ის (არ) ჰკიდებია	53
hängen (Mehrzahl)	ასხია	ის ესხა	ის (არ) სხმულა	52
hängen (Einzahl)	აბია	ის ება	ის (არ) ბმულა	53
hassen (etw./jmdn.) სიძულვილი	მას სძულს	მას სძულდა (Imperf.)	მას (არ) სძულებია	57
heben (etw.) აწევა	სწევს	ასწია	(არ) აუწევია	22
heben (jmdn.) წამოყენება	წამოაყენებს	წამოაყენა	(არ) წამოუყენებია	28
heilen (etw.) განკურნება	კურნავს	განკურნა	(არ) განუკურნავს//-ებია	26

Deutscher Infinitiv / Georgisches Verbalnomen	3. Pers. Präsens: ის	3. Pers. Aorist: მან	3. Pers. Perfekt: მას	Nr.
heilen (jmdn.) მორჩენა	არჩენს	მოარჩინა	(არ) მოურჩენია	21
heiraten (sie) გათხოვება	თხოვდება	ის გათხოვდა	ის (არ) გათხოვილა	44
heiraten (ihn) ცოლის შერთვა	ცოლს ირთავს	ცოლი შეირთო	ცოლი (არ) შეურთავს	26
ცოლის მოყვანა	მას ცოლი მოჰყავს	ცოლი მოიყვანა	ცოლი (არ) მოუყვანია	I.
heiß sein (ihm/ihr ist heiß) სიცხე	მას (ს)ცხელა	მას დასცხა	(არ) დასცხომია	58
heißen რქმევა	მას ჰქვია	მას ერქვა	(არ) რქმევია	56
helfen (jmdm.) დახმარება	ეხმარება	ის დაეხმარა	ის (არ) დახმარებია	45
herbringen (etw.) მოტანა	მას მოაქვს	მოიტანა	(არ) მოუტანია	I.
herbringen (jmdn.) მოყვანა	მოჰყავს	მოიყვანა	(არ) მოუყვანია	I.
herrschen ბატონობა	ბატონობს	იბატონა	(არ) უბატონია	14
hervorstechen (s. auffallen)				
hinbringen (etw.) მიტანა	მას მიაქვს	მიიტანა	(არ) მიუტანია	I.
hinbringen (jmdn.) მიყვანა	მიჰყავს	მიიყვანა	(არ) მიუყვანია	
hineingehen (s. eintreten)				
hinlegen (etw.) (s. legen, etw.)				
hinlegen (jmdn.) დაწვენა	აწვენს	დააწვინა	(არ) დაუწვენია	21
hinlegen, sich დაწოლა	წვება	ის დაწვა	ის (არ) დაწოლილა	48
hinsetzen (etw./jmdn.) დასმა	სვამს	დასვა	(არ) დაუსვამს	34
hinsetzen, sich (s. setzen, sich)				
hinweisen მითითება	უთითებს	მიუთითა	(არ) მიუთითებია	28

Deutscher Infinitiv / Georgisches Verbalnomen	3. Pers. Präsens: ის	3. Pers. Aorist: მან	3. Pers. Perfekt: მას	Nr.
hinzufügen (etw.) დამატება	ამატებს	დაამატა	(არ) დაუმატებია	28
დართვა	ურთავს	დაურთო	(არ) დაურთავს	26
hoffen იმედის ქონა	მას იმედი აქვს	მას იმედი ჰქონდა	იმედი (არ) ჰქონია	I.
hören მოსმენა	მას ესმის	მას მოესმა	(არ) (მო)სმენია	56
hören (etw./jmdn.)	ისმენს	მოისმინა	(არ) მოუსმენია	21
hören (von etw./jmdm./auf jmdn.)	უსმენს	მოუსმინა	(არ) მოუსმენია	21
(s. zuhören)				
hungern შიმშილობა	შიმშილობს	იშიმშილა	(არ) უშიმშილია	14
Hunger haben შიმშილის ქონა	მას (ს)შია	მას მოშივდა	(არ) მოშივებია	56
interessieren (jmdn). დაინტერესება	აინტერესებს	დააინტერესა	(არ) დაუინტერესებია	28
interessieren, sich	ინტერესდება	ის დაინტერესდა	ის (არ)დაინტერესებულა	44
irren durch ხეტიალი	ხეტიალობს	იხეტიალა	(არ) უხეტიალია	14
გზის აბნევა	მას გზა ებნევა	მას გზა აებნა	გზა (არ) აბნევია	37
irren, sich შეცდომა	ცდება	ის შეცდა	ის (არ) შემცდარა	48
jagen (etw./jmdn.) ნადირობა	ნადირობს	ინადირა	(არ) უნადირია	14
jammern ვაება,/გოდება	გოდებს	იგოდა	(არ) უგოდია	9
წუწუნი	წუწუნებს	იწუწუნა	(არ) უწუწუნია	9
kalt sein / jmdm. ist kalt სცივა	მას სცივა	მას სციოდა	მას (არ) სციებია	58
kämmen, sich დავარცხნა	ივარცხნის	დაივარცხნა	(არ) დაუვარცხნია	25
kämmen (jmdn.)	ვარცხნის	დავარცხნა	(არ) დაუვარცხნია	25
kämpfen (um etw.) ბრძოლა	იბრძვის	იბრძოლა	(არ) უბრძოლია	4a

Deutscher Infinitiv / Georgisches Verbalnomen	3. Pers. Präsens: **ის**	3. Pers. Aorist: **მან**	3. Pers. Perfekt: **მას**	Nr.
kämpfen (mit jmdm.)	ებრძვის	ებრძოლა	(არ) შებრძოლებია	4a
kaufen ყიდვა	ყიდულობს	იყიდა	(არ) უყიდია	32
kennen (etw.) ცოდნა	! მან იცის	მან იცოდა	(არ) სცოდნია	I.
kennen (jmdn.) / kennen lernen ცნობა	იცნობს	გაიცნო	(არ) გაუცვნია	33
klein (jmdm. klein vorkommen)	მას ეპატარავება	მას ეპატარავა	-	63
klingeln დარეკვა	რეკავს	დარეკა	(არ) დაურეკავს//-ია	19
kneifen (jmdn.) ჩქმეტა	ჩქმეტს	უჩქმიტა	(არ) უჩქმეტია	2a
kochen მოხარშვა	ხარშავს	მოხარშა	(არ) მოუხარშავს	26
საჭმლის მომზადება	ამზადებს საჭმელს	მოამზადა საჭმელი	საჭმელი (არ) მოუმზადებია	28
kochen (Wasser) დუღილი	დუღს	ის დუღდა, ადუღდა	ის (არ) ადუღებულა	1
kommen მოსვლა	მოდის	მოვიდა	ის (არ) მოსულა	I.
können შეძლება	მას შეუძლია	მას შეეძლო	(არ) შე(ს)ძლებია	54
kopieren ასლის აღება	ასლს იღებს	ასლი აიღო (გადაიღო)	(არ) აუღია (გადაუღია)	29
ასლის გაკეთება (s. machen 2: გაკეთება)				
korrigieren (s. verbessern)				
kosten (Suppe) გემოს გასინჯვა	გემოს სინჯავს	გემო გასინჯა	(არ) გაუსინჯავს/-ია	26
kosten (Geld) ღირს	ღირს	ის ღირდა	ის (არ) ღირებულა	I.
ჯდება	ჯდება	დაჯდა	ის (არ) დამჯდარა	49
kosten (Leben) დაჯდომა	უჯდება	დაუჯდა	(არ) დასჯდომია	49
krönen (jmdn.) კურთხევა	აკურთხებს	აკურთხა	(არ) უკურთხებია	28

Deutscher Infinitiv / Georgisches Verbalnomen	3. Pers. Präsens: ის	3. Pers. Aorist: მან	3. Pers. Perfekt: მას	Nr.
გაგვირგვინება	აგვირგვინებს	დააგვირგვინა	(არ) დაუგვირგვინებია	28
kühlen (etw.) გაგრილება	აგრილებს	გააგრილა	(არ) გაუგრილებია	28
kühlen (jmdn./etw.)	უგრილებს	გაუგრილა	(არ) გაუგრილებია	28
kühlen, sich	გრილდება	ის გაგრილდა	ის (არ) გაგრილებულა	44
kümmern, sich ზრუნვა	ზრუნავს	იზრუნა	(არ) უზრუნია	6
küssen (etw./jmdn.) კოცნა	კოცნის	აკოცა	(არ) უკოცნია	3
lachen სიცილი	იცინის	(გა)იცინა	(არ) (გა)უცინია	3
jmdm. ist zum Lachen	მას ეცინება	მას გაეცინა	(არ) გა(ს)ცინებია	63
jmdn. lachen lassen აცინებს	აცინებს	გააცინა	(არ) გაუცინებია	28
laufen სირბილი	დარბის	ირბინა	(არ) ურბენია	5
leben (s. wohnen)				
legen (etw.) (Einzahl) დადება	დებს	დადო	(არ) დაუდვია	29
legen (etw.) (Mehrzahl)	აწყობს	დააწყო	(არ) დაუწყვია	31
legen, sich / (jmdn.) (s. hinlegen)				
lehren (jmdn./etw.) სწავლება	ასწავლის	ასწავლა	(არ) უსწავლებია	25
leid tun (um etw.) წუხილი	წუხს	ის წუხდა	ის (არ) უწუხია	1
leid antun (jmdn.) შეწუხება	აწუხებს	შეაწუხა	(არ) შეუწუხებია	28
leiden განცდა	განიცდის	განიცადა	განუცდია	24
leihen თხოვება, სესხება	ათხოვებს, ასესხებს	ათხოვა, ასესხა	(არ) უთხოვებია	28
			(არ) უსესხებია	28

Deutscher Infinitiv / Georgisches Verbalnomen	3. Pers. Präsens: ის	3. Pers. Aorist: მან	3. Pers. Perfekt: მას	Nr.
leiten (etw.) ხელმძღვანელობა	ხელმძღვანელობს	უხელმძღვანელა	(არ) უხელმძღვანელია	14
leiten (jmdn.) მართვა	მართავს	მართა	(არ) უმართავს	26
lernen (s. studieren / einprägen / beschäftigen)				
lesen (etw.)კითხვა	კითხულობს	იკითხა	(არ) უკითხავს	32
lesen (für jmdn.) (s. vorlesen)	უკითხავს	წაუკითხა	(არ) წაუკითხავს	32
lieben სიყვარული	მას უყვარს	მას უყვარდა (Imperf.)	მას (არ) ჰყვარებია	57
liefern მიტანა	მიაქვს	მიიტანა	(არ) მიუტანია	I.
მიზიდვა	ზიდავს	მიზიდა	(არ) მიუზიდავს//-ია	26
liegen (Gegenstand) დება	დევს	ის იდო	ის (არ) დებულა	I.
liegen (Person) წოლა	წევს	ის იწვა	ის (არ) წოლილა	I.
gelegen sein (liegen) მდებარება	მდებარეობს	ის მდებარეობდა	[ის (არ) მდებარებულა]	14
loben ქება	აქებს	შეაქო	(არ) შეუქია	29
locken მიზიდვა	იზიდავს	მიიზიდა	(არ) მიუზიდავს	26
löschen ჩაქრობა	აქრობს	ჩააქრო	(არ) ჩაუქრია	31
gelöscht werden	ქრება	ის ჩაქრა	ის (არ) ჩამქრალა	48
lösen ამოხსნა	ხსნის	ამოხსნა (! მე ამოვხსენი)	(არ) ამოუხსნია	23
lügen ტყუის	ტყუის	მოიტყუა	(არ) მოუტყუებია	I.
ტყუილს თქმა	ტყუილს ამბობს	ტყუილი თქვა	ტყუილი (არ) უთქვამს	I.
ცრუობს	ცრუობს	იცრუა	(არ) უცრუვნია	15
Lust haben სურვილის ქონა	მას სურვილი აქვს	მას სურვილი ჰქონდა	მას სურვილი (არ)ჰქონია	I.

Deutscher Infinitiv / Georgisches Verbalnomen	3. Pers. Präsens: ის	3. Pers. Aorist: მან	3. Pers. Perfekt: მას	Nr.
machen/tun 1 ქმნა	შვრება	ქნა	(არ) უქნია	I.
machen/tun 2 გაკეთება	აკეთებს	გააკეთა	(არ) გაუკეთებია	28
gemacht werden	კეთდება	ის გაკეთდა	ის (არ) გაკეთებულა	44
jmdn. etw. machen lassen	აკეთებინებს	გააკეთებინა	(არ) გაუკეთებინებია	28
malen (jmdm. etw.) დახატვა	ხატავს	დახატა	(არ) დაუხატავს//-ია	26
malen (für jmdn.)	უხატავს	დაუხატა	(არ) დაუხატავს//-ია	26
gemalt werden	იხატება	ის დაიხატა	ის (არ) დახატულა	42
gemalt sein	ხატია	ის ეხატა	ის (არ) დახატულა	52
meinen (sagen) თქმა	ამბობს	თქვა	(არ) უთქვამს	I.
meinen (denken) ფიქრი	ფიქრობს	იფიქრა	(არ) უფიქრია	14
meinen (zu etw.) მხედველობაში ქონა	მას მხედველობაში აქვს	მას მხედველობაში ჰქონდა Impf.	მხედველობაში (არ) ჰქონია	I.
melden უწყება	აუწყებს	აუწყა	(არ) უუწყებია	28
melden, sich შეტყობინება	ატყობინებს	შეატყობინა	(არ) შეუტყობინებია	28
გამოცხადება	აცხადებს	გამოაცხადა	(არ) გამოუცხადებია	28
merken, sich (etw.) დამახსოვრება	იმახსოვრებს	დაიმახსოვრა	(არ) დაუმახსოვრებია	28
messen გაზომვა	ზომავს	გაზომა	(არ) გაუზომავს//-ია	26
mieten დაქირავება	იქირავებს	დაიქირავა	(არ) დაუქირავებია	15
	ქირაობს	იქირავა	(არ) უქირავებია	15
misslingen ჩაშლა	შლის	ჩაშალა	(არ) ჩაუშლია	24
mitbringen (etw.) მოტანა	მას მოაქვს	მოიტანა	(არ) მოუტანია	I.
mitbringen (jmdm. etw.)	მას მოაქვს	მოუტანა	(არ) მოუტანია	

Deutscher Infinitiv / Georgisches Verbalnomen	3. Pers. Präsens: ის	3. Pers. Aorist: მან	3. Pers. Perfekt: მას	Nr.
mitbringen (jmdn). მოყვანა	მას მოჰყავს	მოიყვანა	(არ) მოუყვანია	
mitbringen (jmdm. jmdn.)	მოუყვანს	მოუყვანა	(არ) მოუყვანია	
mitnehmen (etw.) წაღება	მას მიაქვს	წაიღო	(არ) წაუღია	I.
mitnehmen (jmdm. etw.)	მას მიაქვს	წაუღო	(არ) წაუღია	
mitnehmen (jmdn.) წაყვანა	მას მიჰყავს	წაიყვანა	(არ) წაუყვანია	
mitnehmen (jmdm. jmdn.)	მას მიუყვანს	მიუყვანა	(არ) მიუყვანია	
Mittag essen სადილობა	სადილობს	ისადილა	(არ) უსადილია	14
mitteilen ცნობება	აცნობებს	აცნობა	(არ) უცნობებია	28
შეტყობინება	ატყობინებს	შეატყობინა	(არ) შეუტყობინებია	28
mögen (s. lieben)				
möglich sein შეძლება	მას შეუძლია	შეძლო	(არ) შესძლებია	54
müde werden დაღლა	იღლება	ის დაიღალა	ის (არ) დაღლილა	40
nachdenken ფიქრი	ფიქრობს	იფიქრა	(არ) უფიქრია	14
nähen კერვა	კერავს	შეკერა	(არ) შეუკერავს//-ია	26
angenäht sein	აკერია	ის ეკერა	ის (არ) ჰკერებია	52
nähern, sich მიახლოება	უახლოვდება	ის მიუახლოვდა	ის (არ) მიახლოვებულა	44
nass werden დასველება	სველდება	ის დასველდა	ის (არ) დასველებულა	44
nehmen (etw.) აღება (s. mitnehmen)	იღებს	აიღო	(არ) აუღია	29
nennen (etw.) დასახელება	ასახელებს	დაასახელა	(არ) დაუსახელებია	28

Deutscher Infinitiv / Georgisches Verbalnomen	3. Pers. Präsens: ის	3. Pers. Aorist: მან	3. Pers. Perfekt: მას	Nr.
nennen (etw.) ჩამოთვლა	თვლის	ჩამოთვალა	(არ) ჩამოუთვლია	24
nennen (jmdn.) წოდება	უწოდებს	უწოდა	(არ) უწოდებია	28
რქმევა	არქმევს	დაარქვა	(არ) დაურქმევია	22
niederbrennen გადაწვა	გადაწვავს	გადაწვა	(არ) გადაუწვავს//-ია	26
niederschlagen დაცემა	ეცემა	ის დაეცა	ის (არ) დაცემულა	I.
niederschlagen (Augen) დახრა (თვალების)	ხრის თვალებს	დახარა თვალები	თვალები (არ) დაუხრია	24
niedergeschlagen sein წაქცევა	იქცევა	ის წაიქცა	ის (არ) წაქცეულა	37
nützen (es nützt) სარგებლობა	სარგებლობს	ისარგებლა	(არ) უსარგებლია	14
öffnen (Tür) გაღება	აღებს	გააღო	(არ) გაუღია	29
öffnen (Dose/Wein) გახსნა	ხსნის	(გა)ხსნა (! მე გავხსენი)	(არ) გაუხსნია	
ordnen დაწყობა	აწყობს	დააწყო	(არ) დაუწყვია	31
geordnet werden	იწყობა	ის დაიწყო//აიწყო (დაწყობილ იქნა)	ის (არ) დაწყობილა// აწყობილა	50
geordnet sein	აწყვია	ის ეწყო	ის (არ) წყობილა	52
organisieren მოწყობა	აწყობს	მოაწყო	(არ) მოუწყვია	31
ჩამოყალიბება	აყალიბებს	ჩამოაყალიბა	(არ) ჩამოუყალიბებია	28
packen (etw.) ჩალაგება	ალაგებს	ჩაალაგა	(არ) ჩაულაგებია	28
packen (jmdn.) ჩავლება	ხელს ავლებს	ხელი ჩაავლო	ხელი (არ) ჩაუვლია	28
passen მოხდენა	უხდება	მოუცდა	(არ) მოხდენია	45
მორგება	ერგება	მოერგო	მორგებია	47
passieren (etw.) მოხდომა	ხდება	ის მოხდა	ის (არ) მომხდარა	48

Deutscher Infinitiv / Georgisches Verbalnomen	3. Pers. Präsens: ის	3. Pers. Aorist: მან	3. Pers. Perfekt: მას	Nr.
passieren (jmdm. etw.) მოსვლა, მოხდომა	მოსდის, უხდება	მოუვიდა, მოუხდა	(არ) მოსვლია, მოხდომია	I.
passieren (Zug) ჩავლა	ჩაივლის	ჩაიარა	(არ) ჩაუვლია	I.
pfeifen სტვენა	(უ)სტვენს	დაუსტვინა	(არ) დაუსტვენია	2
pflegen (etw./jmdn.) მოვლა	უვლის	მოუარა	(არ) მოუვლია	I.
pflegen zu tun	მას ჩვეულება აქვს	მას ჩვეულება ჰქონდა	მას ჩვეულება (არ) ჰქონია	I.
pflücken კრეფა	კრეფს	მოკრიფა	(არ) მოუკრეფია	20
planen (beabsichtigen) დაპირება	აპირებს	დააპირა	(არ) დაუპირებია	28
planen (etw.) დაგეგმვა	გეგმავს	დაგეგმა	(არ) დაუგეგმავს//-ია	26
platzen სკდომა	სკდება	ის გასკდა	ის (არ) გამსკდარა	48
აფეთქება	ფეთქდება	ის აფეთქდა	ის (არ) აფეთქებულა	44
prahlen ტრაბახი	ტრაბახობს	იტრაბახა	(არ) უტრაბახია	14
თვის ქება	თავს იქებს	თავი იქო	თავი (არ) უქია	29
გაზვიადება	აზვიადებს	გააზვიადა	(არ) გაუზვიადებია	28
präzisieren დაზუსტება	აზუსტებს	დააზუსტა	(არ) დაუზუსტებია	28
probieren მო/გასინჯვა	სინჯავს	გასინჯა, მოსინჯა	(არ) მო/გაუსინჯავს,	26
prüfen (etw.) მოსინჯვა	სინჯავს	მოსინჯა	(არ) მოუსინჯავს	26
შემოწმება	ამოწმებს	შეამოწმა	(არ) შეუმოწმებია	
prüfen (jmdn.) გამოცდა	სცდის	გამოსცადა	(არ) გამოუცდია	28
გამოკითხვა	გამო(ჰ)კითხავს	გამო(ჰ)კითხა	(არ) გამოუკითხავს//-ია	
putzen გაწმენდა	წმენდს	გაწმინდა	(არ) გაუწმენდია	20
გასუფთავება	ასუფთავებს	გაასუფთავა	(არ) გაუსუფთავებია	28

Deutscher Infinitiv / Georgisches Verbalnomen	3. Pers. Präsens: ის	3. Pers. Aorist: მან	3. Pers. Perfekt: მას	Nr.
quälen (s. schikanieren)				
rächen (jmdn.) (სამაგ.) გადახდა	სამაგიეროს უხდის	სამაგიერო გადაუხადა	სამაგიერო (არ) გადაუხდია	24
rächen, sich შურისძიება	შურს იძიებს	შური იძია	შური (არ) უძიებია	28
rasieren (jmdn.) გაპარსვა	პარსავს	გაპარსა	(არ) გაუპარსავს//-ია	26
rasieren, sich	იპარსავს	გაიპარსა	(არ) გაუპარსავს//-ია	26
restaurieren განახლება	აახლებს	განაახლა	(არ) განუახლებია	28
raten (etw.) გამოცნობა	გამოიცნობს	გამოიცნო	(არ) გამოუცვნია	33
raten (jmdm.) რჩევა	ურჩევს	ურჩია	(არ) ურჩევია	22
rauchen მოწევა	ეწევა	მოსწია	(არ) მოუწევია	22
rebellieren შფოთის ატეხვა	შფოთს ტეხს	შფოთი ატეხა	შფოთი (არ) აუტეხავს//-ია	19
ამბოხება//ამბოხი	ამბოხდება	ის აამბოხდა	ის (არ) ამბოხებულა	44
rechnen ანგარიში	ანგარიშობს	იანგარიშა	(არ) უანგარიშია	14
rechnen (mit jmdm./etw. in e. Sache)	ვარაუდობს	ივარაუდა	(არ) უვარაუდია	14
reden ლაპარაკი	ლაპარაკობს	ილაპარაკა	(არ) ულაპარაკია	14
reden (etw. über/von) საუბარი	საუბრობს	ისაუბრა	(არ) უსაუბრია	14
regieren მართვა	მართავს	მართა	(არ) უმართავს//-ია	26
regnen წვიმა	წვიმს	იწვიმა	(არ) უწვიმია	1
reichen კმარება	საკმარისია	ის საკმარისი იყო	ის საკმარისი (არ) ყოფილა	22
reichen (jmdm. etw.) მიწოდება	აწვდის	მიაწოდა	(არ) მიუწოდებია	24
reinigen (etw.) წმენდა	წმენდს	გაწმინდა	(არ) გაუწმენდია	20

Deutscher Infinitiv / Georgisches Verbalnomen	3. Pers. Präsens: **ის**	3. Pers. Aorist: **მან**	3. Pers. Perfekt: **მას**	Nr.
reinigen (jmdn./für jmdn.)	სწმენდს / უწმენდს	მოსწმინდა / მოუწმინდა	(არ) მოუწმენდია	20
reisen გამგზავრება	მგზავრობს	იმგზავრა	(არ) უმგზავრია	14
rennen სირბილი	დარბის	ირბინა	(არ) ურბენია	5
respektieren თაყვანისცემა	თაყვანს სცემს	თაყვანი სცა	თაყვანი (არ) უცია	I.
retten გადარჩენა	(გადა)არჩენს	გადაარჩინა	(არ) გადაურჩენია	21
შველა	შველის	უშველა	(არ) უშველია	25
retten, sich გადარჩენა	თავს ირჩენს	თავი გადაირჩინა	თავი (არ) გადაურჩენია	21
richten (jmdn.) გასამართლება	(გა)ასამართლებს	გაასამართლა	(არ) გაუსამართლებია	28
gerichtet sein (auf etw.) მიმართულება	მიმართულია	მიმართული იყო	მიმართული (არ) ყოფილა	I.
riechen ყნოსვა	ყნოსავს	იყნოსა	(არ) უყნოსია	26
riechen (nach etw.) სუნის ქონა	სუნი აქვს	სუნი ჰქონდა	სუნი (არ) ჰქონია	I.
rollen გორაობა	გორავს	იგორა	(არ) უგორავია	6
gerollt werden აგორება	აგორდება	ის აგორდა	ის (არ) აგორებულა	44
rufen (etw./jmdn.) ძახილი	ეძახის	დაუძახა	(არ) დაუძახია	I.
rühren (etw.) მორევა	ურევს	მოურია	(არ) მოურევია	22
rühren, sich განძრევა,	ინძრევა	ის გაინძრა	ის (არ) განძრეულა	37
ადგილიდან დაძვრა	იძვრის	ის დაიძრა (! მე დავიძარი)	ის (არ) დაძრულა	27
ruinieren (jmdn.) განადგურება	ანადგურებს	გაანადგურა	(არ) გაუნადურებია	28
ruinieren, sich	ნადგურდება	ის განადგურდა	ის (არ) განადგურებულა	44
rutschen სრიალი	სრიალებს	ისრიალა	(არ) უსრიალია	9

Deutscher Infinitiv / Georgisches Verbalnomen	3. Pers. Präsens: ის	3. Pers. Aorist: მან	3. Pers. Perfekt: მას	Nr.
säen (და)თესვა	თესავს	დათესა	(არ) დაუთესია	26
gesät werden	ითესება	ის დაითესა	ის (არ) დათესილა	42
gesät sein	თესია	ის ეთესა	ის (არ) თესილა	52
sagen (etw.) თქმა	ამბობს	თქვა	(არ) უთქვამს	I.
sagen (sehr höflich) ბრძანება	ბრძანებს	ბრძანა	(არ) უბრძანებია	28
sagen (jmdm./etw.)	ეუბნება	უთხრა	(არ) უთქვამს	I.
sammeln (etw.) შეგროვება	აგროვებს	შეაგროვა	(არ) შეუგროვებია	28
saufen ლოთობა	ლოთობს	ილოთა	(არ) ულოთია	14
saugen წოვა	სწოვს	მოსწოვა	(არ) მოუწოვია	18
წუწნა	წუწნის	მოწუწნა	(არ) მოუწუწნია	23
schaden (etw./jmdm.) დაზიანება	აზიანებს	დააზიანა	(არ) დაუზიანებია	28
schaffen შექმნა	ქმნის	შექმნა	(არ) შეუქნია	23
geschaffen werden გაკეთება	კეთდება	ის გაკეთდა	ის (არ) გაკეთებულა	44
schälen გათლა	თლის	გათალა	(არ) გაუთლია	24
გაფცქვნა	ფცქვნის	გაფცქვნა	(არ) გაუფცქვნია	23
schälen, sich კანის გაძრობა	კანი სძვრება	კანი გასძვრა	კანი (არ) გასძრობია	49
schämen, sich შერცხვენა	მას რცხვენია	მას შერცხვა	(არ) შერცხვენია	56
schaukeln რწევა	არწევს	დაარწია	(არ) დაურწევია	22
scheinen (Sonne) ნათება	ანათებს	გაანათა	(არ) გაუნათებია	28
scheinen (ihm/ihr scheint) ჰგონია	მას ჰგონია	მას ეგონა	მას (არ) ჰგონებია	52
ეჩვენება	მას ეჩვენება	მას მოეჩვენა	მას (არ) მოსჩვენებია	64

Deutscher Infinitiv / Georgisches Verbalnomen	3. Pers. Präsens: ის	3. Pers. Aorist: მან	3. Pers. Perfekt: მას	Nr.
schenken ჩუქება	ჩუქნის/აჩუქებს	აჩუქა	(არ) უჩუქებია	28
scherzen (über jmdn.) ხუმრობა	ხუმრობს	იხუმრა	(არ) უხუმრია	14
schicken (etw.) გაგზავნა	გზავნის	გაგზავნა	(არ) გაუგზავნია	25
schicken (jmdm. etw./für jmdn.) (hin)	უგზავნის	გაუგზავნა	(არ) გაუგზავნია	25
schicken (jmdm. etw.) (her; 1./2. Pers.)	უგზავნის	გამოუგზავნა	(არ) გამოუგზავნია	25
geschickt werden	იგზავნება	ის გაიგზავნა	ის (არ) გაგზავნილა	41
schieben (etw.) მიწევა/გაწევა	წევს	მისწია	(არ) მიუწევია	22
schieben (jmdn.)	გასწევს	გასწია	(არ) გაუწევია	22
schießen სროლა	ისვრის	გაისროლა	(არ) გაუსვრია	I.
schießen (auf/nach etw./jmdn.) ესვრის	ესვრის	ესროლა	(არ) უსვრია	I.
schikanieren გაწვალება	აწვალებს	ის გააწვალა	გაუწვალებია	28
schikaniert werden	წვალდება	ის გაწვალდა	ის (არ) გაწვალებულა	44
schimpfen (jmdn.) ლანძღვა	ლანძღავს	გალანძღა	(არ) გაულნძღავს	26
გინება	აგინებს	აგინა	(არ) უგინებია	28
schlachten დაკლა	კლავს	დაკლა	(არ) დაუკლავს	27
schlafen ძილი	მას (ს)ძინავს	მას ეძინა	(არ) (ს)ძინებია	55
jmdm. ist zum Schlafen	მას ეძინება	მას დაეძინა	(არ) და(ს)ძინებია	64
schlagen (Herz) გულის ცემა	უცემს	ის უცემდა (Imperf.)	(არ) უცემდა (Imperf.)	I.
schlagen (jmdn. mit etw.)	სცემს	სცემა	(არ) უცემია	18
schleppen თრევა	ათრევს	ათრია	(არ) უთრევია	22
schleppen, sich ლასლასი	ლასლასებს	ილასლასა	(არ) ულასლასია	9

Deutscher Infinitiv / Georgisches Verbalnomen	3. Pers. Präsens: ის	3. Pers. Aorist: მან	3. Pers. Perfekt: მას	Nr.
schließen (etw.) დაკეტვა	კეტავს	დაკეტა	(არ) დაუკეტავს//-ია	26
schließen (geschlossen werden, Vorlesung)	იხურება	დაიხურა	(არ) დახურულა	42
schlummern თვლემა	თვლემს	ჩათვლიმა	(არ) ჩაუთვლემია	2
schmatzen წკლაპუნი	პირს აწკლაპუნებს	დააწკლაპუნა	(არ) დაუწკლაპუნებია	28
schmecken გემოს გასინჯვა	გემოს სინჯავს	გემო გასინჯა	გემო (არ) გაუსინჯავს	26
schmecken (nach etw.) გემოს ქონა	მას გემო აქვს	მას გემო ჰქონდა	გემო (არ) ჰქონია	I.
schmeicheln მლიქვნელობა	მლიქვნელობს	იმლიქვნელა	(არ) უმლიქვნელია	14
schmeißen (s. wegwerfen)				
schmelzen ნდობა/გადნობა	adნობს	გაადნო	(არ) გაუდნია	31
geschmolzen werden	დნება	ის დადნა	ის (არ) დამდნარა	48
schmerzen (s. weh tun)				
schmieden ჭედვა	ჭედს//ჭედავს	გამოჭედა	(არ) გამოუჭედავს//-ია	18
schminken (jmdn.) შეღებვა	იღებება	შეიღება	(არ) შეუღებავს//-ია	42
schminken, sich მეიკანის კეთება	იკეთებს	მაკიაჟი გაიკეთა	მაკიაჟი (არ) გაუკეთებია	28
schmollen გაბუტვა	იბუტება	ის გაიბუტა	ის (არ) გაბუტულა	42
schmoren მოშუშვა	შუშავს	მოშუშა	(არ) მოუშუშავს//-ია	26
schmücken მორთვა	რთავს	მორთო	(არ) მოურთავს	26
schmuggeln კონტრაბანდისტობა	კონტრაბანდისტობს	იკონტრაბანდისტა	(არ) უკონტრაბანდისტია	14
schmusen (mit jmdm.) ალერსი	ეალერსება	ის მოეალერსა	ის (არ) მოალერსებია	45

Deutscher Infinitiv / Georgisches Verbalnomen	3. Pers. Präsens: ის	3. Pers. Aorist: მან	3. Pers. Perfekt: მას	Nr.
schnappen (s. fangen)				
schneiden (etw.) დაჭრა	ჭრის	დაჭრა (! მე დავჭერი)	(არ) დაუჭრია	23
schneiden (jmdn. mit etw.)	მოჭრის	მოჭრა (! მე მოვჭერი)	(არ) მოუჭრია	23
schneiden (für jmdn. etw.)	მოუჭრის	მოუჭრა(! მე მოვუჭერი)	(არ) მოუჭრია	23
schneiden, sich გაჭრა	იჭრის	გაიჭრა (! მე გავუჭერი)	(არ) გაუჭრია	23
schneien თოვა	თოვს	ითოვა	(არ) უთოვია	1
schonen (etw./ jmdn.) დაზოგვა	ზოგავს	დაზოგა	(არ) დაუზოგავს//-ია	26
schreiben (etw.) წერა	წერს	დაწერა	(არ) დაუწერია	18
schreiben (jmdm. etw.) (hin) მიწერა	სწერს	მისწერა	(არ) მიუწერია	18
schreiben (jmdm. etw.) (her) მოწერა	სწერს	მოსწერა	(არ) მოუწერია	18
schreiben (für jmdn.) და-/ჩა-წერა	უწერს	დაუწერა	(არ) დაუწერია	18
geschrieben werden	იწერება	ის დაიწერა	ის (არ) დაწერილა	35
geschrieben sein	(ს)წერია	ის ეწერა	ის (არ) წერებულა	52
schreien ყვირილი	ყვირის	იყვირა	(არ) უყვირია	3
ბღავილი	ბღავის	იბღავლა	(არ) უბღავლია	4
zu schreien beginnen	(ა)ყვირდება	ის აყვირდა	ის (არ) აყვირებულა	44a
schulden ვალის ქონა	მას ვალი აქვს	მას ვალი ჰქონდა	ვალი (არ) ჰქონია	I.
მართება	მართებს	ემართა	(არ) მართებია	55
schütteln (etw./jmdn.) განძრევა	ანძრევს	გააძრია	(არ) გაუნძრევია	22
schützen (etw./jmdn.) დაცვა	იცავს	დაიცვა	(არ) დაუცავს//დაუცვია	26
schweigen დუმილი	დუმს	ის დუმდა	ის (არ) დუმებულა	I.

Deutscher Infinitiv / Georgisches Verbalnomen	3. Pers. Präsens: ის	3. Pers. Aorist: მან	3. Pers. Perfekt: მას	Nr.
schwimmen ცურვა	ცურავს	იცურავა	(არ) უცურავია	26
schwitzen გაოფლიანება	ოფლიანდება	იოფლიანა	(არ) უოფლიანია	44
schwören ფიცის მიცემა	ფიცს იძლევა	ფიცი მისცა	ფიცი (არ) მიუცია	I.
sehen (etw./jmdn.) ხედვა	ხედავს	დაინახა	(არ) დაუნახავს/უნახია	I.
ცქერა	დაინახავს (Futur)			
oft sehen/besuchen ნახვა	უცქერს	უცქირა	(არ) უცქერია	2
(s. ansehen/zusehen)	ნახულობს	ნახა	(არ) უნახავს	I.
sehnen, sich მონატრება	მას ენატრება	მას მოენატრა	(არ) მონატრებია	64
sein ყოფნა	არის	ის იყო	ის (არ) ყოფილა	I.
sein (Höflichkeitsform) ბრძანება	ბრძანდება	ის ბრძანდებოდა	ის (არ) ბრძანებულა	I.
sein (Höflichkeitsform) ხლება	გახლავს	გახლდა	(არ) გხლებია	I.
senden (s. schicken)				
setzen, sich დაჯდომა	ჯდება	ის დაჯდა	ის (არ) მჯდარა, დამჯდარა	49
setzen (sehr höflich) დაბრძანდება	ბრძანდება	ის დაბრძანდა	ის (არ) დაბრძანებულა	44
sieben გაცრა	ცრის	გაცრა	(არ) გაუცრია	23
sieden ადუღება	დუღდება	ის ადუღდა	ის (არ) ადუღებულა	44
siegen გამარჯვება	იმარჯვებს	გაიმარჯვა	(არ) გაუმარჯვია	10
singen (etw.) სიმღერა	მღერის	იმღერა	(არ) უმღერია	3
singen (für jmdn.)	უმღერის	უმღერა	(არ) უმღერია	23
jmdm. ist zum Singen ემღერება	მას ემღერება	ემღერებოდა	[(არ) ჰმღერებია]	62

Deutscher Infinitiv / Georgisches Verbalnomen	3. Pers. Präsens: ის	3. Pers. Aorist: მან	3. Pers. Perfekt: მას	Nr.
sitzen (Einzahl) ჯდომა	ზის	ის იჯდა	ის (არ) მჯდარა	I.
sitzen (Mehrzahl) სხდომა	ისინი სხედან	ისინი ისხდნენ	ისინი (არ) მსხდარან	
sollen (s. müssen)				
sorgen ზრუნვა	ზრუნავს	იზრუნა	(არ) უზრუნ(ვ)ია	6
პატრონობა	პატრონობს	უპატრონა	(არ) უპატრონია	14
sortieren (etw.) დახარისხება	ახარისხებს	დაახარისხა	(არ) დაუხარისხებია	28
sparen (etw.) დაზოგვა	ზოგავს	დაზოგა	(არ) დაუზოგავს//-ია	26
sparen (für etw./jmdn.)	უზოგავს	დაუზოგა	(არ) დაუზოგავს	26
spaßen, Spaß machen (s. scherzen)				
spazieren სეირნობა	სეირნობს	ისეირნა	(არ) უსეირნია	14
speichern (s. abspeichern)				
spielen (mit etw.) თამაში	თამაშობს	ითამაშა	(არ) უთამაშ(ნ)ია	14
spielen (mit jmdm.)	ეთამაშება	ის ეთამაშა	ის (არ) ეთამაშა	45
spielen (etw.) (Instrument) დაკვრა	უკრავს	დაუკრა	(არ) დაუკრავს//დაუკვრია	27
Sport treiben ვარჯიში	ვარჯიშობს	ივარჯიშა	(არ) უვარჯიშ(ნ)ია	14
sprechen ლაპარაკი	ლაპარაკობს	ილაპარაკა	(არ) ულაპარაკია	14
თქმა	ამბობს	თქვა	(არ) უთქვამს	I.
sprechen (mit jmdm.)	ელაპარაკება	ის დაელაპარაკა	(არ) დალაპარაკებია	45
springen ხტომა	(და)ხტის	იხტუნა	(არ) უხტუნია	5
stammen წარმოშობა	წარმოიშობა	ის წარმოიშვა	ის (არ) წარმოშობილა	I.

Deutscher Infinitiv / Georgisches Verbalnomen	3. Pers. Präsens: ის	3. Pers. Aorist: მან	3. Pers. Perfekt: მას	Nr.
stärken (etw.) გამხნევება	მხნევდება	ის გამხნევდა	ის (არ) გამხნევებულა	44
stärken (jmdn.)	ამხნევებს	გაამხნევა	(არ) გაუმხნევებია	28
stattfinden შედგომა	დგება	ის შედგა	ის (არ) შემდგარა	57
ჩატარება	ტარდება	ის ჩატარდა	ის (არ) ჩატარებულა	44
staunen (über etw./jmdn.) გაკვირვება	მას უკვირს	მას გაუკვირდა	მას (არ) გაჰკვირვებია	57
გაოცება	ოცდება	ის გაოცდა	ის (არ) გაოცებულა	44
stechen (jmdn.) ჩხვლეტა, კბენა	ჩხვლეტს	უჩხვლიტა	(არ) უჩხვლეტია	3
gestochen werden	კბენს	უკბინა	(არ) უკბენია	2
	იჩხვლიტება	ის დაიჩხვლიტა	ის (არ) დაჩხვლეტილა	46
stehen დგომა	დგას	ის იდგა	ის (არ) მდგარა	I.
stehlen (etw.) მოპარვა	იპარავს	მოიპარა	(არ) მოუპარავს	26
stehlen (jmdm. etw.)	ჰპარავს	მოჰპარა	(არ) მოუპარავს	26
steigen (hinauf) ასვლა	ადის	ის ავიდა	ის (არ) ასულა	I.
steigen (hinunter) ჩასვლა	ჩადის	ის ჩავიდა	ის (არ) ჩასულა	I.
stellen (etw.) დადგმა	დგამს	დადგა	(არ) დაუდგამს	34
stellen (jmdn.)	უდგამს	დაუდგა	(არ) დაუდგამს	34
stellen, sich	დგება	ის დადგა	ის (არ) დამდგარა	49
sterben კვდომა	კვდება	ის მოკვდა	ის (არ) მომკვდარა	48
jmdm. wegsterben	უკვდება	ის მოუკვდა	ის (არ) მოჰკვდომია	48
stimmen (Instrument) აწყობა	აწყობს	ააწყო	(არ) აუწყვია	31
stimmen (für jmdn.) ხმის მიცემა	ხმას აძლევს	ხმა მისცა	ხმა (არ) მიუცია	I.

Deutscher Infinitiv / Georgisches Verbalnomen	3. Pers. Präsens: ის	3. Pers. Aorist: მან	3. Pers. Perfekt: მას	Nr.
stinken ყროლა	ყროლდება / ყარს	ის აყროლდა / –	ის (არ) აყროლებულა / –	44a
stöhnen კვნესა	კვნესის	იკვნესა	(არ) უკვნესია	3
stören ხელის შეშლა	ხელს უშლის	ხელი შეუშალა	ხელი (არ) შეუშლია	24
შეწუხება	აწუხებს	შეაწუხა	(არ) შეუწუხებია	28
stoßen (jmdn.) ხელის კვრა	ხელს ჰკრავს	ხელი ჰკრა	ხელი (არ) უკრავს	27
strafen დასჯა	სჯის	დასაჯა	(არ) დაუსჯია	24
streben სწრაფვა	ისწრაფვის	ის ისწრაფვოდა	(არ) უსწრაფ(ვ)ია	3
streicheln ხელის გადასმა	ხელს უსვამს	ხელი გადაუსვა	ხელი (არ) გადაუსვია	34
streicheln (jmdn.) მოფერება	ეფერება	ის მოეფერა	ის (არ) მოჰფერებია	45
streichen შეღებვა	ღებავს	შეღება	(არ) შეუღებავს//-ია	26
streiten კამათი, ჩხუბი	კამათობს, ჩხუბობს	იკამათა, იჩხუბა	(არ) უკამათია, უჩხუბია	14
streiten (über etw./mit jmdm.)	ეკამათება	ეკამათა	(არ) უკამათია	45
streunen/herumstreunen წანწალი	დაწანწალებს	იწანწალა	(არ) უწანწალია	9
stricken ქსოვა	ქსოვს	მოქსოვა	(არ) მოუქსოვია	18
studieren/lernen სწავლა	სწავლობს	ისწავლა	(არ) უსწავლია	14
studieren/lernen (etw.)	სწავლობს	ისწავლა	(არ) უსწავლია	32
stürzen ჩამოვარდნა	ვარდება	ის ჩამოვარდა	ის (არ) ჩამოვარდნილა	48
stürzen (jmdn.) ჩამოგდება	აგდებს	ჩამოაგდო	(არ) ჩამოუგდია	28
suchen (allgemein) ძებნა	ეძებს	ეძება	(არ) უძებნია	I.
suchen (jetzt)	ძებნის	მოძებნა	(არ) მოუძებნია	25

Deutscher Infinitiv / Georgisches Verbalnomen	3. Pers. Präsens: ის	3. Pers. Aorist: მან	3. Pers. Perfekt: მას	Nr.
tanzen ცეკვა	ცეკვავს	იცეკვა	(არ) უცეკვია	6
tanzen (mit jmdm.) ცეკვა	ეცეკვება	ის გამოეცეკვა	(არ) გამოს ცეკვებია	45
tauchen ყვინთვა	ყვინთავს	ჩაყვინთა	(არ) ჩაუყვინთავს	26
tauen დნობა	დნება	ის დადნა	ის (არ) დამდნარა	48
taufen (jmdn.) (მო)ნათვლა	ნათლავს	მონათლა	(არ) მოუნათლავს	26
taugen გამოდგომა	გამოდგება	ის გამოდგა	ის (არ) გამომდგარა	48
tauschen (etw.) გა(და)ცვლა	ცვლის, გადაცვლის	გა(და)ცვალა	(არ) გა(და)უცვლია	24
teilen (etw.) გაყოფა	ყოფს	გაყო	(არ) გაუყვია	I.
teilen, sich დაყოფა	იყოფა	ის დაიყო	ის (არ) დაყოფილა	I.
დანაწილება	ნაწილდება	ის დანაწილდა	ის (არ) დანაწილებულა	44
teilnehmen მონაწილეობა	მონაწილეობს	ის მონაწილეობდა	(არ) უმონაწილია	15
მონაწილეობის მიღება	მონაწილეობას იღებს	მონაწილეობა მიიღო	მონაწილეობა (არ) მიუღია	29
telefonieren (anklingeln) დარეკვა	რეკავს// რეკს	დარეკა	(არ) დაურეკია	19
telefonieren (sprechen)ლაპარაკი	ლაპარაკობს	ილაპარაკა	(არ) ულაპარაკია	14
tippen (Tastatur) ბეჭდვა	ბეჭდავს	დაბეჭდა	(არ) დაუბეჭდავს	26
tolerieren მოთმენა	ითმენს	მოითმინა	(არ) მოუთმენია	21
töten (etw./jmdn.) (Einzahl) მოკვლა	კლავს	მოკლა	(არ) მოუკლავს//მოუკვლია	27
töten (Mehrzahl) დახოცვა	ხოცავს	დახოცა	(არ) დაუხოცავს//-ია	26
tragen (etw./jmdn.) ტარება	ატარებს	ატარა	(არ) უტარებია	28
tragen (Kleidung)	მას აცვია	მას ეცვა	(არ) სცმია	53

Deutscher Infinitiv / Georgisches Verbalnomen	3. Pers. Präsens: ის	3. Pers. Aorist: მან	3. Pers. Perfekt: მას	Nr.
getragen sein (Kleidung)	ნაცვამია	ის ნაცვამი იყო	ის ნაცვამი (არ) ყოფილა	I.
trauern (um etw./jmdn.) გლოვა	გლოვობს	იგლოვა	(არ) უგლოვია	14
träumen (Traum) დასიზმრება	ესიზმრება	დაესიზმრა	(არ) დასიზმრებია	64
träumen (Wunsch) ოცნება	ოცნებობს	იოცნება	(არ) უოცნებია	14
traurig sein წუხილი	წუხს	იწუხა	(არ) უწუხია	1
treffen (etw./jmdn./sich) შეხვედრა	ხვდება	ის შეხვდა	ის (არ) შეხვედრია	48
treffen (jmdn. mit etw.) (Stein)	ახვედრებს	მოახვედრა	(არ) მოუხვედრებია	28
treffen (jmdn. mit etw.) (z.B. Verleumdung)	გულში ახვედრებს	გულში მოახვედრა	(არ) მოუხვედრებია	28
trennen (etw.) გაყოფა	ყოფს	გაყო	(არ) გაუყვია	I.
trennen (sich/etw. von etw./jmdn. von jmdm.)				28
და / მოშორება	აშორებს / აშორებს	მოაშორა / დააშორა	(არ) მოუშორებია / (არ) დაუშორებია	28
treten (jmdn.)ფეხის დარტყმა	არტყამს	დაარტყა	(არ) დაურტყამს//-ია	34
trinken სმა	სვამს	დალია	(არ) დაულევია	I.
trinken/austrinken	სვამს	შესვა	(არ) შეუსვია	34
trocknen გაშრობა	შრება	ის გაშრა	ის (არ) გამშრალა	48
trocknen (etw.)	აშრობს	გააშრო	(არ) გაუშრია	31
getrocknet werden	შრება	ის გაშრა	ის (არ) გამშრალა	48
trösten ნუგეშისცემა	ანუგეშებს	ანუგეშა	(არ) უნუგეშებია	28
trösten, sich დამშვიდება	მშვიდდება	ის დამშვიდდა	ის (არ) დამშვიდებულა	44
tun (s. machen)				

Deutscher Infinitiv / Georgisches Verbalnomen	3. Pers. Präsens: ის	3. Pers. Aorist: მან	3. Pers. Perfekt: მას	Nr.
üben ვარჯიში	ვარჯიშობს	ივარჯიშა	(არ) უვარჯიშია	14
überfallen werden თავდასხმა	თავს ესხმება	ის თავს დაესხა	ის თავს (არ) დასხმია	51
übergeben (jmdn./etw.) გადაცემა	გადასცემს	გადასცა	(არ) გადაუცია	I.
ჩაბარება	აბარებს	ჩააბარა	(არ) ჩაუბარებია	28
übergeben, sich პირღებინება	აღებინებს	აღებინა	(არ) უღებინებია	28
გულის რევა	მას გული ერევა	მას გული აერია	მას გული (არ) არევია	64
übergehen გვერდის ავლა	გვერდს უვლის	გვერდი აუარა	გვერდი (არ) აუვლია	I.
überleben გადარჩენა	რჩება	ის გადარჩა	ის (არ) გადარჩენილა	48
überlegen (s. ausdenken)				
übernachten ღამის გათევა	ღამეს ათევს	ღამე გაათია	ღამე (არ) გაუთევია	22
übernehmen (etw.)თავზე აღება	თავზე იღებს	თავზე აიღო	თავზე (არ) აუღია	29
übernehmen (jmdn.) გადმოღება	გადმოიღებს	გადმოიღო	(არ) გადმოუღია	29
überqueren გადაკვეთა	კვეთს	გადაკვეთა	(არ) გადაუკვეთია	18
übersehen (etw.) გამორჩენა	(გამო)რჩება	ის გამორჩა	ის (არ) გამორჩენია	48
übersetzen (etw.) (გადა)თარგმნა	თარგმნის	(გადა)თარგმნა	(არ) (გადა)უთარგმნია	25
übersetzen (jmdn./etw.)	უთარგმნის	უთარგმნა	(არ) უთარგმნია	25
übersetzt werden	ითარგმნება	ის ითარგმნა	ის (არ) თარგმნილა	41
übersetzt sein	თარგმნილია	ის თარგმნილი იყო	ის თარგმნილი (არ) ყოფილა	I.
übersiedeln (s. umziehen)				
übertragen გადაცემა	გადასცემს	გადასცა	(არ) გადაუცია	I.

Deutscher Infinitiv / Georgisches Verbalnomen	3. Pers. Präsens: **ის**	3. Pers. Aorist: **მან**	3. Pers. Perfekt: **მას**	Nr.
überwältigen (jmdn.) მორევა	ერევა	ის მოერია	ის (არ) მორევია	38
გამკლავება	უმკლავდება	ის გაუმკლავდა	ის (არ) გამკლავებია	44
überweisen გადარიცხვა	რიცხავს	გადარიცხა	(არ) გადაურიცხავს//-ია	26
überwinden (etw.) გადალახვა	გადალახავს	გადალახა	(არ) გადაულახავს//-ია	26
überzeugen დარწმუნება	არწმუნებს	დაარწმუნა	(არ) დაურწმუნებია	28
überzeugt werden	რწმუნდება	ის დარწმუნდა	ის (არ) დარწმუნებულა	44
übrig bleiben დარჩენა, მორჩება	რჩება	დარჩა	(არ) დარჩენილა	48
umarmen გადახვევა	ეხვევა	ის გადაეხვია	ია (არ) გადახვევია	38
umarmt werden მოხვევა	ეხვევა	ის მოეხვია	ის (არ) მოხვევია	38
umblättern გადაფურცვლა	ფურცლავს	გადაფურცლა	(არ) გადაუფურცლავს//-ია	26
umbringen (s. töten)				
umgestalten გარდაქმნა	გარდაქმნის	გარდაქმნა	(არ) გარდაუქმნია	23
გადაკეთება	აკეთებს	გადააკეთა	(არ) გადაუკეთებია	28
umrühren მორევა	ურევს	მოურია	(არ) მოურევია	22
umwenden (etw.) გადაშლა	შლის	გადაშალა	(არ) გადაუშლია	24
umziehen, sich გადაცმა	გადაიცვამს	გადაიცვა	(არ) გადაუცვამს	34
გამოცვლა	იცვლის	გამოიცვალა	(არ) გამოუცვლია	24
umziehen (Ort) გადასვლა	გადადის	ის გადავიდა	ის (არ) გადასულა	I.
unterbrechen (etw./jmdn.) შეწყვეტა	შეწყვეტს	შეწყვიტა	(არ) შეუწყვეტია	20
unterbrochen werden	წყდება	ის შეწყდა	ის (არ) შეწყვეტილა	48

Deutscher Infinitiv / Georgisches Verbalnomen	3. Pers. Präsens: ის	3. Pers. Aorist: მან	3. Pers. Perfekt: მას	Nr.
unterbringen მოთავსება	ათავსებს	მოათავსა	(არ) მოუთავსებია	28
unterdrücken (etw./jmdn.) ჩაგვრა	ჩაგრავს	დაჩაგრა	(არ) დაუჩაგრავს	26
untergehen ჩასვლა	ჩადის	ის ჩავიდა	ის (არ) ჩასულა	I.
ჩაძირვა	იძირება	ის ჩაიძირა	ჩაძირულა	42
unterhalten (etw) (Beziehung)	მას აქვს	მას ჰქონდა	(არ) ჰქონია	I.
unterhalten, sich საუბარი	საუბრობს/ესაუბრება	ისაუბრა/ესაუბრა	(არ) უსაუბრია	14
unterhalten, sich (s. amüsieren)				
unterrichten სწავლა	ასწავლის	ასწავლა	(არ) უსწავლებია	25
unterrichten (jmdn. über etw.) უწყება	აუწყებს	აუწყა	(არ) უუწყებია	28
აცნობს	აცნობს	აცნობა	(არ) უცნობებია	31
ინფორმაციის მიწოდება	ინფორმაციას აწვდის	ინფორმაცია მიაწოდა	ინფორმაცია (არ) მიუწოდებია	24
unterscheiden გარჩევა	გაარჩევს	გაარჩია	(არ) გაურჩევია	22
განსხვავება	განასხვავებს	განასხვავა	(არ) განუსხვავებია	28
unterscheiden, sich განსხვავება	განსხვავდება	ის განსხვავდა	ის (არ) განსხვავებულა	44
unterschreiben ხელის მოწერა	ხელს აწერს	ხელი მოაწერა	ხელი (არ) მოუწერია	18
unterstützen (etw.) (s. helfen)				
unterstützen (jmdn.) მხარდაჭერა	მხარს უჭერს	მხარი დაუჭირა	მხარი (არ) დაუჭერია	20
untersuchen (etw.) გამოკვლევა	იკვლევს	გამოიკვლია	(არ) გამოუკვლევია	22
untersuchen (jmdn.) გასინჯვა	სინჯავს	გასინჯა	(არ) გაუსინჯავს//-ია	26
verabreden, sich შეთანხმება	თანხმდება	ის და(ს)თანხმდა	ის (არ) და(ს)თანხმებულა	44
პირობის დადება	პირობას დებს	პირობა დადო	პირობა (არ) დაუდია	29

Deutscher Infinitiv / Georgisches Verbalnomen	3. Pers. Präsens: ის	3. Pers. Aorist: მან	3. Pers. Perfekt: მას	Nr.
verabschieden (etw.) მიღება	იღებს	მიიღო	(არ) მიუღია	29
verabschieden (jmdn./sich) დამშვიდობება	ემშვიდობება	ის დაემშვიდობა	ის (არ) დამშვიდობებია	45
verachten არაფრ. ჩაგდება	არაფრად აგდებს	არაფრად ჩააგდო	არაფრად (არ) ჩაუგდია	29
verändern (etw./jmdn.) შეცვლა	ცვლის	შეცვალა	(არ) შეუცვლია	24
veranstalten მოწყობა	აწყობს	მოაწყო	(არ) მოუწყვია	31
veranstaltet werden ჩატარება	ატარებს	ჩაატარა	(არ) ჩაუტარებია	28
verbannen გაძევება	აძევებს	გააძევა	(არ) გაუძევებია	28
verbannt werden	ძევდება	ის გაძევდა	ის (არ) გაძევებულა	44
verbessern (etw./jmdn.) შე-/გასწორება	ასწორებს	შე-/გაასწორა	(არ) შე-/გაუსწორებია	28
გაუმჯობესება	აუმჯობესებს	გააუმჯობესა	(არ) გაუუმჯობესებია	28
verbessern (jmdn.) (verbal) გამოსწორება	ასწორებს	გამოასწორა	(არ) გამოუსწორებია	28
verbieten (etw.) აკრძალვა	კრძალავს	აკრძალა	(არ) აუკრძალავს//-ია	26
verbieten (jmdm. etw.) აკრძალვა	უკრძალავს	აუკრძალა	(არ) აუკრძალავს//-ია	26
verbinden შეხვევა	ახვევს	შეახვია	(არ) შეუხვევია	22
verbunden sein (mit etw.)	დაკავშირებული არის	ის დაკავშირებული იყო	ის დაკავშირებული (არ) ყოფილა	I.
verbrauchen ხარჯვა	ხარჯავს	დახარჯა	(არ) დაუხარჯავს//-ია	26
verbreiten (etw.) გავრცელება	ავრცელებს	გაავრცელა	(არ) გაუვრცელებია	28
verbreitet werden	ვრცელდება	ის გავრცელდა	ის (არ) გავრცელებულა	44
verbrennen (etw.) (s. abbrennen)				26
verbrennen, sich დაწვა	იწვავს	დაიწვა	(არ) დაუწვავს//-ია	

Deutscher Infinitiv / Georgisches Verbalnomen	3. Pers. Präsens: ის	3. Pers. Aorist: მან	3. Pers. Perfekt: მას	Nr.
verbringen გატარება	ატარებს	გაატარა	(არ) გაუტარებია	28
verdecken დაფარება	ფარავს	დაფარა	(არ) დაუფარია	26
verdeckt werden	იფარება	ის დაიფარა	ის (არ) დაფარულა	42
verdeckt werden (durch jmdn./etw.)	ეფარება	ის მოეფარა	ის (არ) მოჰფარებია	42
verderben (etw.) გაფუჭება	აფუჭებს	გააფუჭა	(არ) გაუფუჭებია	28
verderben (Essen) გაფუჭება	ფუჭდება	ის გაფუჭდა	ის (არ) გაფუჭებულა	44
vereinbaren (etw. mit jmdm.) შეთანხმება	უთანხმდება	ის შეუთანხმდა	ის (არ) შესთანხმებია	44
vereinigen გაერთიანება	აერთიანებს	გააერთიანა	(არ) გაუერთიანებია	28
vereinigen, sich შეერთება	ერთდება	ის შეერთდა	ის (არ) შეერთებულა	44
vereinigt werden გაერთიანება	ერთიანდება	ის გაერთიანდა	ის (არ) გაერთიანებულა	44
verfassen შეთხზვა	თხზავს	შეთხზა	(არ) შეუთხზავს//-ია	26
შედგენა	ადგენს	შეადგინა	შეუდგენია	21
verfolgen (etw.) თვალთვალი	უთვალთვალებს	უთალთვალა	(არ) უთვალთვალია	12
verfolgen (jmdn., Auge) მიდევნება	სდევს	სდია	(არ) უდევნია	2
vergehen (Zeit) დროის გავლა	გადის (დრო)	ის გავიდა	ის (არ) გასულა	I.
vergehen, sich დანაშაულის ჩადენა	დანაშაულის იდენს	დანაშაული ჩაიდინა	დანაშაული (არ) ჩაუდენია	21
vergessen დავიწყება	მას ავიწყდება	მას დაავიწყდა	(არ) და(ჰ)ვიწყებია	65
vergewaltigen (jmdn.) ძალადობა	ძალადობს	იძალადა	(არ) უძალადია	14
vergewaltigt werden გაუპატიურება	უპატიურდება	ის გაუპატიურდა	ის (არ) გაუპატიურებულა	44
vergleichen შედარება	ადარებს	შეადარა	(არ) შეუდარებია	28
verglichen werden	ედრება	ის შეედარა	ის (არ) შედარებულა	40

Deutscher Infinitiv / Georgisches Verbalnomen	3. Pers. Präsens: ის	3. Pers. Aorist: მან	3. Pers. Perfekt: მას	Nr.
verhalten, sich (s. betragen, sich)				
verhandeln მოლაპარაკება	მოილაპარაკებს	მოილაპარაკა	(არ) მოულაპარაკებია	28
მორიგება	რიგდება	ის მოურიგდა	ის (არ) მორიგებია	44
verheiraten (jmdn.) დაქორწინება	აქორწინებს	დააქორწინა	(არ) დაუქორწინებია	28
verheiratet sein (für ihn)	დაქორწინებული არის	ის დაქორწინებული იყო	ის დაქორწინებული (არ) ყოფილა	I.
verheiratet sein (für sie) გათხოვება	გათხოვილია	ის გათხოვილი იყო	ის გათხოვილი (არ) ყოფილა	44
verkaufen (etw.) გაყიდვა	ყიდის	გაყიდა	(არ) გაუყიდია	25
verkaufen (jmdm. etw.) (hin zur 3. Person)	ყიდის	მიჰყიდა	(არ) მიუყიდია	25
verkaufen (her zur 1. und 2. Person)	ყიდის	მოჰყიდა	(არ) მოუყიდია	25
verkaufen (etw. anstelle eines anderen)	უყიდის	გაუყიდა	(არ) გაუყიდია	25
verkleiden გადაცმა	იცვამს	გადაიცვა	(არ) გადაუცვამს	34
verlangen მოთხოვნა	ითხოვს	მოითხოვა	(არ) მოუთხოვია	18
verlangen (etw. für jmdn.)	სთხოვს	მოსთხოვა	(არ) მოუთხოვია	18
verlassen (etw.) დატოვება	სტოვებს	დატოვა	(არ) დაუტოვებია	28
verlassen (jmdn.) მიტოვება	მიატოვებს	მიატოვა	(არ) მიუტოვებია	28
verlassen, sich (auf etw.) დაყრდნობა	ეყრდნობა	ის დაეყრდნო	ის (არ) დაყრდნობია	50a
იმედი ქონა	იმედი აქვს	მას იმედი ჰქონდა	იმედი (არ) ჰქონია	I.
verlassen (auf jmdn.) (s. vertrauen)				
verlegen (etw.) გადადება	გადადებს	გადადო	(არ) გადაუდია	29
verlegen (Buch) გამოცემა წიგნის	გამოსცემს	გამოსცა	(არ) გამოუცია	I.
verletzen (jmdn.) დაშავება	აშავებს	დააშავა	(არ) დაუშავებია	28

Deutscher Infinitiv / Georgisches Verbalnomen	3. Pers. Präsens: ის	3. Pers. Aorist: მან	3. Pers. Perfekt: მას	Nr.
verletzen (jmdn.) (verbal) გულის ტკენა	გულს სტკენს	გული ატკინა	გული (არ) უტკენია	20
verletzen, sich	შავდება	ის დაშავდა	ის (არ) დაშავებულა	44
verlieben, sich	უყვარდება	შეიყვარა	(არ) შეჰყვარებია	
verliebt sein შეყვარება	შეყვარებულია	ის შეყვარებული იყო	ის შეყვარებული (არ) ყოფილა	I.
verlieren (etw.) დაკარგვა	ეკარგება	დაეკარგა	(არ) დაჰკარგვია	42
verlieren, sich	იკარგება	ის დაიკარგა	ის (არ) დაკარგულა	42
vermeiden თავის არიდება	არიდებს თავს	აარიდა თავი	თავი (არ) აურიდებია	28
vermieten (etw.) გაქირავება	აქირავებს	გააქირავა	(არ) გაუქირავებია	28
vermieten (jmdm. etw.) (hin zur 3. Person)	აქირავებს	მიაქირავა	(არ) მიუქირავებია	28
vermieten (her zur 1. und. 2. Person)	აქირავებს	მოაქირავა	(არ) მოუქირავებია	28
vermischen შერევა	ურევს	შეურია	(არ) შეურევია	22
vermischt werden	ირევა	ის აირია	ის (არ) არეულა	38
vermögen (s. können)				
vermuten ვარაუდი	ვარაუდობს	ივარაუდა	(არ) უვარაუდია	14
verneinen უარყოფა	უარყოფს	უარყო	(არ) უარუყვია	I.
verordnen განკარგ. გაცემა	განკარგულებას სცემს	განკარგულება გასცა	განკარგულება (არ) გაუცია	I.
verordnen (Arznei) გამოწერა	წამალს უწერს	წამალი გამოუწერა	წამალი (არ) გამოუწერია	18
verpflichten დავალდებულება	ავალდებულებს	დაავალდებულა	(არ) დაუვალდებულებია	28
verpflichten, sich	ვალდებულობს	ივალდებულა	(არ) უვალდებულია	14
verpflichtet sein	ვალდებულია	ის ვალდებული იყო	ის ვალდებული (არ) ყოფილა	I.

Deutscher Infinitiv / Georgisches Verbalnomen	3. Pers. Präsens: ის	3. Pers. Aorist: მან	3. Pers. Perfekt: მას	Nr.
verringern შემცირება	ამცირებს	შეამცირა	(არ) შეუმცირებია	28
versammeln (jmdn.) (შე)კრება	(შე)კრებს	შეკრიბა	(არ) შეუკრებია	20
versammeln, sich თავის მოყრა	თავის იყრის	თავი მოიყარა	თავი (არ) მოუყრია	24
verschieben (etw.) გადაწევა	სწევს	დადასწია	(არ) გადაუწევია	22
verschlucken გადაყლაპვა	ყლაპავს	გადაყლაპა	(არ) გადაუყლაპავს//-ია	26
verschmutzen დასვრა	სვრის	დასვარა	(არ) დაუსვრია	24
verschönern გალამაზება	ალამაზებს	გაალამაზა	(არ) გაულამაზებია	28
verschwenden ფლანგვა	ფლანგავს	გაფლანგა	(არ) გაუფლანგავს//-ია	26
verschwinden გაქრობა	ქრება	ის გაქრა	ის (არ) გამქრალა	48
გაუჩინარება	უჩინარდება	ის გაუჩინარდა	ის (არ) გაუჩინარებულა	44
versichern (jmdm. etw.) დარწმუნება	რწმუნდება	ის დარწმუნდა	ის (არ) დარწმუნებულა	44
versichern (Gepäck) დაზღვევა	აზღვევს	დააზღვია	(არ) დაუზღვევია	22
verspäten, sich დაგვიანება	იგვიანებს	დაიგვიანა	(არ) დაუგვიანია	10
versprechen (etw.) პირობის	პირობას დებს	პირობა დადო	(არ) დაუდვია	29
დადება, მიცემა	აძლევს	მისცა	(არ) მიუცია	I.
versprechen (jmdm. etw.) შეპირება	ჰპირდება	ის შე(ჰ)პირდა	ის (არ) შე(ჰ)პირებია	44
verständigen (jmdn.) შეტყობინება	ატყობინებს	შეატყობინა	(არ) შეუტყობინებია	28
verständigen, sich უწყება	აუწყებს	აუწყა	(არ) უუწყებია	28
verstecken, sich დამალვა	იმალება	ის დაიმალა	ის (არ) დამალულა	42
verstecken, sich (vor jmdm.)	ემალება	ის დაემალა	ის (არ) დამალვია	42

Deutscher Infinitiv / Georgisches Verbalnomen	3. Pers. Präsens: ის	3. Pers. Aorist: მან	3. Pers. Perfekt: მას	Nr.
verstecken (etw.)	მალავს	დამალა	(არ) დაუმალავს	26
verstehen გაგება	იგებს	გაიგო	(არ) გაუგია	29
	მას ესმის	მას მოესმა	(არ) სმენია	56
verstreuen დაყრა	ყრის	დაყარა	(არ) დაუყრია	24
verstreut werden	იყრება	ის დაიყარა	ის (არ) დაყრილა	40
verstreut sein	ყრია	ის ეყარა	ის (არ) ყრილა	52
versuchen ცდა	ცდილობს	ის ეცადა	ის (არ) ცდილა	I.
verteidigen (etw./jmdn.) დაცვა	იცავს	დაიცვა	(არ) დაუცავს	26
verteilen დაყოფა	ყოფს	დაყო	(არ) დაუყვია	31
დანაწილება	ანაწილებს	დაანაწილა	(არ) დაუნაწილებია	28
vertrauen ნდობა	ენდობა	ის (მი)ენდო	ის (არ) მინდობია	50
vertreiben (etw.) გაგდება	აგდებს	გააგდო	(არ) გაუგდია	29
vertreiben (jmdn.) გაძევება	აძევებს	გააძევა	(არ) გაუძევებია	28
vertreten (etw.) დაცვა	იცავს	დაიცვა	(არ) დაუცავს	26
vertreten (jmdn.) შენაცვლება	ენაცვლება	ის შეენაცვლა	ის (არ) შენაცვლებია	45
vertrocknen გახმობა	ხმება	ის გახმა	ის (არ) გამხმარა	48
verwechseln (etw./jmdn.) შეშლა	მას ეშლება	მას შეეშალა	მას (არ) შეშლია	40
verweigern (jmdm. etw.) უარის თქმა	უარს ამბობს	უარი თქვა	უარი (არ) უთქვამს	I.
verwunden ჭრა	ჭრის	დაჭრა (! მე დავჭერი)	(არ) დაუჭრია	23
verwundet werden	იჭრება	ის გა-/დაიჭრა	ის (არ) გა-/დაჭრილა	39

Deutscher Infinitiv / Georgisches Verbalnomen	3. Pers. Präsens: ის	3. Pers. Aorist: მან	3. Pers. Perfekt: მას	Nr.
verwüsten გაცამტვერება	აცამტვერებს	გააცამტვერა	(არ) გაუცამტვერებია	28
	აოხრებს	ააოხრა	(არ) აუოხრებია	28
verwüstet werden აოხრება	ოხრდება	ის აოხრდა	ის (არ) აოხრებულა	44
verzeihen (etw.) ბოდიშის მოხდა	ბოდიშს იხდის	ბოდიში მოიხადა	ბოდიში (არ) მოუხდია	24
verzeihen (jmdm. etwas) პატიება	ჰპატიობს	აპატია	(არ) უპატიებია	31
vollenden დასრულება	ასრულებს	დაასრულა	(არ) დაუსრულებია	28
vorbereiten (jmdm./etw.) გამზადება	ამზადებს	და/გა/მოამზადა	(არ) და/გა/მოუმზადებია	28
vorbereiten, sich მომზადება	ემზადება	ის გაემზადა	ის (არ) გამზადებულა	45
vorbeugen (Kopf) გადა(და)ხრა	ხრის	გადახარა	(არ) გადაუხრია	24
vorbeugen, sich აცილება	თავიდან იცილებს	თავიდან აიცილა	თავიდან (არ) აუცილებია	28
vorführen (jmdm. etw.) (s. zeigen)				
vorlesen (etw.) წაკითხვა	კითხულობს	წაიკითხა	(არ) წაუკითხავს//-ია	32
vorlesen (jmdm. etw.)	უკითხავს	წაუკითხა	(არ) წაუკითხავს//-ია	26
vorschlagen შეთავაზება	სთავაზობს	შესთავაზა	(არ) შეუთავაზებია	32
წინადადების მიცემა	წინადადებს აძლევს	წინადადება მისცა	წინადადება (არ) მიუცია	I.
vorsichtig sein/aufpassen გაფრთხილება	უფრთხილდება	ის გაუფრთხილდა	ის (არ) გაჰფრთხილებია	44
vorstellen, sich თავის წარდგენა	თავს წარადგენს	თავი წარადგინა	თავი (არ) წარუდგენია	21
vorstellen, sich (etw.)	წარუდგენს	წარუდგინა	(არ) წარუდგენია	21
vorstellen, sich (jmdn.)	წარადგენს	ის წარადგინა	ის (არ) წარუდგენია	21
vorstellen (jmdm. jmdn.) გაცნობა	აცნობს	გააცნო	(არ) გაუცვნია	31

Deutscher Infinitiv / Georgisches Verbalnomen	3. Pers. Präsens: ის	3. Pers. Aorist: მან	3. Pers. Perfekt: მას	Nr.
vorwerfen (jmdm. etw.) ბრ. დადება	ბრალს სდებს	ბრალი დადო	ბრალი (არ) დაუდია	29
wachen	უთვალთვალებს	უთვალთვალა	(არ) უთვალთვალია	28
თვალთვალი	ფხიზლობს	ფხიზლობდა	(არ) უფხიზლია	14
wach sein ღვიძება	მას ჰღვიძავს	მას ეღვიძა	მას (არ) ჰღვიძებია	55
wachsen გაზრდა	იზრდება	ის გაიზარდა	ის (არ) გაზრდილა	40
wackeln რყევა	ირყევა	ის შეირყა	ის (არ) შერყეულა	38
wagen გაბედვა	ბედავს	გაბედა	(არ) გაუბედავს//-ია	26
wählen არჩევა	არჩევს, ირჩევს	აარჩია, აირჩია	(არ) აურჩევია	22
wahrnehmen შეგრძნება	(შე)იგრძნობს	შეიგრძნო	(არ) შეუგრძვნია	33
wandern (s. spazierengehen)				
wärmen (etw.) (aufwärmen) გათბობა	ათბობს	გაათბო	(არ) გაუთბია	31
wärmen, sich	თბება	ის გათბა	ის (არ) გამთბარა	48
warten (o. Objekt) მოცდა	იცდის	(და)მოიცადა	(არ) (და)მოუცდია	3
warten (auf etw./jmdn.) მოცდა	უცდის	მოუცადა	(არ) მოუცდია	3
warten (auf jmdn./etw.) ლოდინი	ელის/ელოდება	ის (და)ელოდა	ის (არ) დალოდებია	45
waschen (etw.) გარეცხვა	რეცხავს	გარეცხა	(არ) გაურეცხავს//-ია	26
waschen (für jmdn.)	ურეცხავს	გაურეცხა	(არ) გაურეცხავს//-ია	26
waschen (jmdn. mit etw.) დაბანა	ბანს	დაბანა	(არ) დაუბანია	18
waschen, sich ბანაობა	ბანაობს	იბანავა	(არ) უბანავია	15
waschen, sich (etw.) (Körperteil)	იბანს	დაიბანა	(არ) დაუბანია	18

Deutscher Infinitiv / Georgisches Verbalnomen	3. Pers. Präsens: ის	3. Pers. Aorist: მან	3. Pers. Perfekt: მას	Nr.
wechseln (Geld) დახურდავება	ახურდავებს	დაახურდავა	(არ) დაუხურდავებია	28
wecken გაღვიძება	აღვიძებს	გააღვიძა	(არ) გაუღვიძებია	28
wegbringen (jmdn.) წაყვანა	მიჰყავს	წაიყვანა	(არ) წაუყვანია	I.
wegnehmen (etw.) მოპარვა	იპარავს	მოიპარა	(არ) მოუპარავს//-ია	26
wegnehmen (jmdm. etw./jmdn.)	ჰპარავს	მოჰპარა	(არ) მოუპარავს//-ია	26
wegwerfen გადაგდება	აგდებს	გადააგდო	(არ) გადაუგდია	29
weggeworfen werden	იგდება	ის გადაგდებულ იქნა	ის (არ) გადაგდებულა	I.
weggeworfen sein	გდია	ის ეგდო	ის (არ) გდებულა	52
wegziehen (s. ausziehen)				
weh tun (ihm tut etwas weh) ტკივილი	მას (ს)ტკივა	მას სტკიოდა, ეტკინა	მას (არ) სტკიებია, სტკენია	58
wehren, sich თავის დაცვა	თავს იცავს	თავი დაიცვა	თავი (არ) დაუცავს//-ვია	26
weinen ტირილი	ტირის	იტირა	(არ) უტირია	3
jmdm. ist zum Weinen	მას ეტირება	მას ეტირა	[(არ) ასტირებია]	64
weißen (etw.) შეთეთრება	ათეთრებს	შეათეთრა	(არ) შეუთეთრებია	28
weiß werden	თეთრდება	ის გათეთრდა	ის (არ) გათეთრებულა	44
weiter gehen გზის განგრძობა	გზას განაგრძობს	გზა განაგრძო	გზა (არ) განუგრძვია	31
wenden (etw.) გადაბრუნება	აბრუნებს	გადააბრუნა	ის (არ) გადაუბრუნებია	28
wenden, sich (an) მიმართვა	მიმართავს	მიმართა	(არ) მიუმართავს	26
wenden (Auto) მობრუნება	აბრუნებს	მოაბრუნა	(არ) მოუბრუნებია	28
მოტრიალება	ატრიალებს	მოატრიალა	(არ) მოუტრიალებია	28

Deutscher Infinitiv / Georgisches Verbalnomen	3. Pers. Präsens: ის	3. Pers. Aorist: მან	3. Pers. Perfekt: მას	Nr.
werfen (etw.) (Einzahl) გადაგდება	აგდებს	გადააგდო	(არ) გადაუგდია	29
werfen (Mehrzahl) გადაყრა	ყრის	გადაყარა	(არ) გადაუყრია	24
wetteifern გაჯიბრება	ეჯიბრება	ის გაეჯიბრა	ის (არ) გასჯიბრებია	45
wetten დანაძლევება	უნიძლავდება	ის დაუნიძლავდა	ის (არ) დანიძლავებია	44
widerspiegeln (Spiegel) არეკვლა	ირეკლავს	აირეკლა	(არ) აურეკლავს//-ია	26
widerspiegeln (Roman) ასახვა	ასახავს	ასახა	(არ) აუსახავს	26
wiederholen გამეორება	იმეორებს	გაიმეორა	(არ) გაუმეორებია	28
wiederholen, sich	მეორდება	ის გამეორდა	ის (არ) გამეორებულა	44
wiegen რწევა	არწევს	დაარწია	(არ) დაურწევია	22
wiegen (für jmdn.)	ურწევს	დაურწია	(არ) დაურწევია	22
wiegen, sich	ირწევა	ის დაირწა	ის (არ) დარწეულა	22
winken დაქნევა	უქნევს	დაუქნია	(არ) დაუქნევია	22
wirken მოქმედება	მოქმედებს	იმოქმედა	(არ) უმოქმედია	9
wissen ცოდნა	მან იცის	მან იცოდა	(არ) სცოდნია	I.
wohnen ცხოვრება	ცხოვრობს	იცხოვრა	(არ) უცხოვრია	14
wollen ნდომა / (s. wünschen)	მას უნდა	მას უნდოდა (Imperf.)	(არ) ნდომ(ებ)ია	I.
wundern (jmdn.)	აოცებს	გააოცა	(არ) გაუოცებია	28
გაოცება	აკვირვებს	გააკვირვა	(არ) გაუკვირვებია	28
გაკვირვება	მას უკვირს	მას გაეკვირა	მას (არ) გაჰკვირვებია	57
wundern, sich	ოცდება	ის გაოცდა	ის (არ) გაოცებულა	44

Deutscher Infinitiv / Georgisches Verbalnomen	3. Pers. Präsens: ის	3. Pers. Aorist: მან	3. Pers. Perfekt: მას	Nr.
wünschen (etw.) სურვილი	მას სურს	მას სურდა	(არ) სურვებია	55
wünschen (jmdm. etw.)	უსურვებს	უსურვა	(არ) უსურვებია	28
würgen დახრჩობა	ახრჩობს	დაახრჩო	(არ) დაუხრჩვია	31
gewürgt werden, ersticken	იხრჩობა	დაიხრჩო	(არ) დამხრჩვალა	50
würzen შეკაზმვა	კაზმავს	შეკაზმა	(არ) შეუკაზმავს//-ია	26
შეზავება	აზავებს	შეაზავა	(არ) შეუზავებია	28
zählen (etw.) თვლა	თვლის	დათვალა	(არ) დაუთვლია	24
zählen (als jmdn.) ჩათვლა	ითვლება	ის ჩაითვალა	ის (არ) ჩათვლილა	40
zeigen (jmdm. etw.) ჩვენება	აჩვენებს	აჩვენა	(არ) უჩვენებია	28
zeigen, sich თავის გამოჩენა	თავს იჩენს	თავი გამოიჩინა	თავი (არ) გამოუჩენია	20
Zeit haben (მო)ცლა	მას სცალია	მას ეცალა	მას (არ) სცლია	56
დროის ქონა	მას დრო აქვს	დრო ჰქონდა	მას დრო (არ) ჰქონია	I.
zelten კარავის გაშლა	კარავს შლის	კარავი გაშალა	კარავი (არ) გაუშლია	24
zerbrechen (etw.) გატეხვა	ტეხს	გატეხა	(არ) გაუტეხია	18
zerbrechen (jmdn.) დამტვრევა	ამტვრევს	დაამტვრა	(არ) დაუმტრევევია	22
zerreißen გაწყვეტა	წყვეტს	გაწყვიტა	(არ) გაუწყვეტია	20
გა-/დახევა	ხევს	გა-/დახია	(არ) გა-/დაუხევია	22
zerstören დანგრევა	ანგრევს	დაანგრია	(არ) დაუნგრევია	22
zerstört werden დანგრევა	ინგრევა	ის დაინგრა	ის (არ) დანგრეულა	37
zerstreuen დაბნევა	აბნევს	დააბნია	(არ) დაუბნევია	22

Deutscher Infinitiv / Georgisches Verbalnomen	3. Pers. Präsens: ის	3. Pers. Aorist: მან	3. Pers. Perfekt: მას	Nr.
ziehen (etw.) თრევა	ათრევს	ათრია	(არ) უთრევია	22
ziehen (jmdn.) წევა	(ს)წევს	გასწია	(არ) გაუწევია	22
jmdn. zieht es	უბერავს	დაუბერა	(არ) დაუბერავს//-ია	26
zielen დამიზნება	უმიზნებს	დაუმიზნა	(არ) დაუმიზნებია	28
zittern კანკალი	კანკალებს	იკანკალა	(არ) უკანკალია	9
zittern (Hund) თრთოლა	თრთის	ითრთოლა	(არ) უთრთოლია	4 a
züchten მოშენება	მოაშენებს	მოაშენა	(არ) მოუშენებია	28
zucken შეკრთომა	კრთება	ის შეკრთა	ის (არ) შემკრთალა	48
zuheilen შეხორცება	ხორცდება	ის შეხორცდა	ის (არ) შეხორცებულა	44
zuheilen (bei jmdm.)	უხორცდება	ის შეუხორცდა	ის (არ) შეჰხორცებია	44
zuhören მოსმენა	უსმენს	მოუსმინა	(არ) მოუსმენია	21
ყურის გდება	ყურს უგდებს	ყური დაუგდო	ყური (არ) დაუგდია	29
zumachen (s. schließen)				
zunehmen მომატება	მატულობს	მოიმატა	(არ) მოუმატია	16
გასუქება	სუქდება	ის გასუქდა	ის (არ) გასუქებულა	44
zurückkehren უკან დაბრუნება	უკან ბრუნდება	ის უკან დაბრუნდა	ის (არ) დაბრუნებულა	44
zusagen (jmdm. etw.) შეპირება	ჰპირდება	ის შეჰპირდა	ის (არ) შე(ჰ)პირებია	44
zusammenlegen დაკეცვა	კეცავს	დაკეცა	(არ) დაუკეცია	19
zusammengelegt werden	იკეცება	ის დაიკეცა	(არ) დაკეცილა	42
zusammengelegt sein	(ჰ)კეცია, დაკეცილია	ის ეკეცა	ის (არ) დაკეცილი იყო	I.

Deutscher Infinitiv / Georgisches Verbalnomen	3. Pers. Präsens: ის	3. Pers. Aorist: მან	3. Pers. Perfekt: მას	Nr.
zuschlagen დარტყმა	არტყამს	დაარტყა	(არ) დაურტყამს	34
zuschließen (s. abschließen)				
zuschreiben (jmdm. etw.) მიწერა	მიაწერს	მიაწერა	(არ) მიუწერია	18
zusehen (s. ansehen)				
zuwachsen (s. zuheilen)				
zweifeln დაეჭვება, ეჭვის შეპარვა	ეჭვდება ეჭვი ეპარება	ის დაეჭვდა მას ეჭვი შეეპარა	ის (არ) დაეჭვებულა მას ეჭვი (არ) შეჰპარვია	44 45
zwingen (jmdn.) იძულება gezwungen sein	აიძულებს იძულებულია	აიძულა ის იძულებული იყო	(არ) აუძულებია//უძულებია ის იძულებული (არ) ყოფილა	28 I.

Verbparadigmen

Im Folgenden werden 66 Verbparadigmen exemplarisch aufgeführt. Die laufenden Zahlen 1–66 entsprechen dabei den Nummern, auf die in der Verbtabelle verwiesen wird. Ergänzt wird hier vorweg stets die Diathesennummer (1., 2. oder 3.). In den Paradigmen 35–44, 48, 49, und 51 wird im Perfekt, Plusquamperfekt und Konjunktiv Perfekt zwischen einpersonig (links) und zweipersonig (rechts) unterschieden.

1. Diathese = 1. Konjugation (Paradigma 1–34)

1.1 წუხს (წუხილი) *traurig, betrübt, unruhig sein*; ყეფს (ყეფა) *bellen*

Präsens	Imperfekt	Konjunktiv Prasens	Futur	Konditional
მე ვწუხვარ ვყეფ შენ წუხხარ ყეფ ის წუხს ყეფს ჩვენ ვწუხვართ ვყეფთ თქვენ წუხხართ ყეფთ ისინი წუხან ყეფენ	მე ვწუხდი ვყიფდი შენ წუხდი ყეფდი ის წუხდა ყეფდა ჩვენ ვწუხდით ვყეფდით თქვენ წუხდით ყეფდით ისინი წუხდნენ ყეფდნენ	მე ვწუხდე ვყეფდე შენ წუხდე ყეფდე ის წუხდეს ყეფდეს ჩვენ ვწუხდეთ ვყეფდეთ თქვენ წუხდეთ ყეფდეთ ისინი წუხდნენ ყეფდნენ	მე ვიწუხებ ვიყეფებ შენ იწუხებ იყეფებ ის იწუხებს იყეფებს ჩვენ ვიწუხებთ ვიყეფებთ თქვენ იწუხებთ იყეფებთ ისინი იწუხებენ იყეფებენ	მე ვიწუხებდი ვიყეფებდი შენ იწუხებდი იყეფებდი ის იწუხებდა იყეფებდა ჩვენ ვიწუხებდით ვიყეფებდით თქვენ იწუხებდით იყეფებდით ისინი იწუხებდნენ იყეფებდნენ

Konjunktiv Futur	Aorist	Optativ	Perfekt	Plusquamperfekt
მე ვიწუხებდე ვიყეფებდე შენ იწუხებდე იყეფებდე ის იწუხებდეს იყეფებდეს ჩვენ ვიწუხებდეთ ვიყეფებდეთ თქვენ იწუხებდეთ იყეფებდეთ ისინი იწუხებდნენ იყეფებდნენ	მე ვიწუხე ვიყეფე შენ იწუხე იყეფე მან იწუხა იყეფა ჩვენ ვიწუხეთ ვიყეფეთ თქვენ იწუხეთ იყეფეთ მათ იწუხეს იყეფეს	მე ვიწუხო ვიყეფო შენ იწუხო იყეფო მან იწუხოს იყეფოს ჩვენ ვიწუხოთ ვიყეფოთ თქვენ იწუხოთ იყეფოთ მათ იწუხონ იყეფონ	მე მიწუხია მიყეფია შენ გიწუხია გიყეფია მას უწუხია უყეფია ჩვენ გვიწუხია გვიყეფია თქვენ გიწუხიათ გიყეფიათ მათ უწუხიათ უყეფიათ	მე მეწუხა მეყეფა შენ გეწუხა გეყეფა მას ეწუხა ეყეფა ჩვენ გვეწუხა გვეყეფათ თქვენ გეწუხათ გეყეფათ მათ ეწუხათ ეყეფათ

Konjunktiv Perfekt
მე მეწუხოს მეყეფოს შენ გეწუხოს გეყეფოს მას ეწუხოს ეყეფოს ჩვენ გვეწუხოს გვეყეფოს თქვენ გეწუხოთ ეყეფოთ ისინი ეწუხოთ ეყეფოთ

1.2 ფრენს *(selbst) fliegen, steuern*

Präsens	Imperfekt	Konjunktiv Präsens	Futur	Konditional	Konjunktiv Futur	Aorist	Optativ
მე ვფრენ შენ ფრენ ის ფრენს ჩვენ ვფრენთ თქვენ ფრენთ ისინი ფრენენ	მე ვფრენდი შენ ფრენდი ის ფრენდა ჩვენ ვფრენდით თქვენ ფრენდით ისინი ფრენდნენ	მე ვფრენდე შენ ფრენდე ის ფრენდეს ჩვენ ვფრენდეთ თქვენ ფრენდეთ ისინი ფრენდენ	მე ვიფრენ შენ იფრენ ის იფრენს ჩვენ ვიფრენთ თქვენ იფრენთ ისინი იფრენენ	მე ვიფრენდი შენ იფრენდი ის იფრენდა ჩვენ ვიფრენდით თქვენ იფრენდით ისინი იფრენდნენ	მე ვიფრენდე შენ იფრენდე ის იფრენდას ჩვენ იფრენდეთ თქვენ იფრენდეთ ისინი იფრენდნენ	მე ვიფრინე შენ იფრინე მან იფრინა ჩვენ ვიფრინეთ თქვენ იფრინეთ მათ იფრინეს	მე ვიფრინო შენ იფრინო მან იფრინოს ჩვენ ვიფრინოთ თქვენ იფრინოთ მათ იფრინონ

Perfekt	Plusquamperfekt	Konjunktiv Perfekt
მე მიფრენია შენ გიფრენია მას უფრენია ჩვენ გვიფრენია თქვენ გიფრენიათ მათ უფრენიათ	მე მეფრინა შენ გეფრინა მას ეფრინა ჩვენ გვეფრინა თქვენ გეფრინათ მათ ეფრინათ	მე მეფრინოს შენ გეფრინოს მას ეფრინოს ჩვენ გვეფრინოს თქვენ გეფრინოთ მათ ეფრინოთ

1.2a ჩქმეტს ის მას (ჩქმეტა) *zwicken, kneifen*

Präsens	Imperfekt	Konjunktiv Präsens	Futur	Konditional	Konjunktiv Futur	Aorist	Optativ
მე ვჩქმეტ შენ ჩქმეტ ის ჩქმეტს ჩვენ ვჩქმეტთ თქვენ ჩქმეტთ ისინი ჩქმეტენ	მე ვჩქმეტდი შენ ჩქმეტდი ის ჩქმეტდა ჩვენ ვჩქმეტდით თქვენ ჩქმეტდით ისინი ჩქმეტდნენ	მე ვჩექმეტდე შენ ჩქმეტდე ის ჩქმეტდეს ჩვენ ვჩქმეტდეთ თქვენ ჩქმეტდეთ ისინი ჩქმეტდნენ	მე ვუჩქმეტ შენ უჩქმეტ ის უჩქმეტს ჩვენ ვუჩქმეტთ თქვენ უჩქმეტთ ისინი უჩქმეტენ	მე ვუჩქმეტდი შენ უჩქმეტდი ის უჩქმეტდა ჩვენ ვუჩქმეტდით თქვენ უჩქმეტდით ისინი უჩქმეტდნენ	მე ვუჩქმეტდე შენ უჩქმეტდე ის უჩქმეტდეს ჩვენ ვუჩქმეტდეთ თქვენ უჩქმეტდეთ ისინი უჩქმეტდნენ	მე ვუჩქმიტე შენ უჩქმიტე მან უჩქმიტა ჩვენ ვუჩქმიტეთ თქვენ უჩქმიტეთ მათ უჩქმიტეს	მე ვუჩქმიტო შენ უჩქმიტო მან უჩქმიტოს ჩვენ ვუჩქმიტოთ თქვენ უჩქმიტოთ მათ უჩქმიტონ

Perfekt	Plusquamperfekt	Konjunktiv Perfekt
მე მიჩქმეტია შენ გიჩქმეტია მას უჩქმეტია ჩვენ გვიჩქმეტია თქვენ გიჩქმეტიათ მათ უჩქმეტიათ	მე მეჩქმიტა შენ გეჩქმიტა მას ეჩქმიტა ჩვენ გვეჩქმიტა თქვენ გეჩქმიტათ მათ ეჩქმიტათ	მე მეჩქმიტოს შენ გეჩქმიტოს მას ეჩქმიტოს ჩვენ გვეჩქმიტოს თქვენ გეჩქმიტოთ მათ ეჩქმიტოთ

1.3 იცინის (სიცილი) *lachen*

Präsens	Imperfekt	Konjunktiv Präsens	Futur	Konditional	Konjunktiv Futur	Aorist
მე ვიცინი	მე ვიცინოდი	მე ვიცინოდე	მე (გა)ვიცინებ	მე (გა)ვიცინებდი	მე (გა)ვიცინებდე	მე (გა)ვიცინე
შენ იცინი	შენ იცინოდი	შენ იცინოდე	შენ (გა)იცინებ	შენ (გა)იცინებდი	შენ (გა)იცინებდე	შენ (გა)იცინე
ის იცინის	ის იცინოდა	ის იცინოდეს	ის (გა)იცინებს	ის (გა)იცინებდა	ის (გა)იცინებდეს	მან (გა)იცინა
ჩვენ ვიცინით	ჩვენ ვიცინოდით	ჩვენ ვიცინოდეთ	ჩვენვ(გა)ვიცინებთ	ჩვენ (გა)ვიცინებდით	ჩვენ (გა)ვიცინებდეთ	ჩვენ (გა)ვიცინეთ
თქვენ იცინით	თქვენ იცინოდით	თქვენ იცინოდეთ	თქვენ (გა)იცინებთ	თქვენ (გა)იცინებდით	თქვენ (გა)იცინებდეთ	თქვენ (გა)იცინეთ
ისინი იცინიან	ისინი იცინოდნენ	ისინი იცინოდნენ	ისინი (გა)იცინებენ	ისინი (გა)იცინებდნენ	ისინი (გა)იცინებდნენ	მათ (გა)იცინეს

Optativ	Perfekt	Plusquamperfekt	Konjunktiv Perfekt
მე (გა)ვიცინო	მე (გა)მიცინია	მე (გა)მეცინა	მე (გა)მეცინოს
შენ (გა)იცინო	შენ (გა)გიცინია	შენ (გა)გეცინა	შენ (გა)გეცინოს
მან (გა)იცინოს	მას (გა)უცინია	მას (გა)ეცინა	მას (გა)ეცინოს
ჩვენ (გა)იცინოთ	ჩვენ (გა)გვიცინია	ჩვენ (გა)გვეცინა	ჩვენ (გა)გვეცინოს
თქვენ (გა)იცინოთ	თქვენ (გა)გიცინიათ	თქვენ (გა)გეცინათ	თქვენ (გა)გეცინოთ
მათ (გა)იცინონ	მათ (გა)უცინიათ	მათ (გა)ეცინათ	მათ (გა)ეცინოთ

1.4 1. (ილ-იანი) ბღავის ის (ბღავილი) *brüllen*

Präsens	Imperfekt	Konjunktiv Präsens	Futur	Konditional	Konjunktiv Futur	Aorist
მე ვბღავი / ბღავივარ	მე ვბღაოდი	მე ვბღაოდე	მე ვიბღავლებ	მე ვიბღავლებდი	მე ვიბღავლებდე	მე ვიბღავლე
შენ ბღავი / ბღავიხარ	შენ ბღაოდი	შენ ბღაოდე	შენ იბღავლებ	შენ იბღავლებდი	შენ იბღავლებდე	შენ იბღავლე
ის ბღავის	ის ბღაოდა	ის ბღაოდეს	ის იბღავლებს	ის იბღავლებდა	ის იბღავლებდეს	მან იბღავლა
ჩვენ ვბღავით / ვბღავივართ	ჩვენ ვბღაოდით	ჩვენ ვბღაოდეთ	ჩვენ ვიბღავლებთ	ჩვენ ვიბღავლებდით	ჩვენ ვიბღავლებდეთ	ჩვენ ვიბღავლეთ
თქვენ ბღავით / ბღავიხართ	თქვენ ბღაოდით	თქვენ ბღაოდეთ	თქვენ იბღავლებთ	თქვენ იბღავლებდით	თქვენ იბღავლებდეთ	თქვენ იბღავლეთ
ისინი ბღავიან	ისინი ბღაოდნენ	ისინი ბღაოდნენ	ისინი იბღავლებენ	ისინი იბღავლებდნენ	ისინი იბღავლებდნენ	მათ იბღავლეს

Optativ	Perfekt	Plusquamperfekt	Konjunktiv Perfekt
მე ვიბღავლო	მე მიბღავლია	მე მებღავლა	მე მებღავლოს
შენ იბღავლო	შენ გიბღავლია	შენ გებღავლა	შენ გებღავლოს
მან იბღავლოს	მას უბღავლია	მას ებღავლა	მას ებღავლოს
ჩვენ ვიბღავლოთ	ჩვენ გვიბღავლია	ჩვენ გვებღავლა	ჩვენ გვებღავლო
თქვენ იბღავლოთ	თქვენ გიბღავლიათ	თქვენ გებღავლათ	თქვენ გებღავლოთ
მათ იბღავლონ	მათ უბღავლიათ	მათ ებღავლათ	მათ ებღავლოთ

2. უჩივის ის მას (ჩივილი) *etw. anklagen, sich über etw. beschweren*

Präsens	Imperfekt	Konjunktiv Präsens	Futur
მე ვუჩივი/ვუჩივივარ/მიჩივის	მე ვუჩიოდი/მიჩიოდა	მე ვუჩიოდე/მიჩიოდეს	მე ვუჩივლებ/მიჩივლებს
შენ უჩივი/უჩივიხარ/გიჩივის	შენ უჩიოდი/გიჩიოდა	შენ უჩიოდე/გიჩიოდეს	შენ უჩივლებ/გიჩივლებს
ის უჩივის	ის უჩიოდა	ის უჩიოდეს	ის უჩივლებს
ჩვენ ვუჩივით/ვუჩივივართ/გვიჩივის	ჩვენ ვუჩიოდათ/გვიჩიოდა	ჩვენ ვუჩიოდეთ/გვიჩიოდეს	ჩვენ ვუჩივლებთ/გვიჩივლებს
თქვენ უჩივით/უჩივიხართ/გიჩივით	თქვენ უჩიოდით/გიჩიოდათ	თქვენ უჩიოდეთ/გიჩიოდეთ	თქვენ უჩივლებთ/გიჩივლებთ
ისინი უჩივიან	ისინი უჩიოდნენ	ისინი უჩიოდნენ	ისინი უჩივლებენ

Konditional	Konjunktiv Futur	Aorist	Optativ	Perfekt
მე ვუჩივლებდი/მიჩივლებდა	მე ვუჩივლებდე/მიჩივლებდეს	მე ვუჩივლე/მიჩივლა	მე ვუჩივლო/მიჩივლოს	მე მიჩივლია
შენ უჩივლებდი/გიჩივლებდა	შენ უჩივლებდე/გიჩივლებდეს	შენ უჩივლე/გიჩივლა	შენ უჩივლო/გიჩივლოს	შენ გიჩივლია
ის უჩივლებდა	ის უჩივლებდეს	მან უჩივლა	მან უჩივლოს	მას უჩივლია
ჩვენ ვუჩივლებდით/გვიჩივლებდა	ჩვენ ვუჩივლებდეთ/გვიჩივლებდეს	ჩვენ ვუჩივლეთ/გვიჩივლა	ჩვენ ვუჩივლოთ/გვიჩივლოს	ჩვენ გვიჩივლია
თქვენ უჩივლებდით/გიჩივლებდა	თქვენ უჩივლებდეთ/გიჩივლებდეს	თქვენ უჩივლეთ/გიჩივლათ	თქვენ უჩივლოთ/გიჩივლოთ	თქვენ გიჩივლიათ
ისინი უჩივლებდნენ	ისინი უჩივლებდნენ/უჩივლებდეთ	მათ უჩივლეს	მათ უჩივლონ	მათ უჩივლიათ

Plusquamperfekt	Konjunktiv Perfekt
მე მეჩივლა	მე მეჩივლოს
შენ გეჩივლა	შენ გეჩივლოს
მას ეჩივლა	მას ეჩივლოს
ჩვენ გვეჩივლა	ჩვენ გვეჩივლოს
თქვენ გეჩივლათ	თქვენ გეჩივლოთ
მათ ეჩივლათ	მათ ეჩივლოთ

1.4a (ოლ-იანი) თრთის (თრთოლა) *schlottern*

Präsens	Imperfekt	Konjunktiv Präsens	Futur	Konditional	Konjunktiv Futur
მე ვთრთი/ვთრთივარ	მე ვთრთოდი	მე ვთრთოდე	მე ვითრთოლებ	მე ვითრთოლებდი	მე ვითრთოლებდე
შენ თრთი/თრთიხარ	შენ თრთოდი	შენ თრთოდე	შენ ითრთოლებ	შენ ითრთოლებდი	შენ ითრთოლებდე
ის თრთის	ის თრთოდა	ის თრთოდეს	ის ითრთოლებს	ის ითრთოლებდა	ის ითრთოლებდეს
ჩვენ ვთრთით/ვთრთივართ	ჩვენ ვთრთოდით	ჩვენ ვთრთოდეთ	ჩვენ ვითრთოლებთ	ჩვენ ვითრთოლებდით	ჩვენ ვითრთოლებდეთ
თქვენ თრთით/თრთიხართ	თქვენ თრთოდით	თქვენ თრთოდეთ	თქვენ ითრთოლებთ	თქვენ ითრთოლებდით	თქვენ ითრთოლებდეთ
ისინი თრთიან	ისინი თრთოდნენ	ისინი თრთოდნენ	ისინი ითრთოლებენ	ისინი ითრთოლებდნენ	ისინი ითრთოლებდნენ

Aorist	Optativ	Perfekt	Plusquamperfekt	Konjunktiv Perfekt
მე ვითრთოლე	მე ვითრთოლო	მე მითრთოლია	მე მეთრთოლა	მე მეთრთოლოს
შენ ითრთოლე	შენ ითრთოლო	შენ გითრთოლია	შენ გეთრთოლა	შენ გეთრთოლოს
მან ითრთოლა	მან ითრთოლოს	მას უთრთოლია	მას ეთრთოლა	მას ეთრთოლოს
ჩვენ ვითრთოლეთ	ჩვენ ვითრთოლოთ	ჩვენ გვითრთოლია	ჩვენ გვეთრთოლა	ჩვენ გვეთრთოლოს
თქვენ ითრთოლეთ	თქვენ ითრთოლოთ	თქვენ გითრთოლიათ	თქვენ გეთრთოლათ	თქვენ გეთრთოლოთ
მათ ითრთოლეს	მათ ითრთოლონ	მათ უთრთოლიათ	მათ ეთრთოლათ	მათ ეთრთოლოთ

1.5 დახტის ის *springen*

Präsens	Imperfekt	Konjunktiv Präsens
მე დავხტივარ	მე დავხტოდი	მე დავხტოდე
შენ დასტიხარ	შენ დახტოდი	შეხ დახტოდე
ის დახტის	ის დახტოდა	ის დახტოდეს
ჩვენ დავხტივართ	ჩვენ დავხტოდით	ჩვენ დავხტოდეთ
თქვენ დახტიხართ	თქვენ დახტოდით	თქვენ დახტოდეთ
ისინი დახტიან	ისინი დახტოდნენ	ისინი დახტოდნენ

1.6 ცეკვავს ის (ცეკვა) *tanzen*

Präsens	Imperfekt	Konjunktiv Präsens	Futur	Konditional	Konjunktiv Futur	Aorist	Optativ
მე ვცეკვავ	მე ვცეკვავდი	მე ვცეკვავდე	მე ვიცეკვებ	მე ვიცეკვებდი	მე ვიცეკვებდე	მე ვიცეკვე	მე ვიცეკვო
შენ ცეკვავ	შენ ცეკვავდი	შენ ცეკვევდე	შენ იცეკვებ	შენ იცეკვებდი	შენ იცეკვებდე	შენ იცეკვე	შენ იცეკვო
ის ცეკვავს	ის ცეკვავდა	ის ცეკვავდეს	ის იცეკვებს	ის იცეკვებდა	ის იცეკვებდეს	მან იცეკვა	მან იცეკვოს
ჩვენ ვცეკვავთ	ჩვენ ვცეკვავდით	ჩვენ ვცეკვადეთ	ჩვენ ვიცეკვებთ	ჩვენ ვიცეკვებდით	ჩვენ ვიცეკვებდეთ	ჩვენ ვიცეკვეთ	ჩვენ ვიცეკვოთ
თქვენ ცეკვავთ	თქვენ ცეკვავდით	თქვენ ცეკვავდეთ	თქვენ იცეკვებთ	თქვენ იცეკვებდით	თქვენ იცეკვებდეთ	თქვენ იცეკვეთ	თქვენ იცეკვოთ
ისინი ცეკვავენ	ისინი ცეკვავდნენ	ისინი ცეკვავდნენ	ისინი იცეკვებენ	ისინი იცეკვებდნენ	ისინი იცეკვებდნენ	მათ იცეკვეს	მათ იცეკვონ

Perfekt	Plusquamperfekt	Konjunktiv Perfekt
მე მიცეკვია	მე მეცეკვა	მე მეცეკვოს
შენ გიცეკვია	შენ გეცეკვა	შენ გეცეკვოს
მას უცეკვია	მას ეცეკვა	მას ეცეკვოს
ჩვენ გვიცეკვია	ჩვენ გვეცეკვა	ჩვენ გვეცეკვოს
თქვენ გიცეკვიათ	თქვენ გეცეკვათ	თქვენ გეცეკვოთ
მათ უცეკვიათ	მათ ეცეკვათ	მათ ეცეკვოთ

1.7 ყვინთავს (ყვინთვა) *tauchen*

Präsens	Imperfekt	Konjunktiv Präsens	Futur	Konditional	Konjunktiv Futur	Aorist
მე ვყვინთავ	მე ვყვინთავდი	მე ვყვინთავდე	მე ჩავყვინთავ	მე ჩავყვინთავდი	მე ჩავყვინთავდე	მე ჩავყვინთე
შენ ყვინთავ	შენ ყვინთავდი	შენ ყვინთავდე	შენ ჩაყვინთავ	შენ ჩაყვინთავდი	შენ ჩაყვინთავდე	შენ ჩაყვინთე
ის ყვინთავს	ის ყვინთავდა	ის ყვინთავდეს	ის ჩაყვინთავს	ის ჩაყვინთავდა	ის ჩაყვინთავდეს	მან ჩაყვინთა
ჩვენ ვყვინთავთ	ჩვენ ვყვინთავდით	ჩვენ ვყვინთავდეთ	ჩვენ ჩავყვინთავთ	ჩვენ ჩავყვინთავდით	ჩვენ ჩავყვინთავდეთ	ჩვენ ჩავყვინთეთ
თქვენ ყვინთავთ	თქვენ ყვინთავდით	თქვენ ყვინთავდეთ	თქვენ ჩაყვინთავთ	თქვენ ჩაყვინთავდით	თქვენ ჩაყვინთავდეთ	თქვენ ჩაყვინთეთ
ისინი ყვინთავენ	ისინი ყვინთავდნენ	ისინი ყვინთავდნენ	ისინი ჩაყვინთავენ	ისინი ჩაყვინთავდნენ	ისინი ჩაყვინთავდნენ	მათ ჩაყვინთეს

Optativ	Perfekt	Plusquamperfekt	Konjunktiv Perfekt
მე ჩავყვინთო	მე ჩამიყვინთავს/ჩამიყვინთია	მე ჩამეყვინთა	მე ჩამეყვინთოს
შენ ჩაყვინთო	შენ ჩაგიყვინთავს/ჩავიყვინთია	შენ ჩაგეყვინთა	შენ ჩაგეყვინთოს
მან ჩაყვინთოს	მას ჩაუყვინთავს/ჩაუყვინთია	მას ჩაეყვინთა	მას ჩაეყვინთოს
ჩვენ ჩავყვინთოთ	ჩვენ ჩაგვიყვინთავს/ჩაგვიყვინთია	ჩვენ ჩაგვეყვინთა	ჩვენ ჩაგვეყვინთოს
თქვენ ჩაყვინთოთ	თქვენ ჩაგიყვინთავთ/ჩაგიყვინთიათ	თქვენ ჩაგეყვინთათ	თქვენ ჩაგეყვინთოთ
მათ ჩაყვინთონ	მათ ჩაუყვინთავთ/ჩაუყვინთიათ	მათ ჩაეყვინთათ	მათ ჩაეყვინთოთ

1.8 (mangelhaft) დაცირავს//მივცურავს *dahin-/herumschwimmen*

Präsens	Imperfekt	Konjunktiv Präsens
მე და//მივცურავ	მე და//მივცურავდი	მე და//მივცურავდე
შენ და//მიცურავ	შენ და//მიცურავდი	შენ და//მიცურავდე
ის და//მიცურავს	ის და//მიცურავდა	ის და//მიცურავდეს
ჩვენ და//მივცურავთ	ჩვენ და//მივცურავდით	ჩვენ და//მიცურავდეთ
თქვენ და//მიცურავთ	თქვენ და//მიცურავდით	თქვენ და//მიცურავდეთ
ისინი და//მიცურავთ	ისინი და//მიცურავდნენ	ისინი და//მიცურავდნენ

1.9 1. ჩურჩულებს (ჩურჩული) *flüstern*

Präsens	Imperfekt	Konjunktiv Präsens	Futur	Konditional	Konjunktiv Futur
მე ვჩურჩულებ	მე ვჩურჩულებდი	მე ვჩურჩულებდე	მე ვიჩურჩულებ	მე ვიჩურჩულებდი	მე ვიჩურჩულებდე
შენ ჩურჩულებ	შენ ჩურჩულებდი	შენ ჩურჩულებდე	შენ იჩურჩულებ	შენ იჩურჩულებდი	შენ იჩურჩულებდე
ის ჩურჩულებს	ის ჩურჩულებდა	ის ჩურჩულებდეს	ის იჩურჩულებს	ის იჩურჩულებდა	ის იჩურჩულებდეს

Präsens	Imperfekt	Konjunktiv Präsens	Futur	Konditional	Konjunktiv Futur
ჩვენ ვჩურჩულებთ თქვენ ჩურჩულებთ ისინი ჩურჩულებენ	ჩვენ ვჩურჩულებდით თქვენ ჩურჩულებდით ისინი ჩურჩულებდნენ	ჩვენ ვჩურჩულებდეთ თქვენ ჩურჩულებდეთ ისინი ჩურჩულებდნენ	ჩვენ ვიჩურჩულებთ თქვენ იჩურჩულებთ ისინი იჩურჩულებენ	ჩვენ ვიჩურჩულებდით თქვენ იჩურჩულებდით ისინი იჩურჩულებდნენ	ჩვენ ვიჩურჩულებდეთ თქვენ იჩურჩულებდეთ ისინი იჩურჩულებდნენ

Aorist	Optativ	Perfekt	Plusquamperfekt	Konjunktiv Perfekt
მე ვიჩურჩულე შენ იჩურჩულე მან იჩურჩულა ჩვენ ვიჩურჩულეთ თქვენ იჩურჩულეთ მათ იჩურჩულეს	მე ვიჩურჩულო შენ იჩურჩულო მან იჩურჩულოს ჩვენ ვიჩურჩულოთ თქვენ იჩურჩულოთ მათ იჩურჩულონ	მე მიჩურჩულ(ნ)ია შენ გიჩურჩულ(ნ)ია მას უჩურჩულ(ნ)ია ჩვენ გვიჩურჩულ(ნ)ია თქვენ გიჩურჩულ(ნ)იათ მათ უჩურჩულ(ნ)იათ	მე მეჩურჩულ(ნ)ა შენ გეჩურჩულ(ნ)ა მას ეჩურჩულ(ნ)ა ჩვენ გვეჩურჩულ(ნ)ა თქვენ გეჩურჩულ(ნ)ათ მათ ეჩურჩულ(ნ)ათ	მე მეჩურჩულოს შენ გეჩურჩულოს მას ეჩურჩულოს ჩვენ გვეჩურჩულოს თქვენ გეჩურჩულოთ მათ ეჩურჩულოთ

2. mit Suffix -იალ: ტრიალებს (ტრიალი) *drehen*

Präsens	Imperfekt	Konjunktiv Präsens	Futur	Konditional	Konjunktiv Futur	Aorist
მე ვტრიალებ შენ ტრიალებ ის ტრიალებს ჩვენ ვტრიალებთ თქვენ ტრიალებთ ისინი ტრიალებენ	მე ვტრიალებდი შენ ტრიალებდი ის ტრიალებდა ჩვენ ვტრიალებდით თქვენ ტრიალებდით ისინი ტრიალებდნენ	მე ვტრიალებდე შენ ტრიალებდე ის ტრიალებდეს ჩვენ ვტრიალებდეთ თქვენ ტრიალებდეთ ისინი ტრიალებდნენ	მე ვიტრიალებ შენ იტრიალებ ის იტრიალებს ჩვენ ვიტრიალებთ თქვენ იტრიალებთ ისინი იტრიალებენ	მე ვიტრიალებდი შენ იტრიალებდი ის იტრიალებდა ჩვენ ვიტრიალებდით თქვენ იტრიალებდით ისინი იტრიალებდნენ	მე ვიტრიალებდე შენ იტრიალებდე ის იტრიალებდეს ჩვენ ვიტრიალებდეთ თქვენ იტრიალებდეთ ისინი იტრიალებდნენ	მე ვიტრიალე შენ იტრიალე მან იტრიალა ჩვენ ვიტრიალეთ თქვენ იტრიალეთ მათ იტრიალეს

Optativ	Perfekt	Plusquamperfekt	Konjunktiv Perfekt
მე ვიტრიალო შენ იტრიალო მან იტრიალოს ჩვენ ვიტრიალოთ თქვენ იტრიალოთ მათ იტრიალონ	მე მიტრიალ(ნ)ია შენ გიტრიალ)ნ)ია მას უტრიალ(ნ)ია ჩვენ გვიტრიალ(ნ)ია თქვენ გიტრიალ(ნ)იათ მათ უტრიალ(ნ)იათ	მე მეტრიალ(ნ)ა შენ გეტრიალ(ნ)ა მას ეტრიალ(ნ)ა ჩვენ გვეტრიალ(ნ)ა თქვენ გეტრიალ(ნ)ათ მათ ეტრიალ(ნ)ათ	მე მეტრიალოს შენ გეტრიალოს მას ეტრიალოს ჩვენ გვეტრიალოს თქვენ გეტრიალოთ მათ ეტრიალოთ

1.10 იძინებს (ძილი) *einschlafen, schlafen gehen*

Präsens	Imperfekt	Konjunktiv Präsens	Futur	Konditional	Konjunktiv Futur	Aorist
მე ვიძინებ შენ იძინებ ის იძინებს ჩვენ ვიძინებთ თქვენ იძინებთ ისინი იძინებენ	მე ვიძინებდი შენ იძინებდი ის იძინებდა ჩვენ ვიძინებდით თქვენ იძინებდით ისინი იძინებდნენ	მე ვიძინებდე შენ იძინებდე ის ინინებდეს ჩვენ ვიძინებდეთ თქვენ იძინებდეთ ისინი იძინებდნენ	მე დავიძინებ შენ დაიძინებ ის დაიძინებს ჩვენ დავიძინებთ თქვენ დაიძინებთ ისინი დაიძინებენ	მე დავიძინებდი შენ დაიძინებდი ის დაიძინებდა ჩვენ დავიძინებდით თქვენ დაიძინებდით ისინი დაიძინებდნენ	მე დავიძინებდე შენ დაიძინებდე ის დაიძინებდეს ჩვენ დავიძინებდეთ თქვენ დაიძინებდეთ ისინი დაიძინებდნენ	მე დავიძინე შენ დაიძინე მან დაიძინა ჩვენ დავიძინეთ თქვენ დაიძინეთ მათ დაიძინეს

Optativ	Perfekt	Plusquamperfekt	Konjunktiv Perfekt
მე დავიძინო შენ დაიძინო მან დაიძინოს ჩვენ დავიძინოთ თქვენ დაიძინოთ მათ დაიძინონ	მე დამიძინია შენ დაგეძინია მას დაუძინია ჩვენ დაგვიძინია თქვენ დაგიძინიათ მათ დაუძინიათ	მე დამეძინა შენ დაგეძინა მას დაეძინა ჩვენ დაგვეძინა თქვენ დაგეძინათ მათ დაეძინათ	მე დამეძინოს შენ დაგეძინოს მას დაეძინოს ჩვენ დაგვეძინოს თქვენ დაგეძინოთ მათ დაეძინოთ

1.11 ამთქნარებს (მთქნარება) *gähnen*

Präsens	Imperfekt	Konjunktiv Präsens	Futur	Konditional	Konjunktiv Futur
მე ვამთქნარებ შენ ამთქნარებ ის ამთქნარებს ჩვენ ვამთქნარებთ თქვენ ამთქნარებთ ისინი ამთქნარებენ	მე ვამთქნარებდი შენ ამთქნარებდი ის ამთქნარებდა ჩვენ ვამთქნარებდით თქვენ ამთქნარებდით ისინი ამთქნარებდნენ	მე ვამთქნარებდე შენ ამთქნარებდე ის ამთქნარებდეს ჩვენ ვამთქნარებდეთ თქვენ ამთქნარებდეთ ისინი ამთქნარებდნენ	მე დავამთქნარებ შენ დაამთქნარებ ის დაამთქნარებს ჩვენ დავამთქნარებთ თქვენ დაამთქნარებთ ისინი დაამთქნარებენ	მე დავამთქნარებდი შენ დაამთქნარებდი ის დაამთქნარებდა ჩვენ დავამთქნარებდით თქვენ დაამთქნარებდით ისინი დაამთქნარებდნენ	მე დავამთქნარებდე შენ დაამთქნარებდე ის დაამთქნარებდეს ჩვენ დავამთქნარებდეთ თქვენ დაამთქნარებდეთ ისინი დაამთქნარებდნენ

Aorist	Optativ	Perfekt	Plusquamperfekt	Konjunktiv Perfekt
მე დავამთქნარე შენ დაამთქნარე მან დაამთქნარა ჩვენ დავამთქნარეთ თქვენ დაამთქნარეთ მათ დაამთქნარეს	მე დავამთქნარო შენ დაამთქნარო მან დაამთქნაროს ჩვენ დავამთქნაროთ თქვენ დაამთქნაროთ მათ დაამთქნარონ	მე დამიმთქნარებია შენ დაგიმთქნარებია მას დაუმთქნარებია ჩვენ დაგვიმთქნარბია თქვენ დაგიმთქნარებიათ მათ დაუმთქნარებიათ	მე დამემთქნარებინა შენ დაგემთქნარებინა მას დაემთქნარებინა ჩვენ დაგვემთქნარებინა თქვენ დაგემთქნარებინათ მათ დაემთქნარებინათ	მე დამემთქნარებინოს შენ დაგემთქნარებინოს მას დაემთქნარებინოს ჩვენ დაგვემთქნარებინოს თქვენ დაგემთქნარებინოთ მათ დაემთქნარებინოთ

1.12 ულუტუნებს მას (ღუტუნი) *jmdn./etw. kitzeln*

Konjunktiv Präsens	Futur	Konditional	Konjunktiv Futur	Aorist	Optativ
მე ვულუტუნებდე შენ ულუტუნებდე ის ულუტუნებდეს ჩვენ ვულუტუნებდეთ თქვენ ულუტუნებდეთ ისინი ულუტუნებდნენ	მე დავულუტუნებ შენ დაულუტუნებ ის დაულუტუნებს ჩვენ დავულუტუნებთ თქვენ დაულუტუნებთ ისინი დაულუტუნებენ	მე დავულუტუნებდი შენ დაულუტუნებდი ის დაულუტუნებდა ჩვენ დავულუტუნებდით თქვენ დაულუტუნებდით ისინი დაულუტუნებდნენ	მე დავულუტუნებდე შენ დაულუტუნებდე ის დაულუტუნებდეს ჩვენ დავულუტუნებდეთ თქვენ დაულუტუნებდეთ ისინი დაულუტუნებდნენ	მე დავულუტუნე შენ დაულუტუნე მან დაულუტუნა ჩვენ დავულუტუნეთ თქვენ დაულუტუნეთ მათ დაულუტუნეს	მე დავულუტუნო შენ დაულუტუნო მან დაულუტუნოს ჩვენ დავულუტუნოთ თქვენ დაულუტუნოთ მათ დაულუტუნონ

Perfekt	Plusquamperfekt	Konjunktiv Perfekt
მე დამილუტუნებია შენ დაგილუტუნებია მას დაულუტუნებია ჩვენ დაგვილუტუნებია თქვენ დაგილუტუნებიათ მათ დაულუტუნებიათ	მე დამელუტუნებინა შენ დაგელუტუნებინა მას დაელუტუნებინა ჩვენ დაგველუტუნებინა თქვენ დაგელუტუნებინათ მათ დაელუტუნებინათ	მე დამელუტუნებინოს შენ დაგელუტუნებინოს მას დაელუტუნებინოს ჩვენ დაგველუტუნებინოს თქვენ დაგელუტუნებინოთ მათ დაელუტუნებინოთ

1.13 დაწანწალებს *herumtreiben*

Präsens	Imperfekt	Konjunktiv Präsens
მე დავწანწალებ შენ დაწანწალებ ის დაწანწალებს ჩვენ დავწანწალებთ თქვენ დაწანწალებთ ისინი დაწანწალებენ	მე დავწანწალებდი შენ დაწანწალებდი ის დაწანწალებდა ჩვენ დავწანწალებდით თქვენ დაწანწალებდით ისინი დაწანწალებდნენ	მე დავწანწალებდე შენ დაწანწალებდე ის დაწანწალებდეს ჩვენ დავწანწალებდეთ თქვენ დაწანწალებდეთ ისინი დაწანწალებდნენ

1.14 (einpersoniges) ცხოვრობს (ცხოვრება) *wohnen, leben*

Präsens	Imperfekt	Konjunktiv Präsens	Futur	Konditional	Konjunktiv Futur	Aorist
მე ვცხოვრობ შენ ცხოვრობ ის ცხოვრობს	მე ვცხოვრობდი შენ ცხოვრობდი ის ცხოვრობდა	მე ვცხოვრობდე შენ ცხოვრობდე ის ცხოვრობდეს	მე ვიცხოვრებ შენ იცხოვრებ ის იცხოვრებს	მე ვიცხოვრებდი შენ იცხოვრებდი ის იცხოვრებდა	მე ვიცხოვრებდე შენ იცხოვრებდე ის იცხოვრებდეს	მე ვიცხოვრე შენ იცხოვრე მან იცხოვრა

Präsens	Imperfekt	Konjunktiv Präsens	Futur	Konditional	Konjunktiv Futur	Aorist
ჩვენ ვცხოვრობთ თქვენ ცხოვრობთ ისინი ცხოვრობენ	ჩვენ ვცხოვრობდით თქვენ ცხოვრობდით ისინი ცხოვრობდნენ	ჩვენ ვცხოვრობდეთ თქვენ ცხოვრობდეთ ისინი ცხოვრობდნენ	ჩვენ ვიცხოვრებთ თქვენ იცხოვრებთ ისინი იცხოვრებენ	ჩვენ ვიცხოვრებდით თქვენ იცხოვრებდით ისინი იცხოვრებდნენ	ჩვენ ვიცხოვრებდეთ თქვენ იცხოვრებდეთ ისინი იცხოვრებდნენ	ჩვენ ვიცხოვრეთ თქვენ იცხოვრეთ მათ იცხოვრეს

Optativ	Perfekt	Plusquamperfekt	Konjunktiv Perfekt
მე ვიცხოვრო შენ იცხოვრო მან იცხოვროს ჩვენ ვიცხოვროთ თქვენ იცხოვროთ მათ იცხოვრონ	მე მიცხოვრია შენ გიცხოვრია მას უცხოვრია ჩვენ გვიცხოვრია თქვენ გიცხოვრიათ მათ უცხოვრიათ	მე მეცხოვრა შენ გეცხოვრა მას ეცხოვრა ჩვენ გვეცხოვრა თქვენ გეცხოვრათ მათ ეცხოვრათ	მე მეცხოვროს შენ გეცხოვროს მას ეცხოვროს ჩვენ გვეცხოვროს თქვენ გეცხოვროთ მათ ეცხოვროთ

1.14a (zweipersoniges) ჰპატრონობს მას (პატრონობა) *jmdn./etw. (be)herrschen/betreuen*

Präsens	Imperfekt	Konjunktiv Präsens	Futur	Konditional
მე ვპატრონობ მას შენ ჰპატრონობ მას ის ჰპატრონობს მას ჩვენ ვპატრონობთ მას თქვენ ჰპატრონობთ მას ისინი ჰპატრონობენ მას	მე ვპატრონობდი მას შენ ჰპატრონობდი მას ის ჰპატრონობდა მას ჩვენ ვპატრონობდით მას თქვენ ჰპატრონობდით მას ისინი ჰპატრონობდნენ მას	მე ვპატრონობდე მას შენ ჰპატრონობდე მას ის ჰპატრონობდეს მას ჩვენ ვპატრონობდეთ მას თქვენ ჰპატრონობდეთ მას ისინი ჰპატრონობდნენ მას	მე ვუპატრონებ მას შენ უპატრონებ მას ის უპატრონებს მას ჩვენ ვუპატრონებთ მას თქვენ უპატრონებთ მას ისინი უპატრონებენ მას	მე ვუპატრონებდი მას შენ უპატრონებდი მას ის უპატრონებდა მას ჩვენ ვუპატრონებდით მას თქვენ უპატრონებდით მას ისინი უპატრონებდნენ მას

Konjunktiv Futur	Aorist	Optativ	Perfekt	Plusquamperfekt	Konjunktiv Perfekt
მე ვუპატრონებდე მას შენ უპატრონებდე მას ის უპატრონებდეს მას ჩვენ ვუპატრონებდეთ მას თქვენ უპატრონებდეთ მას ისინი უპატრონებდნენ მას	მე ვუპატრონე მას შენ უპატრონე მას მან უპატრონა მას ჩვენ ვუპატრონეთ მას თქვენ უპატრონეთ მას მათ უპატრონეს მას	მე ვუპატრონო მას შენ უპატრონო მას მან უპატრონოს მას ჩვენ ვუპატრონოთ მას თქვენ უპატრონოთ მას მათ უპატრონონ მას	მე მიპატრონია მას შენ გიპატრონია მას მას უპატრონია მას ჩვენ გვიპატრონია მას თქვენ გიპატრონიათ მას მათ უპატრონიათ მას	მე მეპატრონა მას შენ გეპატრონა მას მას ეპატრონა მას ჩვენ გვეპატრონა მას თქვენ გეპატრონათ მას მათ ეპატრონათ მას	მე მეპატრონოს მას შენ გეპატრონოს მას მას ეპატრონოს მას ჩვენ გვეპატრონოს მას თქვენ გეპატრონოთ მას მათ ეპატრონოთ მას

1.15 (R-ობ) მოძრაობს (მოძრაობა) *sich bewegen*

Präsens	Imperfekt	Konjunktiv Präsens	Futur	Konditional	Konjunktiv Futur	Aorist
მე ვმოძრაობ	მე ვმოძრაობდი	მე ვმოძრაობდე	მე ვიმოძრავებ	მე ვიმოძრავებდი	მე ვიმოძრავებდე	მე ვიმოძრავე
შენ მოძრაობ	შენ მოძრაობდი	შენ მოძრაობდე	შენ იმოძრავებ	შენ იმოძრავებდი	შენ იმოძრავებდე	შენ იმოძრავე
ის მოძრაობს	ის მოძრაობდა	ის მოძრაობდეს	ის იმოძრავებს	ის იმოძრავებდა	ის იმოძრავებდეს	მან იმოძრავა
ჩვენ ვმოძრაობთ	ჩვენ ვმოძრაობდით	ჩვენ ვმოძრაობდეთ	ჩვენ ვიმოძრავებთ	ჩვენ ვიმოძრავებდით	ჩვენ ვიმოძრავებდეთ	ჩვენ ვიმოძრავეთ
თქვენ მოძრაობთ	თქვენ მოძრაობდით	თქვენ მოძრაობდეთ	თქვენ იმოძრავებთ	თქვენ იმოძრავებდით	თქვენ იმოძრავებდეთ	თქვენ იმოძრავეთ
ისინი მოძრაობენ	ისინი მოძრაობდნენ	ისინი მოძრაობდნენ	ისინი იმოძრავებენ	ისინი იმოძრავებდნენ	ისინი იმოძრავებდნენ	მათ იმოძრავეს

Optativ	Perfekt	Plusquamperfekt	Konjunktiv Perfekt
მე ვიმოძრაო	მე მიმოძრავია	მე მემოძრავა	მე მემოძრაოს
შენ იმოძრაო	შენ გიმოძრავია	შენ გემოძრავა	შენ გემოძრაოს
მან იმოძრაოს	მას უმოძრავია	მას ემოძრავა	მას ემოძრაოს
ჩვენ ვიმოძრაოთ	ჩვენ გვიმოძრავია	ჩვენ გვემოძრავა	ჩვენ გვემოძრაოს
თქვენ იმოძრაოთ	თქვენ გიმოძრავიათ	თქვენ გემოძრავათ	თქვენ გემოძრაოთ
მათ იმოძრაონ	მათ უმოძრავიათ	მათ ემოძრავათ	მათ ემოძრაოთ

1.16 ლოცულობს (ლოცვა) *beten*

Präsens	Imperfekt	Konjunktiv Präsens	Futur	Konditional	Konjunktiv Futur	Aorist
მე ვლოცულობ	მე ვლოცულობდი	მე ვლოცულობდე	მე ვილოცებ	მე ვილოცებდი	მე ვილოცებდე	მე ვილოცე
შენ ლოცულობ	შენ ლოცულობდი	შენ ლოცულობდე	შენ ილოცებ	შენ ილოცებდი	შენ ილოცებდე	შენ ილოცე
ის ლოცულობს	ის ლოცულობდა	ის ლოცულობდეს	ის ილოცებს	ის ილოცებდა	ის ილოცებდეს	მან ილოცა
ჩვენ ვლოცულობთ	ჩვენ ვლოცულობდით	ჩვენ ვლოცულობდეთ	ჩვენ ვილოცებთ	ჩვენ ვილოცებდით	ჩვენ ვილოცებდეთ	ჩვენ ვილოცეთ
თქვენ ლოცულობთ	თქვენ ლოცულობდით	თქვენ ლოცულობდეთ	თქვენ ილოცებთ	თქვენ ილოცებდით	თქვენ ილოცებდეთ	თქვენ ილოცეთ
ისინი ლოცულობენ	ისინი ლოცულობდნენ	ისინი ლოცულობდნენ	ისინი ილოცებენ	ისინი ილოცებდნენ	ისინი ილოცებდნენ	მათ ილოცეს

Optativ	Perfekt	Plusquamperfekt	Konjunktiv Perfekt
მე ვილოცო	მე მილოც(ნ)ია	მე მელოცა	მე მელოცოს
შენ ილოცო	შენ ილოც(ნ)ია	შენ გელოცა	შენ გელოცოს
მან ილოცოს	მას ულოც(ნ)ია	მას ელოცა	მას ელოცოს
ჩვენ ვილოცოთ	ჩვენ გვილოც(ნ)ია	ჩვენ გველოცა	ჩვენ გველოცოს
თქვენ ილოცოთ	თქვენ გილოც(ნ)იათ	თქვენ გელოცათ	თქვენ გელოცოთ
მათ ილოცონ	მათ ულოც(ნ)იათ	მათ ელოცათ	მათ ელოცოთ

1.16a მატულობს (მატება) *zunehmen (Gewicht)*

Präsens	Imperfekt	Konjunktiv Präsens	Futur	Konditional	Konjunktiv Futur	Aorist
მე ვმატულობ	მე ვმატულობდი	მე ვმატულობდე	მე მოვიმატებ	მე მოვიმატებდი	მე მოვიმატებდე	მე მოვიმატე
შენ მატულობ	შენ მატულობდი	შენ მატულობდე	შენ მოიმატებ	შენ მოიმატებდი	შენ მოიმატებდე	შენ მოიმატე
ის მატულობს	ის მატულობდა	ის მატულობდეს	ის მოიმატებს	ის მოიმატებდა	ის მოიმატებდეს	მან მოიმატა
ჩვენ ვმატულობთ	ჩვენ ვმატულობდით	ჩვენ ვმატულობდეთ	ჩვენ მოვიმატებთ	ჩვენ მოვიმატებდით	ჩვენ მოვიმატებდეთ	ჩვენ მოვიმატეთ
თქვენ მატულობთ	თქვენ მატულობდით	თქვენ მატულობდეთ	თქვენ მოიმატებთ	თქვენ მოიმატებდით	თქვენ მოიმატებდეთ	თქვენ მოიმატეთ
ისინი მატულობენ	ისინი მატულობდნენ	ისინი მატულობდნენ	ისინი მოიმატებენ	ისინი მოიმატებდნენ	ისინი მოიმატებდნენ	მათ მოიმატეს

Optativ	Perfekt	Plusquamperfekt	Konjunktiv Perfekt
მე მოვიმატო	მე მომიმატ(ნ)ია	მე მომემატნა	მე მომემატოს
შენ მოიმატო	შენ მოიმატ(ნ)ია	შენ მოგემატნა	შენ მოგემატოს
მან მოიმატოს	მას მოუმატ(ნ)ია	მას მოემატნა	მას მოემატოს
ჩვენ მოვიმატოთ	ჩვენ მოგვიმატ(ნ)ია	ჩვენ მოგვემატნა	ჩვენ მოგვემატოს
თქვენ მოიმატოთ	თქვენ მოგიმატ(ნ)იათ	თქვენ მოგემატნათ	თქვენ მოგემატოთ
მათ მოიმატონ	მათ მოუმატ(ნ)იათ	მათ მოემატნათ	მათ მოემატოთ

1.17 დასეირნობს (სეირნობა) *hin- und herspazieren*

Präsens	Imperfekt	Konjunktiv Präsens
მე დავსეირნობ	მე დავსეირნობდი	მე დავსეირნობდე
შენ დასეირნობ	შენ დასეირნობდი	შენ დასეირნობდე
ის დასეირნობს	ის დასეირნობდა	ის დასეირნობდეს
ჩვენ დავსეირნობთ	ჩვენ დავსეირნობდით	ჩვენ დავსეირნობდეთ
თქვენ დასეირნობთ	თქვენ დასეირნობდით	თქვენ დასეირნობდეთ
ისინი დასეირნობენ	ისინი დასეირნობდნენ	ისინი დასეირნობდნენ

1.18 წერს ის მას (წერა) *etw. schreiben*

Präsens	Imperfekt	Konjunktiv Präsens	Futur	Konditional	Konjunktiv Futur	Aorist	Optativ
მე ვწერ	მე ვწერდი	მე ვწერდე	მე დავწერ	მე დავწერდი	მე დავწერდე	მე დავწერე	მე დავწერო
შენ წერ	შენ წერდი	შენ წერდე	შენ დაწერ	შენ დაწერდი	შენ დაწერდე	შენ დაწერე	შენ დაწერო
ის წერს	ის წერდა	ის წერდეს	ის დაწერს	ის დაწერდა	ის დაწერდეს	მან დაწერა	მან დაწეროს

Präsens	Imperfekt	Konjunktiv Präsens	Futur	Konditional	Konjunktiv Futur	Aorist	Optativ
ჩვენ ვწერთ	ჩვენ ვწერდით	ჩვენ ვწერდეთ	ჩვენ დავწერთ	ჩვენ დავწერდით	ჩვენ დავწერდეთ	ჩვენ დავწერეთ	ჩვენ დავწეროთ
თქვენ წერთ	თქვენ წერდით	თქვენ წერდეთ	თქვენ დაწერთ	თქვენ დაწერდით	თქვენ დაწერდეთ	თქვენ დაწერეთ	თქვენ დაწეროთ
ისინი წერენ	ისინი წერდნენ	ისინი წერდნენ	ისინი დაწერენ	ისინი დაწერდნენ	ისინი დაწერდნენ	მათ დაწერეს	მათ დაწერონ

Perfekt	Plusquamperfekt	Konjunktiv Perfekt
მე დამიწერია	მე დამეწერა	მე დამეწეორონს
შენ დაგიწერია	შენ დაგეწერა	შენ დაგეწეროს
მას დაუწერია	მას დაეწერა	მას დაეწეროს
ჩვენ დაგვიწერია	ჩვენ დაგვეწერა	ჩვენ დაგვეწეროს
თქვენ დაგიწერიათ	თქვენ დაგეწერათ	თქვენ დაგეწეროთ
მათ დაუწერიათ	მათ დაეწერათ	მათ დაეწეროთ

1.19 კეცავს ის მას (კეცვა) *etw. falten*

Präsens	Imperfekt	Konjunktiv Präsens	Futur	Konditional	Konjunktiv Futur	Aorist	Optativ
მე ვკეცავ	მე ვკეცავდი	მე ვკეცავდე	მე დავკეცავ	მე დავკეცავდი	მე დავკეცავდე	მე დავკეცე	მე დავკეცო
შენ კეცავ	შენ კეცავდი	შენ კეცავდე	შენ დაკეცავ	შენ დაკეცავდი	შენ დაკეცავდე	შენ დაკეცე	შენ დაკეცო
ის კეცავს	ის კეცავდა	ის კეცავდეს	ის დაკეცავს	ის დაკეცავდა	ის დაკეცავდეს	მან დაკეცა	მან დაკეცოს
ჩვენ ვკეცავთ	ჩვენ კეცავდით	ჩვენ კეცავდეთ	ჩვენ დავკეცავთ	ჩვენ დავკეცავდით	ჩვენ დავკეცავდეთ	ჩვენ დავკეცეთ	ჩვენ დავკეცოთ
თქვენ კეცავთ	თქვენ კეცავდით	თქვენ კეცავდეთ	თქვენ დაკეცავთ	თქვენ დაკეცავდით	თქვენ დაკეცავდეთ	თქვენ დაკეცეთ	თქვენ დაკეცოთ
ისინი კეცავენ	ისინი კეცავდნენ	ისინი კეცავდნენ	ისინი დაკეცავენ	ისინი დაკეცავდნენ	ისინი დაკეცავდნენ	მათ დაკეცეს	მათ დაკეცონ

Perfekt	Plusquamperfekt	Konjunktiv Perfekt
მე დამიკეცია/მას დავუკეცივარ მე	მე დავეკეცა	მე დამეკეცოს
შენ დაგიკეცია/მას დაუკეციხარ შენ	შენ დაგეკეცა	შენ დაგეკეცოს
მას დაუკეცია/მას დაუკეცია ის	მას დაეკეცა	მას დაეკეცოს
ჩვენ დაგვიკეცია/მას დავუკეცივართ ჩვენ	ჩვენ დაგვეკეცა	ჩვენ დაგვეკეცოს
თქვენ დაგიკეციათ/მას დაუკეციხართ თქვენ	თქვენ დაგეკეცათ	თქვენ დაგეკეცოთ
მათ დაუკეციათ/ მას დაუკეციათ ისინი	მათ დაეგეცათ	მათ დაეკეცოთ

1.20 დრეკს (დრეკა) *etw. biegen*

Präsens	Imperfekt	Konjunktiv Präsens	Futur	Konditional	Konjunktiv Futur	Aorist	Optativ
მე ვდრეკ შენ დრეკ ის დრეკს ჩვენ ვდრეკთ თქვენ დრეკთ ისინი დრეკენ	მე ვდრეკდი შენ დრეკდი ის დრეკდა ჩვენ ვდრეკდით თქვენ დრეკდით ისინი დრეკდნენ	მე ვდრეკდე შენ დრეკდე ის დრეკდა ჩვენ ვდრეკდეთ თქვენ დრეკდეთ ისინი დრეკდნენ	მე მოვდრეკ შენ მოდრეკ ის მოდრეკს ჩვენ მოვდრეკთ თქვენ მოდრეკთ ისინი მოდრეკენ	მე მოვდრეკდი შენ მოდრეკდი ის მოდრეკდა ჩვენ მოვდრეკდით თქვენ მოდრეკდით ისინი მოდრეკდნენ	მე მოვდრეკდე შენ მოდრეკდე ის მოდრეკდა ჩვენ მოვდრეკდეთ თქვენ მოდრეკდეთ ისინი მოდრეკდნენ	მე მოვდრიკე შენ მოდრიკე მან მოდრიკა ჩვენ მოვდრიკეთ თქვენ მოდრიკეთ მათ მოდრიკეს	მე მოვდრიკო შენ მოდრიკო მან მოდრიკოს ჩვენ მოვდრიკოთ თქვენ მოდრიკოთ მათ მოდრიკონ

Perfekt	Plusquamperfekt	Konjunktiv Perfekt
მე მომიდრეკია შენ მოგიდრეკია მას მოუდრეკია ჩვენ მოგვიდრეკია თქვენ მოგიდრეკიათ მათ მოუდრეკიათ	მე მომედრიკა შენ მოგედრიკა მას მოედრიკა ჩვენ მოგვედრიკა თქვენ მოგედრიკათ მათ მოედრიკათ	მე მომედრიკოს შენ მოგედრიკოს მას მოედრიკოს ჩვენ მოგვედრიკოს თქვენ მოგედრიკოთ მათ მოედრიკოთ

1.21 აწვენს ის მას (დაწვენა) *jmdm. (etw.) hinlegen*

Präsens	Imperfekt	Konjunktiv Präsens	Futur	Konditional	Konjunktiv Futur	Aorist
მე ვაწვენ შენ აწვენ ის აწვენს ჩვენ ვაწვენთ თქვენ აწვენთ ისინი აწვენენ	მე ვაწვენდი შენ აწვენდი ის აწვენდა ჩვენ ვაწვენდით თქვენ აწვენდით ისინი აწვენდნენ	მე ვაწვენდე შენ აწვენდე ის აწვენდეს ჩვენ ვაწვენდეთ თქვენ აწვენდეთ ისინი აწვენდნენ	მე დავაწვენ შენ დააწვენ ის დააწვენს ჩვენ დავაწვენთ თქვენ დააწვენთ ისინი დააწვენენ	მე დავაწვენდი შენ დააწვენდი ის დააწვენდა ჩვენ დავაწვენდით თქვენ დააწვენდით ისინი დააწვენდნენ	მე დავაწვენდე შენ დააწვენდე ის დააწვენდეს ჩვენ დავაწვენდეთ თქვენ დააწვენდეთ ისინი დააწვენდნენ	მე დავაწვინე შენ დააწვინე მან დააწვინა ჩვენ დავაწვინეთ თქვენ დააწვინეთ მათ დააწვინეს

Optativ	Perfekt	Plusquamperfekt	Konjunktiv Perfekt
მე დავაწვინო შენ დააწვინო მან დააწვინოს ჩვენ დავაწვინოთ თქვენ დააწვინოთ მათ დააწვინონ	მე დამიწვენია შენ დაგიწვენია მას დაუწვენია ჩვენ დაგვიწვენია თქვენ დაგიწვენიათ მათ დაუწვენიათ	მე დამეწვინა შენ დაგეწვინა მას დაეწვინა ჩვენ დაგვეწვინა თქვენ დაგეწვინათ მათ დაეწვინათ	მე დამეწვინოს შენ დაგეწვინოს მას დაეწვინოს ჩვენ დაგვეწვინოს თქვენ დაგეწვინოთ მათ დაეწვინოთ

1.22 არწევს ის მას (რწევა) *etw. bewegen*

Präsens	Imperfekt	Konjunktiv Präsens	Futur	Konditional	Konjunktiv Futur	Aorist
მე ვარწევ	მე ვარწევდი	მე ვარწევდე	მე დავარწევ	მე დავარწევდი	მე დავარწევდე	მე დავარწიე
შენ არწევ	შენ არწევდი	შენ არწევდე	შენ დაარწევ	შენ დაარწევდი	შენ დაარწევდე	შენ დაარწიე
ის არწევს	ის არწევდა	ის არწევდეს	ის დაარწევს	ის დაარწევდა	ის დაარწევდეს	მან დაარწია
ჩვენ ვარწევთ	ჩვენ ვარწევდით	ჩვენ ვარწევდეთ	ჩვენ დავარწევთ	ჩვენ დავარწევდით	ჩვენ დავარწევდეთ	ჩვენ დავარწიეთ
თქვენ არწევთ	თქვენ არწევდით	თქვენ არწევდეთ	თქვენ დაარწევთ	თქვენ დაარწევდით	თქვენ დაარწევდეთ	თქვენ დაარწიეთ
ისინი არწევენ	ისინი არწევდნენ	ისინი არწევდნენ	ისინი დაარწევენ	ისინი დაარწევდნენ	ისინი დაარწევდნენ	მათ დაარწიეს

Optativ	Perfekt	Plusquamperfekt	Konjunktiv Perfekt
მე დავარწიო	მე დამირწევია	მე დამერწია	მე დამერწიოს
შენ დაარწიო	შენ დაგირწევია	შენ დაგერწია	შენ დაგერწიოს
მან დაარწიოს	მას დაურწევია	მას დაერწია	მას დაერწიოს
ჩვენ დავარწიოთ	ჩვენ დაგვირწევია	ჩვენ დაგვერწია	ჩვენ დაგვერწიოს
თქვენ დაარწიოთ	თქვენ დაგირწევიათ	თქვენ დაგერწიათ	თქვენ დაგერწიოთ
მათ დაარწიონ	მათ დაურწევიათ	მათ დაერწიათ	მათ დაერწიოთ

1.23 ცრის ის მას (აცრა) *jmdn. impfen*

Präsens	Imperfekt	Konjunktiv Präsens	Futur	Konditional	Konjunktiv Futur	Aorist	Optativ
მე ვცრი	მე ვცრიდი	მე ვცრიდე	მე ავცრი	მე ავცრიდი	მე ავცრიდე	მე ავცერი	მე ავცრა
შენ ცრი	შენ ცრიდი	შენ ცრიდე	შენ აცრი	შენ აცრიდი	შენ აცრიდე	შენ აცერი	შენ აცრა
ის ცრის	ის ცრიდა	ის ცრიდეს	ის აცრის	ის აცრიდა	ის აცრიდეს	მან აცრა	მან აცრას
ჩვენვცრით	ჩვენ ვცრიდით	ჩვენ ვცრიდეთ	ჩვენ ავცრით	ჩვენ ავცრიდით	ჩვენ ავცრიდეთ	ჩვენ ავცრით	ჩვენ ავცრათ
თქვენ ცრით	თქვენ ცრიდით	თქვენ ცრიდეთ	თქვენ აცრით	თქვენ აცრიდით	თქვენ აცრიდეთ	თქვენ აცრით	თქვენ აცრათ
ისინი ცრიან	ისინი ცრიდნენ	ისინი ცრიდნენ	ისინი აცრიან	ისინი აცრიდნენ	ისინი აცრიდნენ	მათ აცრეს	მათ აცრან

Perfekt	Plusquamperfekt	Konjunktiv Perfekt
მე ამიცრია	მე ამეცრა	მე ამეცრას
შენ აგიცრია	შენ აგეცრა	შენ აგეცრას
მას აუცრია	მას აეცრა	მას აეცრას
ჩვენ აგვიცრია	ჩვენ აგვეცრა	ჩვენ აგვეცრას
თქვენ აგიცრიათ	თქვენ აგეცრათ	თქვენ აგეცრათ
მათ აუცრიათ	მათ აეცრათ	მათ აეცრათ

1.24 ზრდის ის მას (ზრდა) *erziehen, großziehen*

Präsens	Imperfekt	Konjunktiv Präsens	Futur	Konditional	Konjunktiv Futur	Aorist
მე ვზრდი	მე ვზრდიდი	მე ვზრდიდე	მე გავზრდი	მე გავზრდიდი	მე გავზრდიდე	მე გავზარდე
შენ ზრდი	შენ ზრდიდი	შენ ზრდიდე	შენ გაზრდი	შენ გაზრდიდი	შენ გაზრდიდე	შენ გაზარდე
ის ზრდის	ის ზრდიდა	ის ზრდიდეს	ის გაზრდის	ის გაზრდიდა	ის გაზრდიდეს	მან გაზარდა
ჩვენ ვზრდით	ჩვენ ვზრდიდით	ჩვენ ვზრდიდეთ	ჩვენ გავზრდით	ჩვენ გავზრდიდით	ჩვენ გავზრდიდეთ	ჩვენ გავზარდეთ
თქვენ ზრიდით	თქვენ ზრდიდით	თქვენ ზრდიდეთ	თქვენ გაზრდით	თქვენ გაზრდიდით	თქვენ გაზრდიდეთ	თქვენ გაზარდეთ
ისინი ზრდიან	ისინი ზრდიდნენ	ისინი ზრდიდნენ	ისინი გაზრდიან	ისინი გაზრდიდნენ	ისინი გაზრდიდნენ	მათ გაზარდეს

Optativ	Perfekt	Plusquamperfekt	Konjunktiv Perfekt
მე გავზარდო	მე გამიზრდია	მე გამეზარდა	მე გამეზარდოს
შენ გაზარდო	შენ გაგიზრდია	შენ გაგეზარდა	შენ გაგეზარდოს
მან გაზარდოს	მას გაუზრდია	მას გაეზარდა	მას გაეზარდოს
ჩვენ გავზარდოთ	ჩვენ გაგვიზრდია	ჩვენ გაგვეზარდა	ჩვენ გაგვეზარდოს
თქვენ გაზარდოთ	თქვენ გაგიზრდიათ	თქვენ გაგეზარდათ	თქვენ გაგეზარდოთ
მათ გაზარდონ	მათ გაუზრდიათ	მათ გაეზარდათ	მათ გაეზარდოთ

1.25 (ა)გზავნის ის მას (გზავნა) *schicken, wegschicken*

Präsens	Imperfekt	Konjunktiv Präsens	Futur	Konditional	Konjunktiv Futur
მე ვ(ა)გზავნი	მე ვ(ა)გზავნიდი	მე ვ(ა)გზავნიდე	მე გავ(ა)გზავნი	მე გავ(ა)გზავნიდი	მე გავ(ა)გზავნიდე
შენ (ა)გზავნი	შენ (ა)გზავნიდი	შენ (ა)გზავნიდე	შენ გა(ა)გზავნი	შენ გა(ა)გზავნიდი	შენ გა(ა)გზავნიდე
ის (ა)გზავნის	ის (ა)გზავნიდა	ის (ა)გზავნიდეს	ის გა(ა)გზავნა	ის გა(ა)გზავნიდა	ის გა(ა)გზავნიდეს
ჩვენ ვ(ა)გზავნით	ჩვენ ვ(ა)გზავნიდით	ჩვენ ვ(ა)გზავნიდეთ	ჩვენ გავ(ა)გზავნით	ჩვენ გავ(ა)გზავნიდით	ჩვენ გავ(ა)გზავნიდეთ
თქვენ (ა)გზავნით	თქვენ (ა)გზავნიდით	თქვენ (ა)გზავნიდეთ	თქვენ გა(ა)გზავნით	თქვენ გა(ა)გზავნიდით	თქვენ გა(ა)გზავნიდეთ
ისინი (ა)გზავნიან	ისინი (ა)გზავნიდნენ	ისინი (ა)გზავნიდნენ	ისინი გა(ა)გზავნიან	ისინი გა(ა)გზავნიდნენ	ისინი გა(ა)გზავნიდნენ

Aorist	Optativ	Perfekt	Plusquamperfekt	Konjunktiv Perfekt
მე გავ(ა)გზავნე	მე გავ(ა)გზავნო	მე გამიგზავნია/გავუგზავნივარ	მე გამეგზავნა	მე გამეგზავნოს
შენ გა(ა)გზავნე	შენ გა(ა)გზავნო	შენ გაგიგზავნია/გაუგზავნიხარ	შენ გაგეგზავნა	შენ გაგეგზავნოს
მან გა(ა)გზავნა	მან გა(ა)გზავნოს	მას გაუგზავნია/გაუგზავნია	მას გაეგზავნა	მას გაეგზავნოს
ჩვენ გავ(ა)გზავნე	ჩვენ გავ(ა)გზავნოთ	ჩვენ გაგვიგზავნია/გავუგზავნივართ	ჩვენ გაგვეგზავნა	ჩვენ გაგვეგზავნოს
თქვენ გა(ა)გზავნეთ	თქვენ გა(ა)გზავნოთ	თქვენ გაგიგზავნიათ/გაუგზავნიხართ	თქვენ გაგეგზავნათ	თქვენ გაგეგზავნოთ
მათ გა(ა)გზავნეს	მათ გა(ა)გზავნონ	მათ გაუგზავნიათ/გაუგზავნიათ	მათ გაეგზავნათ	მათ გაეგზავნოთ

1.26 ხატავს ის მას (ხატვა) *etw./jmdn. malen*

Präsens	Imperfekt	Konjunktiv Präsens	Futur	Konditional	Konjunktiv Futur	Aorist
მე ვხატავს	მე ვხატავდი	მე ვხატავდე	მე დავხატავ	მე დავხატავდი	მე დავხატავდე	მე დავხატე
შენ ხატავ	შენ ხატავდი	შენ ხატავდე	შენ დახატავ	შენ დახატავდი	შენ დახატავდე	შენ დახატე
ის ხატავს	ის ხატავდა	ის ხატავდეს	ის დახატავ	ის დახატავდა	ის დახატავდეს	მან დახატა
ჩვენ ვხატავთ	ჩვენ ვხატავდით	ჩვენ ვხატავდეთ	ჩვენ დავხატავთ	ჩვენ დავხატავდით	ჩვენ დავხატავდეთ	ჩვენ დავხატეთ
თქვენ ხატავთ	თქვენ ხატავდით	თქვენ ხატავდეთ	თქვენ დახატავთ	თქვენ დახატავდით	თქვენ დახატავდეთ	თქვენ დახატეთ
ისინი ხატავენ	ისინი ხატავდნენ	ისინი ხატავდნენ	ისინი გახატავენ	ისინი დახატავდნენ	ისინი დახატავდნენ	მათ დახატეს

Optativ	Perfekt	Plusquamperfekt	Konjunktiv Perfekt
მე დავხატო	მე დამიხატავს	მე დამეხატა	მე დამეხატოს
შენ დახატო	შენ დაგიხატავს	შენ დაგეხატა	შენ დაგეხატოს
მან დახატოს	მას დაუხატავს	მას დაეხატა	მას დაეხატოს
ჩვენ დავხატოთ	ჩვენ დაგვიხატავს	ჩვენ დაგვეხატა	ჩვენ დაგვეხატოს
თქვენ დახატოთ	თქვენ დაგიხატავთ	თქვენ დაგეხატათ	თქვენ დაგეხატოთ
მათ დახატონ	მათ დაუხატავთ	მათ დაეხატათ	მათ დაეხატოთ

1.27 კრავს ის მას (შეკვრა) *etw. zusammenbinden*

Präsens	Imperfekt	Konjunktiv Präsens	Futur	Konditional	Konjunktiv Futur	Aorist	Optativ
მე ვკრავ	მე ვკრავდი	მე ვკრავდე	მე შევკრავ	მე შევკრავდი	მე შევკრავდე	მე შევკარი	მე შევკრა
შენ კრავ	შენ კრავდი	შენ კრავდე	შენ შეკრავ	შენ შეკრავდი	შენ შეკრავდე	შენ შეკარი	შენ შეკრა
ის კრავს	ის კრავდა	ის კრავდეს	ის შეკრავს	ის შეკრავდა	ის შეკრავდეს	მან შეკრა	მან შეკრას
ჩვენ ვკრავთ	ჩვენ ვკრავდით	ჩვენ ვკრავდეთ	ჩვენ შევკრავთ	ჩვენ შევკრავით	ჩვენ შევკრავდეთ	ჩვენ შევკარით	ჩვენ შევკრათ
თქვენ კრავთ	თქვენ კრავდით	თქვენ კრავდეთ	თქვენ შეკრავთ	თქვენ შეკრავით	თქვენ შეკრავდეთ	თქვენ შეკარით	თქვენ შეკრათ
ისინი კრავენ	ისინი კრავდნენ	ისინი კრავდნენ	ისინი შეკრავენ	ისინი შეკრავდნენ	ისინი შეკრავდნენ	მათ შეკრეს	მათ შეკრან

Perfekt	Plusquamperfekt	Konjunktiv Perfekt
მე შემიკრავს	მე შემეკრა	მე შემეკრას
შენ შეგიკრავს	შენ შეგეკრა	შენ შეგეკრას
მას შეუკრავს	მას შეეკრა	მას შეეკრას
ჩვენ შეგვიკრავს	ჩვენ შეგვეკრა	ჩვენ შეგვეკრას
თქვენ შეგიკრავს	თქვენ შეგეკრათ	თქვენ შეგეკრათ
მათ შეუკრავთ	მათ შეეკრათ	მათ შეეკრათ

1.28 აშენებს ის მას (შენება) *etw. bauen*

Präsens	Imperfekt	Konjunktiv Präsens	Futur	Konditional	Konjunktiv Futur	Aorist
მე ვაშენებ	მე ვაშენებდი	მე ვაშენებდე	მე ავაშენებ	მე ავაშენებდი	მე ავაშენებდე	მე ავაშენე
შენ აშენებ	შენ აშენებდი	შენ აშენებდე	შენ ააშენებ	შენ ააშენებდი	შენ ააშენებდე	შენ ააშენე
ის აშენებს	ის აშენებდა	ის აშენებდეს	ის ააშენებს	ის ააშენებდა	ის ააშენებდეს	მან ააშენა
ჩვენ ვაშენებთ	ჩვენ ვაშენებდით	ჩვენ ვაშენებდეთ	ჩვენ ავაშენებთ	ჩვენ ავაშენებდით	ჩვენ ავაშენებდეთ	ჩვენ ავაშენეთ
თქვენ აშენებთ	თქვენ აშენებდით	თქვენ აშენებდეთ	თქვენ ააშენებთ	თქვენ ააშენებდით	თქვენ ააშენებდეთ	თქვენ ააშენეთ
ისინი აშენებენ	ისინი აშენებდნენ	ისინი აშენებდნენ	ისინი ააშენებენ	ისინი ააშენებდნენ	ისინი ააშენებდნენ	მათ ააშენეს

Optativ	Perfekt	Plusquamperfekt	Konjunktiv Perfekt
მე ავაშენო	მე ამიშენებია	მე ამეშენებინა	მე ამეშენებინოს
შენ ააშენო	შენ აგიშენებია	შენ აგეშენებინა	შენ აგეშენებინოს
მან ააშენოს	მას აუშენებია	მას აეშენებინა	მას აეშენებინოს
ჩვენ ავაშენოთ	ჩვენ აგვიშენებია	ჩვენ აგვეშენებინა	ჩვენ აგვეშენებინოს
თქვენ ააშენოთ	თქვენ აგიშენებიათ	თქვენ აგეშენებინათ	თქვენ აგეშენებინოთ
მათ ააშენონ	მათ აუშენებიათ	მათ აეშენებინათ	მათ აეშენებინოთ

1.28a დაატარებს (ტარება) *etw./jmdn. mittragen, hin- und hertragen*

Präsens	Imperfekt	Konjunktiv Präsens
მე დავატარებ	მე დავატარებდი	მე დავატარებდე
შენ დაატარებ	შენ დაატარებდი	შენ დაატარებდე
ის დაატარებს	ის დაატარებდა	ის დაატარებდეს
ჩვენ დავატარებთ	ჩვენ დავატარებდით	ჩვენ დავატარებდეთ
თქვენ დაატარებთ	თქვენ დაატარებდით	თქვენ დაატარებდეთ
ისინი დაატარებენ	ისინი დაატარებდნენ	ისინი დაატარებდნენ

1.29 აქებს ის მას (ქება) *etw./jmdn. loben*

Präsens	Imperfekt	Konjunktiv Präsens	Futur	Konditional	Konjunktiv Futur	Aorist	Optativ
მე ვაქებ	მე ვაქებდი	მე ვაქებდე	მე შევაქებ	მე შევაქებდი	მე შევაქებდე	მე შევაქე	მე შევაქო
შენ აქებ	შენ აქებდი	შენ აქებდე	შენ შეაქებ	შენ შეაქებდი	შენ შეაქებდე	შენ შეაქე	შენ შეაქო
ის აქებს	ის აქებდა	ის აქებდეს	ის შეაქებს	ის შეაქებდა	ის შეაქებდეს	მან შეაქო	მან შეაქოს

Präsens	Imperfekt	Konjunktiv Präsens	Futur	Konditional	Konjunktiv Futur	Aorist	Optativ
ჩვენ ვაქებთ თქვენ აქებთ ისინი აქებენ	ჩვენ ვაქებდით თქვენ აქებდით ისინი აქებდნენ	ჩვენ ვაქებდეთ თქვენ აქებდეთ ისინი აქებდნენ	ჩვენ შევაქებთ თქვენ შეაქებთ ისინი შეაქებენ	ჩვენ შევაქებდით თქვენ შეაქებდით ისინი შეაქებდნენ	ჩვენ შევაქებდეთ თქვენ შეაქებდეთ ისინი შეაქებდნენ	ჩვენ შევაქეთ თქვენ შეაქეთ მათ შეაქეს	ჩვენ შევაქოთ თქვენ შეაქოთ მათ შეაქონ

Perfekt	Plusquamperfekt	Konjunktiv Perfekt
მე შემიქია შენ შეგიქია მას შეუქია ჩვენ შეგვიქია თქვენ შეგიქიათ მათ შეუქიათ	მე შემექო შენ შეგექო მას შეექო ჩვენ შეგვექო თქვენ შეგექოთ მათ შეექოთ	მე შემექოს შენ შეგექოს მას შეექოს ჩვენ შეგვექოს თქვენ შეგექოთ მათ შეექოთ

1.30 აკლებს ის მას მას (კლება) *jmdn. etwas weniger machen, weniger geben*

Präsens	Imperfekt	Konjunktiv Präsens	Futur	Konditional	Konjunktiv Futur	Aorist
მე ვაკლებ შენ აკლებ ის აკლებს ჩვენ ვაკლებთ თქვენ აკლებთ ისინი აკლებენ	მე ვაკლებდი შენ აკლებდი ის აკლებდა ჩვენ ვაკლებდით თქვენ აკლებდით ისინი აკლებდნენ	მე ვაკლებდე შენ აკლებდე ის აკლებდეს ჩვენ ვაკლებდეთ თქვენ აკლებდეთ ისინი აკლებდნენ	მე დავაკლებ შენ დააკლებ ის დააკლებს ჩვენ დავაკლებთ თქვენ დააკლებთ ისინი დააკლებენ	მე დავაკლებდი შენ დააკლებდი ის დააკლებდა ჩვენ დავაკლებდით თქვენ დააკლებდით ისინი დააკლებდნენ	მე დავაკლებდე შენ დააკლებდე ის დააკლებდეს ჩვენ დავაკლებდეთ თქვენ დააკლებდეთ ისინი დააკლებდნენ	მე დავაკელი შენ დააკელი მან დააკლო ჩვენ დავაკელით თქვენ დააკელით მათ დააკლეს

Optativ	Perfekt	Plusquamperfekt	Konjunktiv Perfekt
მე დავაკლო შენ დააკლო მან დააკლოს ჩვენ დავაკლოთ თქვენ დააკლოთ მათ დააკლონ	მე დამიკლია შენ დაგიკლია მას დაუკლია ჩვენ დაგვიკლია თქვენ დაგიკლიათ მათ დაუკლიათ	მე დამეკლო შენ დაგეკლო მას დაეკლო ჩვენ დაგვეკლო თქვენ დაგეკლოთ მათ დაეკლოთ	მე დამეკლოს შენ დაგეკლოს მას დაეკლოს ჩვენ დაგვეკლოს თქვენ დაგეკლოთ მათ დაეკლოთ

1.31 ათბობს ის მას (გათბობა) *etw./jmdn. wärmen, heizen*

Präsens	Imperfekt	Konjunktiv Präsens	Futur	Konditional	Konjunktiv Futur	Aorist
მე ვათბობ	მე ვათბობდი	მე ვათბობდე	მე გავათბობ	მე გავათბობდი	მე გავათბობდე	მე გავათბე
შენ ათბობ	შენ ათბობდი	შენ ათბობდე	შენ გაათბობ	შენ გაათბობდი	შენ გაათბობდე	შენ გაათბე
ის ათბობს	ის ათბობდა	ის ათბობდეს	ის გაათბობს	ის გაათბობდა	ის გაათბობდეს	მან გაათბო
ჩვენ ვათბობთ	ჩვენ ვათბობდით	ჩვენ ვათბობდეთ	ჩვენ გავათბობთ	ჩვენ გავათბობდით	ჩვენ გავათბობდეთ	ჩვენ გავათბეთ
თქვენ ათბობთ	თქვენ ათბობდით	თქვენ ათბობდეთ	თქვენ გაათბობთ	თქვენ გაათბობდით	თქვენ გაათბობდეთ	თქვენ გაათბეთ
ისინი ათბობენ	ისინი ათბობდნენ	ისინი ათბობდნენ	ისინი გაათბობენ	ისინი გაათბობდნენ	ისინი გაათბობდნენ	მათ გაათბეს

Optativ	Perfekt	Plusquamperfekt	Konjunktiv Perfekt
მე გავათბო	მე გამითბია	მე გამეთბო	მე გამეთბოს
შენ გაათბო	შენ გაგითბია	შენ გაგეთბო	შენ გაგეთბოს
მან გაათბოს	მას გაუთბია	მას გაეთბო	მას გაეთბოს
ჩვენ გავათბოთ	ჩვენ გაგვითბია	ჩვენ გაგვეთბო	ჩვენ გაგვეთბოს
თქვენ გაათბოთ	თქვენ გაგითბიათ	თქვენ გაგეთბოთ	თქვენ გაგეთბოთ
მათ გაათბონ	მათ გაუთბიათ	მათ გაეთბოთ	მათ გაეთბოთ

1.32 1. ნანობს ის მას (ნანვა) *etw. bereuen, bedauern*

Präsens	Imperfekt	Konjunktiv Präsens	Futur	Konditional	Konjunktiv Futur	Aorist
მე ვნანობ	მე ვნანობდი	მე ვნანობდე	მე (შე)ვინანებ	მე (შე)ვინანებდი	მე (შე)ვინანებდე	მე (შე)ვინანე
შენ ნანობ	შენ ნანობდი	შენ ნანობდე	შენ (შეი)ნანებ	შენ (შე)ინანებდი	შენ (შე)ინანებდდ	შენ (შე)ინანე
ის ნანობს	ის ნანობდა	ის ნანობდეს	ის (შე)ინანებს	ის (შე)ინანებდა	ის (შე)ინანებდეს	მან (შე)ინანა
ჩვენ ვნანობთ	ჩვენ ვნანობდით	ჩვენ ვნანობდეთ	ჩვენ (შე)ვინანებთ	ჩვენ (შე)ვინანებდით	ჩვენ (შე)ვინანებდეთ	ჩვენ (შე)ვინანეთ
თქვენ ნანობთ	თქვენ ნანობდით	თქვენ ნანობდეთ	თქვენ (შე)ინანებთ	თქვენ (შე)ინანებდით	თქვენ (შე)ინანებდეთ	თქვენ (შე)ინანეთ
ისინი ნანობენ	ისინი ნანობდნენ	ისინი ნანობდნენ	ისინი (შე)ინანებენ	ისინი (შე)ინანებდნენ	ისინი (შე)ინანებდნენ	მათ (შე)ინანეს

Optativ	Perfekt	Plusquamperfekt	Konjunktiv Perfekt
მე (შე)ვინანო	მე (შე)მინანია	მე (შე)მენანა	მე (შე)მენანოს
შენ (შე)ინანო	შენ (შე)გინანია	შენ (შე)გენანა	შენ (შე)გენანოს
მან (შე)ინანოს	მას (შე)უნანია	მას (შე)ენანა	მას (შე)ენანოს
ჩვენ (შე)ვინანოთ	ჩვენ (შე)გვინანია	ჩვენ (შე)გვენანა	ჩვენ (შე)გვენანოს
თქვენ (შე)ინანოთ	თქვენ (შე)გინანიათ	თქვენ (შე)გენანათ	თქვენ (შე)გენანოთ
მათ (შე)ინანონ	მათ (შე)უნანიათ	მათ (შე)ენანათ	მათ (შე)ენანოთ

1.32 2. სესხულობს ის მას (სესხება) *etw. borgen*

Präsens	Imperfekt	Konjunktiv Präsens	Futur	Konditional	Konjunktiv Futur	Aorist
მე ვსესხულობ შენ სესხულობ ის სესხულობს ჩვენ ვსესხულობთ თქვენ სესხულობთ ისინი სესხულობენ	მე ვსესხულობდი შენ სესხულობდი ის სესხულობდა ჩვენ ვსესხულობდით თქვენ სესხულობდით ისინი სესხულობდნენ	მე ვსესხულობდე შენ სესხულობდე ის სესხულობდეს ჩვენ ვსესხულობდეთ თქვენ სესხულობდეთ ისინი სესხულობდნენ	მე ვისესხებ შენ ისესხებ ის ისესხებს ჩვენ ვისესხებთ თქვენ ისესხებთ ისინი ისესხებენ	მე ვისესხებდი შენ ისესხებდი ის ისესხებდა ჩვენ ვისესხებდით თქვენ ისესხებდით ისინი ისესხებდნენ	მე ვისესხებდე შენ ისესხებდე ის ისესხებდეს ჩვენ ვისესხებდეთ თქვენ ისესხებდეთ ისინი ისესხებდნენ	მე ვისესხე შენ ისესხე მან ისესხა ჩვენ ვისესხეთ თქვენ ისესხეთ მათ ისესხეს

Optativ	Perfekt	Plusquamperfekt	Konjunktiv Perfekt
მე ვისესხო შენ ისესხო მან ისესხოს ჩვენ ვისესხოთ თქვენ ისესხოთ მათ ისესხონ	მე მისესხია შენ გისესხია მას უსესხია ჩვენ გვისესხია თქვენ გისესხიათ მათ უსესხიათ	მე მესესხა შენ გესესხა მას ესესხა ჩვენ გვესესხა თქვენ გესესხათ მათ ესესხათ	მე მესესხოს შენ გესესხოს მას ესესხოს ჩვენ გვესესხოს თქვენ გესესხოთ მათ ესესხოთ

1.33 იპყრობს / ამყნობს ის მას (დაპყრობა/ მყნობა) *etw. erobern / etw. veredeln*

Präsens	Imperfekt	Konjunktiv Präsens	Futur
მე ვიპყრობ ვამყნობ შენ იპყრობ ამყნობ ის იპყრობს ამყნობს ჩვენ ვიპყრობთ ვამყნობთ თქვენ იპყრობთ ამყნობთ ისინი იპყრობენ ამყნობენ	მე ვიპყრობდი ვამყნობდი შენ იპყრობდი ამყნობდი ის იპყრობდა ამყნობდა ჩვენ ვიპყრობდით ვამყნობდით თქვენ იპყრობდით ამყნობდით ისინი იპყრობდნენ ამყნობდნენ	მე ვიპყრობდე ვამყნობდე შენ იპყრობდე ამყნობდე ის იპყრობდეს ამყნობდეს ჩვენ ვიპყრობდეთ ვამყნობდეთ თქვენ იპყრობდეთ ამყნობდეთ ისინი იპყრობდნენ ამყნობდნენ	მე შევიპყრობ დავამყნობ შენ შეიპყრობ დაამყნობ ის შეიპყრობს დაამყნობს ჩვენ შევიპყრობთ დავამყნობთ თქვენ შეიპყრობთ დაამყნობთ ისინი შეიპყრობენ დაამყნობენ

Konditional	Konjunktiv Futur	Aorist	Optativ
მე შევიპყრობდი დავამყნობდი შენ შეიპყრობდი დაამყნობდი ის შეიპყრობდა დაამყნობდა ჩვენ შევიპყრობდით დავამყნობდით თქვენ შეიპყრობდით დაამყნობდით ისინი შეიპყრობდნენ დაამყნობდნენ	მე შევიპყრობდე დავამყნობდე შენ შეიპყრობდე დაამყნობდე ის შეიპყრობდეს დაამყნობდეს ჩვენ შევიპყრობდეთ დავამყნობდეთ თქვენ შეიპყრობდეთ დაამყნობდეთ ისინი შეიპყრობდნენ დაამყნობდნენ	მე შევიპყარ(ი) დავამყენ(ი) შენ შეიპყარი დაამყენი მან შეიპყრო დაამყნო ჩვენ შევიპყარით დავამყენით თქვენ შეიპყარით დაამყენით მათ შეიპყრეს დაამყნეს	მე შევიპყრა(ო) დავამყნო შენ შეიპყრო დაამყენო მან შეიპყროს დაამყნოს ჩვენ შევიპყროთ დავამყენოთ თქვენ შეიპყროთ დაამყენოთ მათ შეიპყრონ დაამყენონ

Perfekt	Plusquamperfekt	Konjunktiv Perfekt
მე შემიპყრია დამიმყნია	მე შემეპყრა დამემყნა(ო)	მე შემეპყრას დამემყნას
შენ შეგიპყრია დაგიმყენია	შენ შეგეპყრა დაგემყნა(ო)	შენ შეგეპყრას დაგემყნას
მას შეუპყრია დაუმყნია	მას შეეპყრა დაემყნა	მას შეეპყრას დაემყნას
ჩვენ შეგვიპყრია დაგვიმყნია	ჩვენ შეგვეპყრა დაგვემყნა	ჩვენ შეგვეპყრას დაგვემყნას
თქვენ შეგიპყრიათ დაგიმყნიათ	თქვენ შეგეპყრათ დაგემყნათ	თქვენ შეგეპყრათ დაგემყნათ
მათ შეუპყრიათ დაუმყნიათ	მათ შეეპყრათ დაემყნათ	მათ შეეპყრათ დაემყნათ

1.34 არტყამს ის მას მას-[ჯოხს] (დარტყმა) *jmdn./etw. schlagen mit etw.*

Präsens	Imperfekt	Konjunktiv Präsens	Futur	Konditional	Konjunktiv Futur	Aorist
მე ვარტყამ	მე ვარტყამდი	მე ვარტყამდე	მე დავარტყამ	მე დავარტყამდი	მე დავარტყამდე	მე დავარტყი
შენ არტყამ	შენ არტყამდი	შენ არტყამდე	შენ დაარტყამ	შენ დაარტყამდი	შენ დაარტყამდე	შენ დაარტყი
ის არტყამს	ის არტყამდა	ის არტყამდეს	ის დაარტყამს	ის დაარტყამდა	ის დაარტყამდეს	მან დაარტყა
ჩვენ ვარტყამთ	ჩვენ ვარტყამდით	ჩვენ ვარტყამდეთ	ჩვენ დავარტყამთ	ჩვენ დავარტყამდით	ჩვენ დავარტყამდეთ	ჩვენ დავარტყით
თქვენ არტყამთ	თქვენ არტყამდით	თქვენ არტყამდეთ	თქვენ დაარტყამთ	თქვენ დაარტყამდით	თქვენ დაარტყამდეთ	თქვენ დაარტყით
ისინი არტყამენ	ისინი არტყამდნენ	ისინი არტყამდნენ	ისინი დაარტყამენ	ისინი დაარტყამდნენ	ისინი დაარტყამდნენ	მათ დაარტყეს

Optativ	Perfekt	Plusquamperfekt	Konjunktiv Perfekt
მე დავარტყა	მე დამირტყამს//დამირტყია	მე დამერტყა	მე დამერტყას
შენ დაარტყა	შენ დაგირტყამს//დაგირტყია	შენ დაგერტყა	შენ დაგერტყას
მან დაარტყას	მას დაურტყამს//დაურტყია	მას დაერტყა	მას დაერტყას
ჩვენ დავარტყათ	ჩვენ დაგვირტყამს//დაგვირტყია	ჩვენ დაგვერტყა	ჩვენ დაერტყას
თქვენ დაარტყათ	თქვენ დაგირტყამთ//დაგირტყიათ	თქვენ დაერტყათ	თქვენ დაერტყათ
მათ დაარტყან	მათ დაურტყამთ//დაურტყიათ	მათ დაერტყათ	მათ დაერტყათ

2. Diathese = 2. Konjugation (Paradigma 35–52)

2.35 ი/ეწერება *er/sie/es wird geschrieben*

Präsens	Imperfekt	Konjunktiv Präsens	Futur	Konditional	Konjunktiv Futur
მე ვი/ეწერები	მე ვი/ეწერებოდი	მე ვი/ეწერებოდე	მე ჩავი/ეწერები	მე ჩავი/ეწერებოდი	მე ჩავი/ეწერებოდე
შენ ი/ეწერები	შენ ი/ეწერებოდი	შენ ი/ეწერებოდე	შენ ჩაი/ეწერები	შენ ჩაი/ეწერებოდი	შენ ჩაი/ეწერებოდე
ის ი/ეწერება	ის ი/ეწერებოდა	ის ი/ეწერებოდეს	ის ჩაი/ეწერება	ის ჩაი/ეწერებოდა	ის ჩაი/ეწერებოდეს

Präsens	Imperfekt	Konjunktiv Präsens	Futur	Konditional	Konjunktiv Futur
ჩვენ ვი/ეწერებით	ჩვენ ვი/ეწერებოდით	ჩვენ ვი/ეწერებოდეთ	ჩვენ ჩავი/ეწერებით	ჩვენ ჩავი/ეწერებოდით	ჩვენ ჩავი/ეწერებოდეთ
თქვენ ი/ეწერებით	თქვენ ი/ეწერებოდით	თქვენ ი/ეწერებოდეთ	თქვენ ჩაი/ეწერებით	თქვენ ჩაი/ეწერებოდით	თქვენ ჩაი/ეწერებოდეთ
ისინი ი/ეწერებიან	ისინი ი/ეწერებოდნენ	ისინი ი/ეწერებოდნენ	ისინი ჩაი/ეწერებიან	ისინი ჩაი/ეწერებოდნენ	ისინი ჩაი/ეწერებოდნენ

Aorist	Optativ
მე ჩავი/ეწერე	მე ჩავი/ეწერო
შენ ჩაი/ეწერე	შენ ჩაი/ეწერო
ის ჩაი/ეწერა	ის ჩაი/ეწეროს
ჩვენ ჩავი/ეწერეთ	ჩვენ ჩავი/ეწეროთ
თქვენ ჩაი/ეწერეთ	თქვენ ჩაი/ეწეროთ
ისინი ჩაი/ეწერნენ	ისინი ჩაი/ეწერონ

Perfekt			Plusquamperfekt		Konjunktiv Perfekt	
einpersonig	zweipersonig		einpersonig	zweipersonig	einpersonig	zweipersonig
მე ჩავწერილვარ	ჩავწერივარ	ჩამწერია	ჩავწერილიყავი	ჩავწეროდი//იყავ(ი)	მე ჩავწერილიყო	ჩავწერ-ოდე//იყო
შენ ჩაწერილხარ	ჩასწერიხარ	ჩაგწერია	ჩაწერილიყავი	ჩაწეროდი//იყავ(ი)	შენ ჩაწერილიყო	ჩასწერ-ოდე//იყო
ის ჩაწერილა	ჩასწერია	ჩასწერია	ჩაწერილიყო	ჩასწეროდა//იყო	ის ჩაწერილიყოს	ჩასწერ-ოდეს//იყო
ჩვენ ჩავწერილვართ	ჩავწერივართ	ჩაგვწერია	ჩავწერილვიყავით	ჩავწეროდით//იყავით	ჩვენ ჩავწერილიყოთ	ჩავწერ-ოდეთ//იყოთ
თქვენ ჩაწერილხართ	ჩაწერიხართ	ჩაგწერიათ	ჩაწერილიყავით	ჩასწეროდით//იყავით	თქვენ ჩაწერილიყოთ	ჩასწერ-ოდეთ//იყოთ
ისინი ჩაწერილან	ჩასწერიან	ჩასწერიათ	ჩაწერილიყვნენ	ჩასწეროდნენ//იყვნენ	ისინი ჩაწერილიყვნენ	ჩასწერ-ოდნენ//იყვნენ

2.36 ი/ედრიკება *er/sie/es wird gebogen*

Präsens	Imperfekt	Konjunktiv Präsens	Futur	Konditional	Konjunktiv Futur
მე ვი/ედრიკები	მე ვი/ედრიკებოდი	მე ვი/ედრიკებოდე	მე მოვი/ედრიკები	მე მოვი/ედრიკებოდი	მე მოვი/ედრიკებოდე
შენ ი/ედრიკები	შენ ი/ედრიკებოდი	შენ ი/ედრიკებოდე	შენ მოი/ედრიკები	შენ მოი/ედრიკებოდი	შენ მოი/ედრიკებოდე
ის ი/ედრიკება	ის ი/ედრიკებოდა	ის ი/ედრიკებოდეს	ის მოი/ედრიკება	ის მოი/ედრიკებოდა	ის მოი/ედრიკებოდეს
ჩვენ ვი/ედრიკებით	ჩვენ ვი/ედრიკებოდით	ჩვენ ვი/ედრიკებოდეთ	ჩვენ მოვი/ედრიკებით	ჩვენ მოვი/ედრიკებოდით	ჩვენ მოვი/ედრიკებოდეთ
თქვენ ი/ედრიკებით	თქვენ ი/ედრიკებოდით	თქვენ ი/ედრიკებოდეთ	თქვენ მოი/ედრიკებით	თქვენ მოი/ედრიკებოდით	თქვენ მოი/ედრიკებოდეთ
ისინი ი/ედრიკებიან	ისინი ი/ედრიკებოდნენ	ისინი ი/ედრიკებოდნენ	ისინი მოი/ედრიკებიან	ისინი მოი/ედრიკებოდნენ	ისინი მოი/ედრიკებოდნენ

Aorist	Optativ	Perfekt		Plusquamperfekt	
მე მოვი/ედრიკე	მე მოვი/ედრიკო	მე მოვდრეკილვარ	მოვდრეკივარ//მომდრეკია	მოვდრეკილიყავი	მოვდრეკოდი//მომდრეკოდა
შენ მოი/ედრიკე	შენ მოი/ედრიკო	შენ მოდრეკილხარ	მოსდრეკიხარ//მოგდრეკია	მოდრეკილიყავი	მოსდრეკოდი//მოგდრეკოდა
ის მოი/ედრიკა	ის მოი/ედრიკოს	ის მოიდრეკილა	მოსდრეკია//მოსდრეკია	მოდრეკილიყო	მოსდრეკოდა//მოსდრეკოდა
ჩვენ მოვი/ედრიკეთ	ჩვენ მოვი/ედრიკოთ	ჩვენ მოვდრეკილვართ	მოვსდრეკივართ//მოგვდრეკია	მოვდრეკილიყავით	მოვდრეკოდით//მოგვდრეკოდა
თქვენ მოი/ედრიკეთ	თქვენ მოი/ედრიკოთ	თქვენ მოდრეკილხართ	მოსდრეკიხართ//მოგდრეკიათ	მოდრეკილიყავით	მოსდრეკოდით//მოგდრეკოდათ
ისინი მოი/ედრიკნენ	ისინი მოი/ედრიკონ	ისინი მოდრეკილან	მოსდრეკიან//მოსდრეკიათ	მოდრეკილიყვნენ	მოსდრეკოდნენ//მოსდრეკოდათ

Konjunktiv Perfekt	
მოვდრეკილიყო	მოვდრეკოდე//მომდრეკოდეს
მოდრეკილიყო	მოსდრეკოდე//მოგდრეკოდეს
მოდრეკილიყოს	მოსდრეკოდეს//მოსდრეკოდეს
მოვდრეკილიყოთ	მოვდრეკოდეთ//მოგვდრეკოდეს
მოდრეკილიყოთ	მოსდრეკოდეთ//მოგდრეკოდეთ
მოდრეკილიყვნენ	მოსდრეკოდნენ//მოსდრეკოდეთ

2.37 ინძრევა *er/sie/es bewegt sich*

Präsens	Imperfekt	Konjunktiv Präsens	Futur	Konditional	Konjunktiv Futur
მე ვინძრევი	მე ვინძრეოდი	მე ვინძრეოდე	მე გავინძრევი	მე გავინძრეოდი	მე გავინძრეოდე
შენ ინძრევი	შენ ინძრეოდი	შენ ინძრეოდე	შენ გაინძრევი	შენ გაინძრეოდი	შენ გაინძრეოდე
ის ინძრევა	ის ინძრეოდა	ის ინძრეოდეს	ის გაინძრევა	ის გაინძრეოდა	ის გაინძრეოდეს
ჩვენ ვინძრევით	ჩვენ ვინძრეოდით	ჩვენ ვინძრეოდეთ	ჩვენ გავინძრევით	ჩვენ გავინძრეოდით	ჩვენ გავინძრეოდეთ
თქვენ ინძრევით	თქვენ ინძრეოდით	თქვენ ინძრეოდეთ	თქვენ გაინძრევით	თქვენ გაინძრეოდით	თქვენ გაინძრეოდეთ
ისინი ინძრევიან	ისინი ინძრეოდნენ	ისინი ინძრეოდნენ	ისინი გაინძრევიან	ისინი გაინძრეოდნენ	ისინი გაინძრეოდნენ

Aorist	Optativ	Perfekt		Plusquamperfekt	
მე გავინძერი	მე გავინძრე	მე გავნძრეულვარ	გავნძრევივარ//გამნძრევია	გავნძრეულიყავი	გავნძრეოდი//გამნძრეოდა
შენ გაინძერი	შენ გაინძრე	შენ განძრეულხარ	განძრევიხარ//გაგნძრევია	გაინძრეულიყავი	განძრეოდი//გაგნძრეოდა
ის გაინძრა	ის გაინძრეს	ის განძრეულა	განძრევია//გა(ს)ნძრევია	განძრეულიყო	გა(ს)ნძრეოდა//გა(ს)ნძრეოდა
ჩვენ გავინძერით	ჩვენ გავინძრეთ	ჩვენ გავნძრეულვართ	განვძრევივივართ//გაგვნძრევია	გავნძრეულვიყავით	გავნძრეოდით//გაგვნძრეოდა
თქვენ გაინძერით	თქვენ გაინძრეთ	თქვენ განძრეულხართ	განძრევიხართ//გაგნძრევიათ	განძრეულიყავით	განძრეოდით//გაგნძრეოდათ
ისინი გაინძნენ	ისინი გაინძრნენ	ისინი განძრეულან	განძრევიან//გა(ს)ნძრევიათ	განძრეულიყვნენ	განძრეოდნენ//განძრეოდათ

Konjunktiv Perfekt	
მე გავნძრეულიყო	გავნძრეოდე//გამნძრეოდეს
შენ განძრეულიყო	განძრეოდე//გაგნძრეოდეს
ის განძრეულიყოს	განძრეოდეს//განძრეოდეს
ჩვენ გავნძრეულიყოთ	განვძრეოდეთ//გაგვნძრეოდეს
თქვენ განძრეულიყოთ	განძრეოდეთ//გაგნძრეოდეთ
ისინი განძრეულიყვნენ	განძრეოდნენ//განძრეოდეთ

2.38 ი/ერყევა (რყევა) *wackeln*

Präsens	Imperfekt	Konjunktiv Präsens	Futur	Konditional	Konjunktiv Futur	Aorist
მე ვი/ერყევი	მე ვი/ერყეოდი	მე ვი/ერყეოდე	მე შევი/ერყევი	მე შევი/ერყეოდი	მე შევი/ერყეოდე	მე შევი/ერყიე
შენ ი/ერყევი	შენ ი/ერყეოდი	შენ ი/ერყეოდე	შენ შეი/ერყევი	შენ შეი/ერყეოდი	შენ შეი/ერყეოდე	შენ შეი/ერყიე
ის ი/ერყევა	ის ი/ერყეოდა	ის ი/ერყეოდეს	ის შეი/ერყევა	ის შეი/ერყეოდა	ის შეი/ერყეოდეს	ის შეი/ერყა
ჩვენ ვი/ერყევით	ჩვენ ვი/ერყოდით	ჩვენ ვი/ერყოდეთ	ჩვენ შევი/ერყევით	ჩვენ შევი/ერყოდით	ჩვენ შევი/ერყოდეთ	ჩვენ შევი/ერყიეთ
თქვენ ი/ერყევით	თქვენ ი/ერყეოდით	თქვენ ი/ერყეოდეთ	თქვენ შეი/ერყევით	თქვენ შეი/ერყეოდით	თქვენ შეი/ერყეოდეთ	თქვენ შეი/ერყიეთ
ისინი ი/ერყევიან	ისინი ი/ერყეოდნენ	ისინი ი/ერყეოდნენ	ისინი შეი/ერყევიან	ისინი შეი/ერყეოდნენ	ისინი შეი/ერყეოდნენ	ისინი შეი/ერყივნენ

Optativ	Perfekt		Plusquamperfekt	
მე შევი/ერყე	მე შევრყეულვარ	შევრყევივარ//შემრყევია	შევრყეულიყავი	შევრყეოდი//შემრყეოდა
შენ შეი/ერყე	შენ შერყეულხარ	შერყევიხარ//შეგრყევია	შერყეულიყავი	შერყეოდი//შეგრყეოდა
ის შეი/ერყეს	ის შერყეულა	შერყევია//შერყევია	შერყეულიყო	შერყეოდა//შერყეოდა
ჩვენ შევი/ერყეთ	ჩვენ შევრყეულვართ	შევრყევივართ//შეგვრყევია	შევრყეულვიყავით	შევრყეოდით//შეგვრყეოდათ
თქვენ შეი/ერყეთ	თქვენ შერყეულხართ	შერყევიხართ//შეგრყევიათ	შერყეულიყავით	შერყეოდით//შეგრყეოდათ
ისინი შეი/ერყნენ	ისინი შერყეულან	შერყევია(ნ)//შერყევიათ	შერყეულიყვნენ	შერყეოდნენ//შერყეოდათ

Konjunktiv Perfekt	
მე შევრყეულიყო	შევრყეოდე//შემრყეოდეს
შენ შერყეულიყო	შერყეოდე//შეგრყეოდეს
ის შერყეულიყოს	შერყეოდეს//შერყეოდეს
ჩვენ შევრყეულიყოთ	შევრყეოდეთ//შეგვრყეოდეს
თქვენ შერყეულიყოთ	შერყეოდეთ//შეგრყეოდეთ
ისინი შერყეულიყვნენ	შერყეოდნენ//შერყეოდეთ

2.39 ი/ეჭრება (ჭრა) *geschnitten werden, verwundet werden*

Präsens	Imperfekt	Konjunktiv Präsens	Futur	Konditional	Konjunktiv Futur
მე ვი/ეჭრები	მე ვი/ეჭრებოდი	მე ვი/ეჭრებოდე	მე გავი/ეჭრები	მე გავი/ეჭრებოდი	მე გავი/ეჭრებოდე
შენ ი/ეჭრები	შენ ი/ეჭრებოდი	შენ ი/ეჭრებოდე	შენ გაი/ეჭრები	შენ გაი/ეჭრებოდი	შენ გაი/ეჭრებოდე
ის ი/ეჭრება	ის ი/ეჭრებოდა	ის ი/ეჭრებოდეს	ის გაი/ეჭრება	ის გაი/ეჭრებოდა	ის გაი/ეჭრებოდეს
ჩვენ ვი/ეჭრებით	ჩვენ ვი/ეჭრებოდით	ჩვენ ვი/ეჭრებოდეთ	ჩვენ გავი/ეჭრებით	ჩვენ გავი/ეჭრებოდით	ჩვენ გავი/ეჭრებოდეთ
თქვენ ი/ეჭრებით	თქვენ ი/ეჭრებოდით	თქვენ ი/ეჭრებოდეთ	თქვენ გაი/ეჭრებით	თქვენ გაი/ეჭრებოდით	თქვენ გაი/ეჭრებოდეთ
ისინი ი/ეჭრებიან	ისინი ი/ეჭრებოდნენ	ისინი ი/ეჭრებოდნენ	ისინი გაი/ეჭრებიან	ისინი გაი/ეჭრებოდნენ	ისინი გაი/ეჭრებოდნენ

Aorist	Optativ	Perfekt		Plusquamperfekt	
მე გავი/ეჭერი	მე გავი/ეჭრა	მე გავჭრილვარ	გავჭრივარ//გამჭრია	გავჭრილიყავ(ი)	გავჭროდი//გამჭროდა
შენ გაი/ეჭერი	შენ გაი/ეჭრა	შენ გაჭრილხარ	გასჭრიხარ//გაგჭრია	გაჭრილიყავ(ი)	გასჭროდი//გაგჭროდა
ის გაი/ეჭრა	ის გაი/ეჭრას	ის გაჭრილა	გასჭრია	გაჭრილიყო	გასჭროდა
ჩვენ გავი/ეჭერით	ჩვენ გავი/ეჭრათ	ჩვენ გავჭრილვართ	გავჭრივართ//გაგვჭრია	გავჭრილიყავით	გავჭროდით//გაგვჭროდა
თქვენ გაი/ეჭერით	თქვენ გაი/ეჭრათ	თქვენ გაჭრილხართ	გასჭრიხართ//გაგჭრიათ	გაჭრილიყავით	გაჭროდით//გაგჭროდათ
ისინი გაი/ეჭრნენ	ისინი გაი/ეჭრან	ისინი გაჭრილან	გასჭრია//გასჭრიათ	გაჭრილიყვნენ	გასჭროდნენ//გასჭროდათ

Konjunktiv Perfekt	
მე გავჭრილიყო	გავჭროდე//გამჭროდეს
შენ გაჭრილიყო	გასჭროდე//გაგჭროდეს
ის გაჭრილიყოს	გასჭროდეს
ჩვენ გავჭრილიყოთ	გავჭროდეთ//გაგვჭროდეს
თქვენ გაჭრილიყოთ	გასჭროდეთ//გაგჭროდეს
ისინი გაჭრილიყვნენ	გასჭროდენ//გასჭროდეს

2.40 ი/ეზრდება (ზრდა) *wachsen*

Präsens	Imperfekt	Konjunktiv Präsens	Futur	Konditional	Konjunktiv Futur
მე ვი/ეზრდები	მე ვი/ეზრდებოდი	მე ვი/ეზრდებოდე	მე გავი/ეზრდები	მე გავი/ეზრდებოდი	მე გავი/ეზრდებოდე
შენ ი/ეზრდები	შენ ი/ეზრდებოდი	შენ ი/ეზრდებოდე	შენ გაი/ეზრდები	შენ გაი/ეზრდებოდი	შენ გაი/ეზრდებოდე
ის ი/ეზრდება	ის ი/ეზრდებოდა	ის ი/ეზრდებოდეს	ის გაი/ეზრდება	ის გაი/ეზრდებოდა	ის გაი/ეზრდებოდეს
ჩვენ ვი/ეზრდებით	ჩვენ ვი/ეზრდებოდით	ჩვენ ვი/“ზრდებოდეთ	ჩვენ გავი/ეზრდებით	ჩვენ გავი/ეზრდებოდით	ჩვენ გავი/ეზრდებოდეთ
თქვენ ი/ეზრდებით	თქვენ ი/ეზრდებოდით	თქვენ ი/ეზრდებოდეთ	თქვენ გაი/ეზრდებით	თქვენ გაი/ეზრდებოდით	თქვენ გაი/ეზრდებოდეთ
ისინი ი/ეზრდენიან	ისინი ი/ეზრდენოდნენ	ისინი ი/ეზრდენოდნენ	ისინი გაი/ეზრდებიან	ისინი გაი/ეზრდენოდნენ	ისინი გაი/ეზრდენოდნენ

Aorist	Optativ	Perfekt		Plusquamperfekt	
მე გავი/ეზარდე	მე გავი/ეზარდო	მე გავზრდილვარ	გავზრდივარ//გამზრდია	გავზრდილიყავ(ი)	გავზრდოდი//გამზრდოდა
შენ გაი/ეზარდ(ენი)ე	შენ გაი/ეზარდო	შენ გაზრდილხარ	გაზრდიხარ//გაგზრდია	გაზრდილიყავ(ი)	გაზრდოდი//გაგზრდოდა
ის გაი/ეზარდა	ის გაი/ეზარდოს	ის გაზრდილა	გაზრდია	გაზრდილიყო	გაზრდოდა
ჩვენ გავი/ეზარდით	ჩვენ გავი/ეზარდოთ	ჩვენ გავზრდილვართ	გავზრდივართ//გაგვზრდია	გავზრდილიყოავით	გავზრდოდით//გაგვზრდოდა
თქვენ გაი/ეზარდ(ენი)ით	თქვენ გაი/ეზარდოთ	თქვენ გაზრდილხართ	გაზრდიხართ//გაგზრდიათ	გაზრდილიყავით	გაზრდოდით//გაგზრდოდათ
ისინი გაი/ეზარდნენ	ისინი გაი/ეზარდნენ	ისინი გაზრდილან	გაზრდია//(თ)	გაზრდილიყვნენ	გაზრდოდათ

Konjunktiv Perfekt	
გავზრდილიყო	გავზრდოდე//გამზრდოდეს
გაზრდილიყო	გაზრდოდე//გაგზრდოდეს
გაზრდილიყოს	გაზრდოდეს
გავზრდილიყოთ	გავზრდოდეთ//გაგვზრდოდეს
გაზრდილიყოთ	გაზრდოდეთ//გაგზრდოდეთ
გაზრდილიყვნენ	გაზრდოდნენ//გაზრდოდეთ

2.41 ი/ეგზავნება (გზავნა) *geschickt werden*

Präsens	Imperfekt	Konjunktiv Präsens	Futur	Konditional	Konjunktiv Futur
მე ვი/ეგზავნები	მე ვი/ეგზავნებოდი	მე ვი/ეგზავნებოდე	მე გავი/ეგზავნები	მე გავი/ეგზავნებოდი	მე გავი/ეგზავნებოდე
შენ ი/ეგზავნები	შენ ი/ეგზავნებოდი	შენ ი/ეგზავნებოდე	შენ გაი/ეგზავნები	შენ გაი/ეგზავნებოდი	შენ გაი/ეგზავნებოდე
ის ი/ეგზავნება	ის ი/ეგზავნებოდა	ის ი/ეგზავნებოდეს	ის გაი/ეგზავნება	ის გაი/ეგზავნებოდა	ის გაი/ეგზავნებოდეს
ჩვენ ი/ეგზავნებით	ჩვენ ი/ეგზავნებოდით	ჩვენ ი/ეგზავნებოდეთ	ჩვენ გაი/ეგზავნებით	ჩვენ გაი/ეგზავნებოდით	ჩვენ გაი/ეგზავნებოდეთ
თქვენ ი/ეგზავნებით	თქვენ ი/ეგზავნებოდით	თქვენ ი/ეგზავნებოდეთ	თქვენ გაი/ეგზავნებით	თქვენ გაი/ეგზავნებოდით	თქვენ გაი/ეგზავნებოდეთ
ისინი ი/ეგზავნებიან	ისინი ი/ეგზავნებოდიან	ისინი ი/ეგზავნებოდიან	ისინი გაი/ეგზავნებიან	ისინი გაი/ეგზავნებოდიან	ისინი გაი/ეგზავნებოდიან

Aorist	Optativ	Perfekt		Plusquamperfekt	
მე გავი/ეგზავნე	მე გავი/ეგზავნო	მე გავგზავნილვარ	გავგზავნივარ//გამგზავნია	გავგზავნილიყავ(ი)	გავგზავნოდი//გამგზავნოდა
შენ გაი/ეგზავნე	შენ გაი/ეგზავნო	შენ გაგზავნილხარ	გაგზავნიხარ//გაგგზავნია	გაგზავნილიყავ(ი)	გაგზავნოდი//გაგგზავნოდა
ის გაი/ეგზავნა	ის გაი/ეგზავნოს	ის გაგზავნილა	გაჰგზავნია	გაგზავნილიყო	გაჰგზავნოდა
ჩვენ გაი/ეგზავნეთ	ჩვენ გაი/ეგზავნოთ	ჩვენ გაგზავნილვართ	გავგზავნივართ//გაგვგზავნია	გავგზავნილიყავით	გავგზავნოდით//გაგვგზავნოდა
თქვენ გაი/ეგზავნეთ	თქვენ გაი/ეგზავნოთ	თქვენ გაგზავილხართ	გაგზავნიხართ//გაგგზავნიათ	გაგზავილიყავით	გაგზავნოდით//გაგგზავნოდათ
ისინი გაი/ეგზავნენ	ისინი გაი/ეგზავნონ	ისინი გაგზავნილან	გაჰგზავნია(ნ)//გაჰგზავნიათ	გაგზავნილიყვნენ	გაჰგზავნოდნენ//გაჰგზავნოდათ

Konjunktiv Perfekt	
გავგზავნილიყო	გავგზავნოდე//გამგზავნოდეს
გაგზავნილიყო	გაგზავნოდე//გაგგზავნოდეს
გაგზავნილიყოს	გაჰგზავნოდეს
გაგზავნილიყავით	გავგზავნოდეთ//გაგვგზავნოდეს
გაგზავილიყავით	გაგზავნოდეთ//გაგგზავნოდეთ
გაგზავნილიყვნენ	გაჰგზავნოდნენ//გაჰგზავნოდეთ

2.42 ი/ეხატება (ხატვა) *gemalt werden*

Präsens	Imperfekt	Konjunktiv Präsens	Futur	Konditional	Konjunktiv Futur
მე ვი/ეხატები	მე ვი/ეხატებოდი	მე ვი/ეხატებოდე	მე დავი/ეხატები	მე დავი/ეხატებოდი	მე დავი/ეხატებოდე
შენ ი/ეხატები	შენ ი/ეხატებოდი	შენ ი/ეხატებოდე	შენ დაი/ეხატები	შენ დაი/ეხატებოდი	შენ დაი/ეხატებოდე
ის ი/ეხატება	ის ი/ეხატებოდა	ის ი/ეხატებოდეს	ის დაი/ეხატება	ის დაი/ეხატებოდა	ის დაი/ეხატებოდეს
ჩვენ ვი/ეხატებით	ჩვენ ვი/ეხატებოდით	ჩვენ ვი/ეხატებოდეთ	ჩვენ დავი/ეხატებით	ჩვენ დავი/ეხატებოდით	ჩვენ დავი/ეხატებოდეთ
თქვენ ი/ეხატებით	თქვენ ი/ეხატებოდით	თქვენ ი/ეხატებოდეთ	თქვენ დაი/ეხატებით	თქვენ დაი/ეხატებოდით	თქვენ დაი/ეხატებოდეთ
ისინი ი/ეხატებიან	ისინი ი/ეხატებოდნენ	ისინი ი/ეხატებოდნენ	ისინი დაი/ეხატებიან	ისინი დაი/ეხატებოდნენ	ისინი დაი/ეხატებოდნენ

Aorist	Optativ	Perfekt		Plusquamperfekt	
მე დავი/ეხატე	მე დავი/ეხატო	მე დავხატულვარ	დავხატვივარ//დამხატვია	დავხატულიყავ(ი)	დავხატვოდი//დამხატვოდა
შენ დაი/ეხატე	შენ დაი/ეხატო	შენ დახატულხარ	დახატვიხარ//დაგხატვია	დახატულიყავ(ი)	დახატვოდი//დაგხატვოდა
ის დაი/ეხატა	ის დაი/ეხატოს	ის დახატულა	დახატვია	დახატულიყო	დახატვოდა//დახატვოდა
ჩვენ დავი/ეხატეთ	ჩვენ დავი/ეხატოთ	ჩვენ დავხატულვართ	დავხატვივართ//დაგვხატვია	დავხატულიყავით	დავხატვივოდით//დაგვხატვოდა
თქვენ დაი/ეხატეთ	თქვენ დაი/ეხატოთ	თქვენ დახატულხართ	დახატვიხართ//დაგხატვიათ	დახატულიყავით	დახატვოდით//დაგხატვოდათ
ისინი დაი/ეხატეს	ისინი დაი/ე ხატონ	ისინი დახატულან	დახატვიან//დახატვიათ	დახატულიყვნენ	დახატვოდნენ//დახატვოდათ

Konjunktiv Perfekt	
მე დავხატულიყო	დავხატვოდე//დამხატვოდეს
შენ დახატულიყო	დახატვოდე//დაგხატვოდეს
ის დახატულიყოს	დახატვოდეს//დახატვოდეს
ჩვენ დავხატულიყოთ	დავხატვიოდეთ//დაგვხატვოდეს
თქვენ დახატულიყოთ	დახატვოდეთ//დაგხატვოდეთ
ისინი დახატულიყნენ	დახატვოდნენ//დახატვოდეთ

2.43 ი/ეკრება (შეკვრა) *geschlossen werden, sich schließen*

Präsens	Imperfekt	Konjunktiv Präsens	Futur	Konditional	Konjunktiv Futur
მე ვი/ეკვრები	მე ვი/ეკვრებოდი	მე ვი/ეკვრებოდე	მე შევი/ეკვრები	მე შევი/ეკვრებოდი	მე შევი/ეკვრებოდე
შენ ი/ეკვრები	შენ ი/ეკვრებოდი	შენ ი/ეკვრებოდე	შენ შეი/ეკვრები	შენ შეი/ეკვრებოდი	შენ შეი/ეკვრებოდე
ის ი/ეკვრება	ის ი/ეკვრებოდა	ის ი/ეკვრებოდეს	ის შეი/ეკვრება	ის შეი/ეკვრებოდა	ის შეი/ეკვრებოდეს
ჩვენ ვი/ეკვრებით	ჩვენ ვი/ეკვრებოდით	ჩვენ ვი/ეკვრებოდეთ	ჩვენ შევი/ეკვრებით	ჩვენ შევი/ეკვრებოდით	ჩვენ შევი/ეკვრებოდეთ
თქვენ ი/ეკვრებით	თქვენ ი/ეკვრებოდით	თქვენ ი/ეკვრებოდეთ	თქვენ შეი/ეკვრებით	თქვენ შეი/ეკვრებოდით	თქვენ შეი/ეკვრებოდეთ
ისინი ი/ეკვრებიან	ისინი ი/ეკვრებოდნენ	ისინი ი/ეკვრებოდნენ	ისინი შეი/ეკვრებიან	ისინი შეი/ეკვრებოდნენ	ისინი შეი/ეკვრებოდნენ

Aorist	Optativ	Perfekt		Plusquamperfekt	
მე შევი/ეკარი	მე შევი/ეკრა	მე შევკრულვარ	შევკვრივარ//შემკვრია	შევკრულიყავ(ი)	შევკვროდი//შემკვროდა
შენ შეი/ეკარი	შერ შეი/ეკრა	შუნ შეკრულხარ	შეჰკვრიხარ//შეგკვრია	შეკრულიყავ(ი)	შეჰკვროდი//შეგკვროდა
ის შეი/ეკრა	ის შეი/ეკრას	ის შეკრულა	შეჰკვრია	შეკრულიყო	შეჰკვროდა
ჩვენ შევი/ეკარით	ჩვენ შევი/ეკრათ	ჩვენ შევკრულვართ	შევკვრივართ//შეგვკვრია	შევკრულიყავით	შევკვროდით//შეგვკვროდა
თქვენ შეი/ეკარით	თქვენ შეი/ეკრათ	თქვენ შეკრულხართ	შეჰკვრიხართ//შეგკვრიათ	შეკრულიყავით	შეჰკვროდით//შეგკვროდათ
ისინი შეი/ეკრნენ	ისინი შეი/ეკრონ//ნენ	ისინი შეკრულან	შეჰკვრიან//შეჰკრიათ	შეკრულიყვნენ	შეჰკვროდნენ//შეჰკვროდათ

Konjunktiv Perfekt	
მე შევკრულიყო	შევკვროდე//შემკვროდეს
შენ შეკრულიყო	შეჰკვროდე//შეგკვროდეს
ის შეკრულიყოს	შეჰკვროდეს
ჩვენ შევკრულიყოთ	შევკვროდეთ//შეგვკვროდეს
თქვენ შეკრულიყოთ	შეჰკვროდეთ//შეგკვროდეთ
ისინი შეკრულიყონ//ვნენ	შეჰკვროდნენ//შეჰკვროდეთ

2.44 სველდება *nass werden* (უსველდება *er benässt ihn*)

Präsens	Imperfekt	Konjunktiv Präsens	Futur	Konditional	Konjunktiv Futur
მე ვსველდები	მე ვსველდებოდი	მე ვსველდებოდე	მე დავსველდები	მე დავსველდებოდი	მე დავსველდებოდე
შენ სველდები	შენ სველდებოდი	შენ სველდებოდე	შენ დასველდები	შენ დასველდებოდი	შენ დასველდებოდე
ის სველდება	ის სველდებოდა	ის სველდებოდეს	ის დასველდება	ის დასველდებოდა	ის დასველდებოდეს
ჩვენ ვსველდებით	ჩვენ ვსველდებოდით	ჩვენ ვსველდებოდეთ	ჩვენ დავსველდებით	ჩვენ დავსველდებოდით	ჩვენ დავსველდებოდეთ
თქვენ სველდებით	თქვენ სველდებოდით	თქვენ სველდებოდეთ	თქვენ დასველდებით	თქვენ დასველდებოდით	თქვენ დასველდებოდეთ
ისინი სველდებიან	ისინი სველდებოდნენ	ისინი სველდებოდნენ	ისინი დასველდებიან	ისინი დასველდებოდნენ	ისინი დასველდებოდნენ

Aorist	Optativ	Perfekt		Plusquamperfekt	
მე დავსველდი	მე დავსველდე	მე დავსველებულვარ	დავსველებივარ	მე დავსველებულიყავ(ი)	დავსველებოდი
შენ დასველდი	შენ დასველდე	შენ დასველებულხარ	დასველებიხარ	შენ დასველებულიყავ(ი)	დასველებოდი
ის დასველდა	ის დასველდეს	ის დასველებულა	დასველებია	ის დასველებულიყო	დასველებოდა
ჩვენ დავსველდით	ჩვენ დავსველდეთ	ჩვენ დავსველებულვართ	დავსველებივართ	ჩვენ დავსველებულიყავით	დავსველებოდით
თქვენ დასველდით	თქვენ დასველდეთ	თქვენ დასველებულხართ	დასველებიხართ	თქვენ დასველებულიყავით	დასველებოდით
ისინი დასველდნენ	ისინი დასველდნენ	ისინი დასველებულან	დასველებიან	ისინი დასველულიყვნენ	დასველებოდნენ

Konjunktiv Perfekt	
მე დავსველებულიყო	დავსველებოდე
შენ დასველებულიყო	დასველებოდე
ის დასველებულიყოს	დასველებოდეს
ჩვენ დავსველებულიყოთ	დავსველებოდეთ
თქვენ დასველებულიყოთ	დასველებოდეთ
ისინი დასველულიყვნენ	დასველებოდნენ

2.44a აყვირდება *anfangen zu schreien* (აუყვირდება) [Präsensgruppe: –]

Futur	Konditional	Konjunktiv Futur	Aorist	Optativ	Perfekt	Plusquamperfekt
მე ავყვირდები	მე ავყვირდებოდი	მე ავყვირდებოდე	მე ავყვირდი	მე ავყვირდე	მე ავყვირებულვარ	მე ავყვირებულიყავი
შენ აყვირდები	შენ აყვირდებოდი	შენ აყვირდებოდე	შენ აყვირდი	შენ აყვირდე	შენ აყვირებულხარ	შენ აყვირებულიყავი
ის აყვირდება	ის აყვირდებოდა	ის აყვირდებოდეს	ის აყვირდა	ის აყვირდეს	ის აყვირებულა	ის აყვირებულიყო
ჩვენ ავყვირდებით	ჩვენ ავყვირდებოდით	ჩვენ ავყვირდებოდეთ	ჩვენ ავყვირდით	ჩვენ ავყვირდეთ	ჩვენ ავყვირებულვართ	ჩვენ ავყვირებულიყავით
თქვენ აყვირდებით	თქვენ აყვირდებოდით	თქვენ აყვირდებოდეთ	თქვენ აყვირდით	თქვენ აყვირდეთ	თქვენ აყვირებულხართ	თქვენ აყვირებულიყავით
ისინი აყვირდებიან	ისინი აყვირდებოდნენ	ისინი აყვირდებოდნენ	ისინი აყვირდნენ	ისინი აყვირდნენ	ისინი აყვირებულან	ისინი აყვირებულიყვნენ

Konjunktiv Perfekt
მე ავყვირებულიყო
შენ აყვირებულიყო
ის აყვირებულიყოს
ჩვენ ავყვირებულიყოთ
თქვენ აყვირებულიყოთ
ისინი აყვირებულიყვნენ

2.45 ეჯიბრება *wetteifern*

Präsens	Imperfekt	Konjunktiv Präsens	Futur	Konditional	Konjunktiv Futur
მე ვეჯიბრები	მე ვეჯიბრებოდი	მე ვეჯიბრებოდე	მე შევეჯიბრები	მე შევეჯიბრებოდი	მე შევეჯიბრებოდე
შენ ეჯიბრები	შენ ეჯიბრებოდი	შენ ეჯიბრებოდე	შენ შეეჯიბრები	შენ შეეჯიბრებოდი	შენ შეეჯიბრებოდე
ის ეჯიბრება	ის ეჯიბრებოდა	ის ეჯიბრებოდეს	ის შეეჯიბრება	ის შეეჯიბრებოდა	ის შეეჯიბრებოდეს
ჩვენ ვეჯიბრებით	ჩვენ ვეჯიბრებოდით	ჩვენ ვეჯიბრებოდეთ	ჩვენ შევეჯიბრებით	ჩვენ შევეჯიბრებოდით	ჩვენ შევეჯიბრებოდეთ
თქვენ ეჯიბრებით	თქვენ ეჯიბრებოდით	თქვენ ეჯიბრებოდეთ	თქვენ შეეჯიბრებით	თქვენ შეეჯიბრებოდით	თქვენ შეეჯიბრებოდეთ
ისინი ეჯიბრებიან	ისინი ეჯიბრებოდნენ	ისინი ეჯიბრებოდნენ	ისინი შეეჯიბრებიან	ისინი შეეჯიბრებოდნენ	ისინი შეეჯიბრებოდნენ

Aorist	Optativ	Perfekt	Plusquamperfekt	Konjunktiv Perfekt
მე შევეჯიბრე	მე შევეჯიბრო	მე შევჯიბრებივარ	მე შევჯიბრებოდი	მე შევჯიბრებოდე
შენ შეეჯიბრე	შენ შეეჯიბრო	შენ შესჯიბრებიხარ	შენ შესჯიბრებოდი	შენ შესჯიბრებოდე
ის შეეჯიბრა	ის შეეჯიბროს	ის შესჯიბრებია	ის შესჯიბრებოდა	ის შესჯიბრებოდეს
ჩვენ შევეჯიბრეთ	ჩვენ შევეჯიბროთ	ჩვენ შევჯიბრებივართ	ჩვენ შევჯიბრებოდით	ჩვენ შევჯიბრებოდეთ
თქვენ შეეჯიბრეთ	თქვენ შეეჯიბროთ	თქვენ შესჯიბრებიხართ	თქვენ შესჯიბრებოდით	თქვენ შესჯიბრებოდეთ
ისინი შეეჯიბრეს	ისინი შეეჯიბრონ	ისინი შესჯიბრებიან	ისინი შესჯიბრებოდნენ	ისინი შესჯიბრებოდნენ

2.46 ირწმუნება *bezeugen*

Präsens	Imperfekt	Konjunktiv Präsens
მე ვირწმუნები	მე ვირწმუნებოდი	მე ვირწმუნებოდე
შენ ირწმუნები	შენ ირწმუნებოდი	შენ ირწმუნებოდე
ის ირწმუნება	ის ირწმუნებოდა	ის ირწმუნებოდეს
ჩვენ ვირწმუნებით	ჩვენ ვირწმუნებოდით	ჩვენ ვირწმუნებოდეთ
თქვენ ირწმუნებით	თქვენ ირწმუნებოდით	თქვენ ირწმუნებოდეთ
ისინი ირწმუნებიან	ისინი ირწმუნებოდნენ	ისინი ირწმუნებოდნენ

2.47 ი/ენთება *angezündet sein (werden), anbrennen*

Präsens	Imperfekt	Konjunktiv Präsens	Futur	Konditional	Konjunktiv Futur	Aorist
მე ვი/ენთები	მე ვი/ენთებოდი	მე ვი/ენთებოდე	მე ავი/ენთები	მე ავი/ენთებოდი	მე ავი/ენთებოდე	მე ავი/ენთე
შენ ი/ენთები	შენ ი/ენთებოდი	შენ ი/ენთებოდე	შენ აი/ენთები	შენ აი/ენთებოდი	შენ აი/ენთებოდე	შენ აი/ენთე
ის ი/ენთება	ის ი/ენთებოდა	ის ი/ენთებოდეს	ის აი/ენთება	ის აი/ენთებოდა	ის აი/ენთებოდეს	ის აი/ენთო

Präsens	Imperfekt	Konjunktiv Präsens	Futur	Konditional	Konjunktiv Futur	Aorist
ჩვენ ვი/ენთებით	ჩვენ ვი/ენთებოდით	ჩვენ ვი/ენთებოდეთ	ჩვენ ავი/ენთებით	ჩვენ ავი/ენთებოდით	ჩვენ ავი/ენთებოდეთ	ჩვენ ავი/ენთეთ
თქვენ ი/ენთებით	თქვენ ი/ენთებოდით	თქვენ ი/ენთებოდეთ	თქვენ აი/ენთებით	თქვენ აი/ენთებოდით	თქვენ აი/ენთებოდეთ	თქვენ აი/ენთეთ
ისინი ი/ენთებიან	ისინი ი/ენთებოდნენ	ისინი ი/ენთებოდნენ	ისინი აი/ენთებიან	ისინი აი/ენთებოდნენ	ისინი აი/ენთებოდნენ	ისინი აი/ენთნენ

Optativ	Perfekt	Plusquamperfekt	Konjunktiv Perfekt
მე ავი/ენთო	მე ავნთებულვარ	მე ავნთებულიყავი	მე ავნთებულიყო
შენ აი/ენთო	შენ ანთებულხარ	შენ ანთებულიყავი	შენ ანთებულიყო
ის აი/ენთოს	ის ანთებულა	ის ანთებულიყო	ის ანთებულიყოს
ჩვენ ავი/ენთოთ	ჩვენ ავნთებულვართ	ჩვენ ავნთებულიყავით	ჩვენ ავნთებულიყოთ
თქვენ აი/ენთოთ	თქვენ ანთეთბულხართ	თქვენ ანთეთბულიყავით	თქვენ ანთეთბულიყოთ
ისინი აი/ენთონ	ისინი ანთებულან	ისინი ანთებულიყვნენ	ისინი ანთებულიყვნენ

2.48 თბება (თბობა) *sich wärmen* (უთბება)

Präsens	Imperfekt	Konjunktiv Präsens	Futur	Konditional	Konjunktiv Futur	Aorist	Optativ
მე ვთბები	მე ვთბებოდი	მე ვთბებოდე	მე გავთბები	მე გავთბებოდი	მე გავთბებოდე	მე გავთბი	მე გავთბე
შენ თბები	შენ თბებოდი	შენ თბებოდე	შენ გათბები	შენ გათბებოდი	შენ გათბებოდე	შენ გათბი	შენ გათბე
ის თბება	ის თბებოდა	ის თბებოდეს	ის გათბება	ის გათბებოდა	ის გათბებოდეს	ის გათბა	ის გათბეს
ჩვენ ვთბებით	ჩვენ ვთბებოდით	ჩვენ ვთბებოდეთ	ჩვენ გავთბებით	ჩვენ გავთბებოდით	ჩვენ გავთბებოდეთ	ჩვენ გავთბით	ჩვენ გავთბეთ
თქვენ თბებით	თქვენ თბებოდით	თქვენ თბებოდეთ	თქვენ გათბებით	თქვენ გათბებოდით	თქვენ გათბებოდეთ	თქვენ გათბით	თქვენ გათბეთ
ისინი თბებიან	ისინი თბებოდნენ	ისინი თბებოდნენ	ისინი გათბებიან	ისინი გათბებოდნენ	ისინი გათბებოდნენ	ისინი გათბნენ	ისინი გათბნენ

Perfekt		Plusquamperfekt		Konjunktiv Perfekt	
მე გავმთბარვარ	გავთბობივარ	მე გავმთბარიყავი	გავთბობოდი	მე გავმთბარიყო	გავთბობოდე
შენ გამთბარხარ	გასთბობიხარ	შენ გამთბარიყავი	გასთბობოდი	შენ გამთბარიყო	გასთბობოდე
ის გამთბარა	გასთბობია	ის გამთბარიყო	გასთბობოდა	ის გამთბარიყოს	გასთბობოდეს
ჩვენ გავმთბარვართ	გავთბობივართ	ჩვენ გავმთბარიყავით	გავთბობოდით	ჩვენ გავმთბარიყოთ	გავთბობოდეთ
თქვენ გამთბარხართ	გასთბობიხართ	თქვენ გამთბარიყავით	გასთბობოდით	თქვენ გამთბარიყოთ	გასთბობოდეთ
ისინი გამთბარან	გასთბობია(ნ)	ისინი გამთბარიყვნენ	გასთბობოდ(ნენ)	ისინი გამთბარიყვნენ	გასთბობოდნენ

2.49 წყრება (წყრომა) *ärgerlich werden, schimpfen* (უწყრება)

Präsens	Imperfekt	Konjunktiv Präsens	Futur	Konditional	Konjunktiv Futur	Aorist
მე ვწყრები	მე ვწყრებოდი	მე ვწყრებოდე	მე გავწყრები	მე გავწყრებოდი	მე გავწყრებოდე	მე გავწყერი
შენ წყრები	შენ წყრებოდი	შენ წყრებოდე	შენ გაწყრები	შენ გაწყრებოდი	შენ გაწყრებოდე	შენ გაწყერი
ის წყრება	ის წყრებოდა	ის წყრებოდეს	ის გაწყრება	ის გაწყრებოდა	ის გაწყრებოდეს	ის გაწყრა
ჩვენ ვწყრებით	ჩვენ ვწყრებოდით	ჩვენ ვწყრებოდეთ	ჩვენ გავწყრებით	ჩვენ გავწყრებოდით	ჩვენ გავწყრებოდეთ	ჩვენ გავწყერით
თქვენ წყრებით	თქვენ წყრებოდით	თქვენ წყრებოდეთ	თქვენ გაწყრებით	თქვენ გაწყრებოდით	თქვენ გაწყრებოდეთ	თქვენ გაწყერით
ისინი წყრებიან	ისინი წყრებოდნენ	ისინი წყრებოდნენ	ისინი გაწყრებიან	ისინი გაწყრებოდნენ	ისინი გაწყრებოდნენ	ისინი გაწყრნენ

Optativ	Perfekt		Plusquamperfekt		Konjunktiv Perfekt	
მე გავწყრე	მე გავმწყალვარ	გავწყრომივარ	მე გავმწყალიყავი	გავწყრომოდი	მე გავმწყალიყო	გავწყრომოდე
შენ გაწყრე	შენ გამწყალხარ	გასწყრომიხარ	შენ გამწყალიყავი	გასწყრომოდი	შენ გამწყალიყო	გასწყრომოდე
ის გაწყრეს	ის გამწყალა	გასწყრომია	ის გამწყალიყო	გასწყრომოდა	ის გამწყალიყოს	გასწყრომოდეს
ჩვენ გავწყრეთ	ჩვენ გავმწყალვართ	გავწყრომივართ	ჩვენ გავმწყალიყავით	გავწყრომოდით	ჩვენ გავმწყალიყოთ	გავწყრომოდეთ
თქვენ გაწყრეთ	თქვენ გამწყალხართ	გასწყრომიხართ	თქვენ გამწყალიყავით	გასწყრომოდით	თქვენ გამწყალიყოთ	გასწყრომოდეთ
ისინი გაწყრნენ	ისინი გამწყრალან	გასწყრომიან	ისინი გამწყრალიყვნენ	გასწყრომოდნენ	ისინი გამწყრალიყვნენ	გასწყრომოდნენ

2.50 ენდობა ის მას (ნდობა) *vertrauen*

Präsens	Imperfekt	Futur	Konditional	Aorist	Optativ	Perfekt
მე ვენდობი	მე ვენდობოდი	მე მივენდობი	მე მივენდობოდი	მე მივენდე	მე მივენდო	მე მივნდობივარ
შენ ენდობი	შენ ენდობოდი	შენ მიენდობი	შენ მიენდობოდი	შენ მიენდე	შენ მიენდო	შენ მინდობიხარ
ის ენდობა	ის ენდობოდა	ის მიენდობა	ის მიენდობოდა	ის მიენდო	ის მიენდოს	ის მინდობია
ჩვენ ვენდობით	ჩვენ ვენდობოდით	ჩვენ მივენდობით	ჩვენ მივენდობოდით	ჩვენ მივენდეთ	ჩვენ მივენდოთ	ჩვენ მივნდობივართ
თქვენ ენდობით	თქვენ ენდობოდით	თქვენ მიენდობით	თქვენ მიენდობოდით	თქვენ მიენდეთ	თქვენ მიენდოთ	თქვენ მინდობიხართ
ისინი ენდობიან	ისინი ენდობოდნენ	ისინი მიენდობიან	ისინი მიენდობოდნენ	ისინი მიენდ(ვ)ნენ	ისინი მიენდონ	ისინი მინდობიან

Plusquamperfekt	Konjunktiv Perfekt
მე მივნდობოდი	მე მივნდობოდე
შენ მინდობოდი	შენ მინდობოდე
ის მინდობოდა	ის მინდობოდეს
ჩვენ მივნდობოდით	ჩვენ მივნდობოდეთ
თქვენ მინდობოდით	თქვენ მინდობოდეთ
ისინი მინდობოდნენ	ისინი მინდობოდნენ

2.50a იხშობა ის (ჩა/დახშობა) *löschen, stören*

Präsens	Imperfekt	Konjunktiv Präsens	Futur	Konditional	Konjunktiv Futur	Aorist
მე ვიხშობი	მე ვიხშობოდი	მე ვიხშობოდე	მე ჩავიხშობი	მე ჩავიხშობოდი	მე ჩავიხშობოდე	მე ჩავიხშე
შენ იხშობი	შენ იხშობოდი	შენ იხშობოდე	შენ ჩაიხშობი	შენ ჩაიხშობოდი	შენ ჩაიხშობოდე	შენ ჩაიხშე
ის იხშობა	ის იხშობოდა	ის იხშობოდეს	ის ჩაიხშობა	ის ჩაიხშობოდა	ის ჩაიხშობოდეს	ის ჩაიხშო
ჩვენ ვიხშობით	ჩვენ ვიხშობოდით	ჩვენ ვიხშობოდეთ	ჩვენ ჩავიხშობით	ჩვენ ჩავიხშობოდით	ჩვენ ჩავიხშობოდეთ	ჩვენ ჩავიხშეთ
თქვენ იხშობით	თქვენ იხშობოდით	თქვენ იხშობოდეთ	თქვენ ჩაიხშობით	თქვენ ჩაიხშობოდით	თქვენ ჩაიხშობოდეთ	თქვენ ჩაიხშეთ
ისინი იხშობიან	ისინი იხშობოდნენ	ისინი იხშობოდნენ	ისინი ჩაიხშობიან	ისინი ჩაიხშობოდნენ	ისინი ჩაიხშობოდნენ	ისინი ჩაიხშვნენ

Optativ	Perfekt	Plusquamperfekt	Konjunktiv Perfekt
მე ჩავიხშო	მე ჩავხშობილვარ	მე ჩავხშობილიყავი	მე ჩავხშობილიყო
შენ ჩაიხშო	შენ ჩახშობილხარ	შენ ჩახშობილიყავი	შენ ჩახშობილიყო
ის ჩაიხშოს	ის ჩახშობილა	ის ჩახშობილიყო	ის ჩახშობილიყოს
ჩვენ ჩავიხშოთ	ჩვენ ჩავხშობილვართ	ჩვენ ჩავხშობილიყავით	ჩვენ ჩავხშობილიყოთ
თქვენ ჩაიხშოთ	თქვენ ჩახშობილხართ	თქვენ ჩახშობილიყავით	თქვენ ჩახშობილიყოთ
ისინი ჩაიხშონ	ისინი ჩახშობილან	ისინი ჩახშობილიყვნენ	ისინი ჩახშობილიყვნენ

2.51 ი/ე-ბმება (დაბმა) *angebunden werden*

Präsens	Imperfekt	Konjunktiv Präsens	Futur	Konditional	Konjunktiv Futur	Aorist
მე ვი/ებმები	მე ვი/ებმებოდი	მე ვი/ებმებოდე	მე დავი/ებმები	მე დავი/ებმებოდი	მე დავი/ებმებოდე	მე დავი/ები
შენ ი/ებმები	შენ ი/ებმებოდი	შენ ი/ებმებოდე	შენ დაი/ებმები	შენ დაი/ებმებოდი	შენ დაი/ებმებოდე	შენ დაი/ები
ის ი/ებმება	ის ი/ებმებოდა	ის ი/ებმებოდეს	ის დაი/ებმება	ის დაი/ებმებოდა	ის დაი/ებმებოდეს	ის დაი/ება
ჩვენ ვი/ებმებით	ჩვენ ვი/ებმებოდით	ჩვენ ვი/ებმებოდეთ	ჩვენ დავი/ებმებით	ჩვენ დავი/ებმებოდით	ჩვენ დავი/ებმებოდეთ	ჩვენ დავი/ებით
თქვენ ი/ებმებით	თქვენ ი/ებმებოდით	თქვენ ი/ებმებოდეთ	თქვენ დაი/ებმებით	თქვენ დაი/ებმებოდით	თქვენ დაი/ებმებოდეთ	თქვენ დაი/ებით
ისინი ი/ებმებიან	ისინი ი/ებმებოდნენ	ისინი ი/ებმებოდნენ	ისინი დაი/ებმებიან	ისინი დაი/ებმებოდნენ	ისინი დაი/ებმებოდნენ	ისინი დაი/ებნენ

Optativ	Perfekt		Plusquamperfekt		Konjunktiv Perfekt	
მე დავი/ება	მე დავბმულვარ	დავბმივარ	მე დავბმულიყავ(ი)	დავბმოდი	მე დავბმულიყო	დავბმოდე
შენ დაი/ება	შენ დაბმულხარ	დაჰბმიხარ	შენ დაბმულიყავ(ი)	დაჰბმოდი	შენ დაბმულიყო	დაჰბმოდე
ის დაი/ებას	ის დაბმულა	დაჰბმია	ის დაბმულიყო	დაჰბმოდა	ის დაბმულიყოს	დაჰბმოდეს
ჩვენ დავი/ებათ	ჩვენ დავბმულვართ	დავბმივართ	ჩვენ დავბმულიყავით	დავბმოდით	ჩვენ დავბმულიყოთ	დავბმოდეთ
თქვენ დაი/ებათ	თქვენ დაბმულხართ	დაჰბმიხართ	თქვენ დაბმულიყავით	დაჰბმოდით	თქვენ დაბმულიყოთ	დაჰბმოდეთ
ისინი დაი/ებან	ისინი დაბმულან	დაჰბმიან	ისინი დაბმულიყნენ	დაჰბმოდნენ	ისინი დაბმულიყვნენ	დაჰბმოდნენ

2.52 (ს)წერია *geschrieben stehen/sein (statische Verben)*

Präsens	Futur	Aorist	Optativ	Perfekt	Plusquamperfekt	Konjunktiv Perfekt
მე ვწერივარ	მე ვეწერები	მე ვეწერე	მე ვეწერო	მე ვწერებულვარ	მე ვწერებულიყავი	მე ვწერებულიყო
შენ წერიხარ	შენ ეწერები	შენ ეწერე	შენ ეწერო	შენ წერებულხარ	შენ წერებულიყავი	შენ წერებულიყო
ის სწერია	ის ეწერება	ის ეწერა	ის ეწეროს	ის წერებულა	ის წერებულიყო	ის წერებულიყოს
ჩვენ ვწერივართ	ჩვენ ვეწერებით	ჩვენ ვეწერეთ	ჩვენ ვეწეროთ	ჩვენ ვწერებულვართ	ჩვენ ვწერებულიყავით	ჩვენ ვწერებულიყოთ
თქვენ წერიხართ	თქვენ ეწერებით	თქვენ ეწერეთ	თქვენ ეწეროთ	თქვენ წერებულხართ	თქვენ წერებულიყავით	თქვენ წერებულიყოთ
ისინი სწერია(ნ)	ისინი ეწერია(იან)	ისინი ეწერ (ნენ)	ისინი ეწერო(ნ)	ისინი წერებულა(ნ)	ისინი წერებულიყო(იყვნენ)	ისინი წერებულიყოს(იყვნენ)

3. Diathese = 3. Konjugation (Paradigma 53–66)

3.53 აცვია (ჩაცმა) *anhaben, etwas (Kleidung) tragen*

Präsens	Futur	Konditional	Konjunktiv Futur	Aorist	Optativ	Perfekt	Plusquamperfekt
მე მაცვია	მე მეცმევა	მე მეცმებოდა	მე მეცმებოდეს	მე მეცვა	მე მეცვას	მე მცმია	მე მცმოდა
შენ გაცვია	შენ გეცმევა	შენ გეცმებოდა	შენ გეცმებოდეს	შენ გეცვა	შენ გეცვას	შენ გცმია	შენ გცმოდა
მას აცვია	მას ეცმევა	მას ეცმებოდა	მას ეცმებოდეს	მას ეცვა	მას ეცვას	მას სცმია	მას სცმოდა
ჩვენ გვაცვია	ჩვენ გვეცმევა	ჩვენ გვეცმებოდა	ჩვენ გვეცმებოდეს	ჩვენ გვეცმევა	ჩვენ გვეცვას	ჩვენ გვცმია	ჩვენ გვცმოდა
თქვენ გაცვიათ	თქვენ გეცმევათ	თქვენ გეცმებოდათ	თქვენ გეცმებოდეთ	თქვენ გეცვათ	თქვენ გეცვათ	თქვენ გცმიათ	თქვენ გცმოდათ
მათ აცვიათ	მათ ეცმევათ	მათ ეცმებოდათ	მათ ეცმებოდეს	მათ ეცვათ	მათ ეცვათ	მათ სცმიათ	მათ სცმოდათ

Konjunktiv Perfekt
მე მცმოდეს
შენ გცმოდეს
მას სცმოდეს
ჩვენ გვცმოდეს
თქვენ გცმოდეთ
მათ სცმოდეთ

3.54 შეუძლია (შეძლება) *jmdm. möglich sein*

Präsens	Futur	Konditional	Konjunktiv Futur	Aorist	Optativ	Perfekt
მე შემიძლია შენ შეგიძლია მას შეუძლია ჩვენ შეგვიძლია თქვენ შეგიძლიათ მათ შეიძლიათ	მე შემეძლება შენ შეგეძლება მას შეეძლება ჩვენ შეგვეძლება თქვენ შეგეძლებათ მათ შეეძლებათ	მე შემეძლებოდა შენ შეგეძლებოდა მას შეეძლებოდა ჩვენ შეგვიძლებოდა თქვენ შეგეძლებოდათ მათ შეეძლებოდათ	მე შემეძლებოდეს შენ შეგეძლებოდეს მას შეეძლებოდეს ჩვენ შეგვეძლებოდეს თქვენ შეგეძლებოდეთ მათ შეეძლებოდეთ	მე შემეძლო შენ შეგეძლო მას შეეძლო ჩვენ შეგვეძლო თქვენ შეგეძლოთ მათ შეეძლოთ	მე შემეძლოს შენ შეგეძლოს მას შეეძლოს ჩვენ შეგვეძლოს თქვენ შეგეძლოთ მათ შეეძლოთ	მე შემძლებია შენ შეგძლებია მას შესძლებია ჩვენ შეგვძლებია თქვენ შეგძლებიათ მათ შესძლებიათ

Plusquamperfekt	Konjunktiv Perfekt
მე შემძლებოდა შენ შეგძლებოდა მას შესძლებოდა ჩვენ შეგვძლებოდა თქვენ შეგძლებოდათ მათ შესძლებოდათ	მე შემძლებოდეს შენ შეგძლებოდეს მას შესძლებოდეს ჩვენ შეგვძლებოდეს თქვენ შეგძლებოდეთ მათ შესძლებოდეთ

3.55 მოსწონს (მოწონება) *jmdm. gefällt etw. (ihm/ihr gefällt etw./jmd.)*

Präsens	Imperfekt	Konjunktiv Präsens	Futur	Konditional	Konjunktiv Futur	Aorist
მე მომწონს[5] შენ მოგწონს მას მოსწონს ჩვენ მოგვწონს თქვენ მოგწონთ მათ მოსწონთ	მე მომწონდა შენ მოგწონდა მას მოსწონდა ჩვენ მოგვწონდა თქვენ მოგწონდათ მათ მოსწონდათ	მე მომწონდეს შენ მოგწონდეს მას მოსწონდეს ჩვენ მოგვწონდეს თქვენ მოგწონდეთ მათ მოსწონდეთ	მე მომეწონება შენ მოგეწონება მას მოეწონება ჩვენ მოგვეწონება თქვენ მოგეწონებათ მათ მოეწონებათ	მე მომეწონებოდა შენ მოგეწონებოდა მას მოეწონებოდა ჩვენ მოგვეწონებოდა თქვენ მოგეწონებოდათ მათ მოეწონებოდათ	მე მომეწონებოდეს შენ მოგეწონებოდეს მას მოეწონებოდეს ჩვენ მოგვეწონებოდეს თქვენ მოგეწონებოდეთ მათ მოეწონებოდეთ	მე მომეწონა შენ მოგეწონა მას მოეწონა ჩვენ მოგვეწონა თქვენ მოგეწონათ მათ მოეწონათ
მას მოვწონვარ[6] მას მოსწონხარ მას მოსწონს	მას მოვწონდი მას მოსწონდი მას მოსწონდა	მას მოვწონდე მას მოსწონდე მას მოსწონდეს	მას მოვეწონები მას მოეწონები მას მოეწონება	მას მოვეწონებოდი მას მოეწონებოდი მას მოეწონებოდა	მას მოვეწონებოდე მას მოეწონებოდე მას მოეწონებოდეს	მას მოვეწონე მას მოეწონე მას მოეწონა მას მოვეწონეთ

[5] mir gefällt er/sie
[6] ich gefalle ihm/ihr

Präsens	Imperfekt	Konjunktiv Präsens	Futur	Konditional	Konjunktiv Futur	Aorist
მას მოვწონვართ	მას მოვწონდით	მას მოვწონდეთ	მას მოვეწონებით	მას მოვეწონებოდით	მას მოვეწონებოდეთ	მას მოვეწონეთ
მას მოსწონხართ	მას მოსწონდით	მას მოსწონდეთ	მას მოეწონებით	მას მოეწონებოდით	მას მოეწონებოდეთ	მას მოეწონა
მას მოსწონს	მას მოსწონდათ	მას მოსწონდეთ	მას მოეწონება	მას მოეწონებოდა	მას მოეწონებოდეს	

Optativ	Perfekt	Plusquamperfekt	Konjunktiv Perfekt
მე მომეწონოს	მე მომწონებია	მე მომწონებოდა	მე მომწონებოდეს
შენ მოგეწონოს	შენ მოგწონებია	შენ მოგწონებოდა	შენ მოგწონებოდეს
მას მოეწონოს	მას მოსწონებია	მას მოსწონებოდა	მას მოსწონებოდეს
ჩვენ მოგვეწონოს	ჩვენ მოგვწონებია	ჩვენ მოგვწონებოდა	ჩვენ მოგვწონებოდეს
თქვენ მოგეწონოთ	თქვენ მოგწონებიათ	თქვენ მოგწონებოდათ	თქვენ მოგწონებოდეთ
მათ მოეწონოთ	მათ მოსწონებიათ	მათ მოსწონებოდათ	მათ მოსწონებოდეთ
მას მოვეწონო	მას მოვწონებივარ	მას მოვწონებოდი	მას მოვწონებოდე
მას მოეწონო	მას მოსწონებიხარ	მას მოსწონებოდი	მას მოსწონებოდე
მას მოეწონოს	მას მოსწონებია	მას მოსწონებოდა	მას მოსწონებოდეს
მას მოვეწონოთ	მას მოვწონებივართ	მას მოსწონებოდით	მას მოვწონებოდეთ
მას მოეწონოთ	მას მოსწონებიხართ	მას მოსწონებოდით	მას მოსწონებოდეთ
მას მოეწონოს	მას მოსწონებია	მას მოსწონებოდა	მას მოსწონებოდეს

3.56 სწყურია (წყურვილი) *Durst haben*

Präsens	Imperfekt	Konjunktiv Präsens	Futur	Konditional	Konjunktiv Futur
მე მწყურია	მე მწყუროდა	მე მწყუროდეს	მე მეწყურება	მე მეწყურებოდა	მე მეწყურებოდეს
შენ გწყურია	შენ გწყუროდა	შენ გწყუროდეს	შენ გეწყურება	შენ გეწყურებოდა	შენ გეწყურებოდეს
მას სწყურია	მას სწყუროდა	მას სწყუროდეს	მას ეწყურება	მას ეწყურებოდა	მას ეწყურებოდეს
ჩვენ გვწყურია	ჩვენ გვწყუროდა	ჩვენ გვწყუროდეს	ჩვენ გვეწყურება	ჩვენ გვეწყურებოდა	ჩვენ გვეწყურებოდეს
თქვენ გწყურიათ	თქვენ გწყუროდათ	თქვენ გწყუროდეთ	თქვენ გეწყურებათ	თქვენ გეწყურებოდათ	თქვენ გეწყურებოდეთ
მათ სწყურიათ	მათ სწყუროდათ	მათ სწყუროდეთ	მათ ეწყურებათ	მათ ეწყურებოდათ	მათ ეწყურებოდეთ

Aorist	Optativ	Perfekt	Plusquamperfekt	Konjunktiv Perfekt
მე მომეწყურა//მომწყურდა	მე მომეწყუროს//მომწყურდეს	მე მწყურებია	მე მწყურებოდა	მე მწყურებოდეს
შენ მოგეწყურა//მოგწყურდა	შენ მოგეწყუროს//მოგწყურდეს	შენ გწყურებია	შენ გწყურებოდა	შენ გწყურებოდეს
მას მოეწყურა//მოსწყურდა	მას მოეწყუროს//მოსწყურდეს	მას სწყურებია	მას სწყურებოდა	მას სწყურებოდეს

Aorist	Optativ	Perfekt	Plusquamperfekt	Konjunktiv Perfekt
ჩვენ მოგვეწყურა//მოგვწყურდა თქვენ მოგეწყურათ//მოგწყურდათ მათ მოეწყურათ//მოსწყურდათ	ჩვენ მოგვეწყუროს//მოგვწყურდეს თქვენ მოგეწყუროთ//მოგწყურდეთ მათ მოეწყუროთ//მოსწყურდეთ	ჩვენ გვწყურებია თქვენ გწყურებიათ მათ სწყურებიათ	ჩვენ გვწყურებოდა თქვენ გწყურებოდათ მათ სწყურებოდათ	ჩვენ გვწყურებოდეს თქვენ გწყურებოდეთ მათ სწყურებოდეთ

3.57 უყვარს (სიყვარული) *etw./jmdn. lieben*

Präsens	Imperfekt	Konjunktiv Präsens	Futur	Konditional	Konjunktiv Futur	Perfekt
მე მიყვარს შენ გიყვარს მას უყვარს ჩვენ გვიყვარს თქვენ გიყვართ მათ უყვართ	მე მიყვარდა შენ გიყვარდა მას უყვარდა ჩვენ გვიყვარდა თქვენ გიყვარდათ მათ უყვარდათ	მე მიყვარდეს შენ გიყვარდეს მას უყვარდეს ჩვენ გვიყვარდეს თქვენ გიყვარდეთ მათ უყვარდეთ	მე მეყვარება შენ გეყვარება მას ეყვარება ჩვენ გვეყვარება თქვენ გეყვარებათ მათ ეყვარებათ	მე მეყვარებოდა შენ გეყვარებოდა მას ეყვარებოდა ჩვენ გვეყვარებოდა თქვენ გეყვარებოდათ მათ ეყვარებოდათ	მე მეყვარებოდეს შენ გეყვარებოდეს მას ეყვარებოდეს ჩვენ გვეყვარებოდეს თქვენ გეყვარებოდეთ მათ ეყვარებოდეთ	მე მყვარებია შენ გყვარებია მას ჰყვარებია ჩვენ გვყვარებია თქვენ გყვარებიათ მათ ჰყვარებიათ

Plusquamperfekt	Konjunktiv Perfekt
მე მეყვარებოდა შენ გეყვარებოდა მას ეყვარებოდა ჩვენ გვეყვარებოდა თქვენ გეყვარებოდათ მათ ეყვარებოდათ	მე მეყვარებოდეს შენ გეყვარებოდეს მას ეყვარებოდეს ჩვენ გვეყვარებოდეს თქვენ გეყვარებოდეთ მათ ეყვარებოდეთ

3.58 სცივა (სიცივე) *kalt sein* (მას სცივა – *ihm ist kalt*)

Präsens	Imperfekt	Konjunktiv Präsens	Perfekt	Plusquamperfekt	Konjunktiv Perfekt
მე მცივა შენ გცივა მას სცივა ჩვენ გვცივა თქვენ გცივათ მათ სცივათ	მე მციოდა შენ გციოდა მას სციოდა ჩვენ გვციოდა თქვენ გციოდათ მათ სციოდათ	მე მციოდეს შენ გციოდეს მას სციოდეს ჩვენ გვციოდეს თქვენ გციოდეთ მათ სციოდეთ	მე მცი(ვ)ებია შენ გცი(ვ)ებია მას სცი(ვ)ებია ჩვენ გვცი(ვ)ებია თქვენ გცი(ვ)ებიათ მათ სცი(ვ)ებიათ	მე მცი(ვ)ებოდა შენ გცი(ვ)ებოდა მას სცი(ვ)ებოდა ჩვენ გვცი(ვ)ებოდა თქვენ გცი(ვ)ებოდათ მათ სცი(ვ)ებოდათ	მე მცი(ვ)ებოდეს შენ გცი(ვ)ებოდეს მას სცი(ვ)ებოდეს ჩვენ გვცი(ვ)ებოდეს თქვენ გცი(ვ)ებოდეთ მათ სცი(ვ)ებოდეთ

3.59 ამთნარებს *gähnen lassen* (მე მამთქნარებს – *er/sie/es lässt mich gähnen*)

Präsens	Imperfekt	Konjunktiv Präsens	Futur	Konditional	Konjunktiv Futur
მე მამთქნარებს	მე მამთქნარებდა	მე მამთქნარებდეს	მე დამამთქნარებს	მე დამამთქნარებდა	მე დამამთქნარებდეს
შენ გამთქნარებს	შენ გამთქნარებდა	შენ გამთქნარებდეს	შენ დაგამთქნარებს	შენ დაგამთქნარებდა	შენ დაგამთქნარებდეს
მას ამთქნარებს	მას ამთქნარებდა	მას ამთქნარებდეს	მას დაამთქნარებს	მას დაამთქნარებდა	მას დაამთქნარებდეს
ჩვენ გვამთქნარებს	ჩვენ გვამთქნარებდა	ჩვენ გვამთქნარებდეს	ჩვენ დაგვამთქნარებს	ჩვენ დაგვამთქნარებდა	ჩვენ დაგვამთქნარებდეს
თქვენ გამთქნარებთ	თქვენ გამთქნარებდათ	თქვენ გამთქნარებდეთ	თქვენ დაგამთქნარებთ	თქვენ დაგამთქნარებდათ	თქვენ დაგამთქნარებდეთ
მათ ამთქნარებთ	მათ ამთქნარებდათ	მათ ამთქნარებდეთ	მათ დაამთქნარებთ	მათ დაამთქნარებდათ	მათ დაამთქნარებდეთ

Aorist	Optativ
მე დამამთქნარა	მე დამამთქნაროს
შენ დაგამთქნარა	შენ დაგამთქნაროს
მას დაამთქნარა	მას დაამთქნაროს
ჩვენ დაგვამთქნარა	ჩვენ დაგვამთქნაროს
თქვენ დაგამთქნარათ	თქვენ დაგამთქნაროთ
მათ დაამთქნარათ	მათ დაამთქნაროთ

3.60 რა აცინებს *jmdn. lachen lassen* (მე მაცინებს – *er/sie/es lässt mich lachen*)

Präsens	Imperfekt	Futur	Konditional
მე მაცინებს	მე მაცინებდა	მე გამაცინებს	მე გამაცინებდა
შენ გაცინებს	შენ გაცინებდა	შენ გაგაცინებს	შენ გაგაცინებდა
მას აცინებს	მას აცინებდა	მას გააცინებს	მას გააცინებდა
ჩვენ გვაცინებს	ჩვენ გვაცინებდა	ჩვენ გაგვაცინებს	ჩვენ გაგვაცინებდა
თქვენ გაცინებთ	თქვენ გაცინებდათ	თქვენ გაგაცინებთ	თქვენ გაგაცინებდათ
მათ აცინებთ	მათ აცინებდათ	მათ გააცინებთ	მათ გააცინებდათ

3.61 (teilweise) ნეტავ რა აკეთებინებს *was veranlasst ihn, das zu tun*

Präsens	Imperfekt	Futur	Aorist
მე ნეტავ რა მაკეთებინებს	მე ნეტავ რა მაკეთებინებდა	მე ნეტავ რა გამაკეთებინებს	მე ნეტავ რამ გამაკეთებინა
შენ ნეტავ რა გაკეთებინებს	შენ ნეტავ რა გაკეთებინებდა	შენ ნეტავ რა გაგაკეთებინებს	შენ ნეტავ რამ გაგაკეთებინა
მას ნეტავ რა აკეთებინებს	მას ნეტავ რა აკეთებინებდა	მას ნეტავ რა გააკეთებინეს	მას ნეტავ რამ გააკეთებინა

Präsens	Imperfekt	Futur	Aorist
ჩვენ ნეტავ რა გვაკეთებინებს თქვენ ნეტავ რა გაკეთებინებთ მათ ნეტავ რა აკეთებინებთ	ჩვენ ნეტავ რა გვაკეთებინებდა თქვენ ნეტავ რა გაკეთებინებდათ მათ ნეტავ რა აკეთებინებდათ	ჩვენ ნეტავ რა გაგვაკეთებინებს თქვენ ნეტავ რა გაგაკეთებინებთ მათ ნეტავ რა გააკეთებინებთ	ჩვენ ნეტავ რამ გაგვაკეთებინა თქვენ ნეტავ რამ გაგაკეთებინათ მათ ნეტავ რამ გააკეთებინათ

Optativ
მე ნეტავი გამაკეთებინა შენ ნეტავი გაგაკეთებინა მას ნეტავი გააკეთებინა ჩვენ ნეტავი გაგვაკეთებინა თქვენ ნეტავი გაგაკეთებინათ მათ ნეტავი გააკეთებინათ

3.62 (teilweise) ემღერება *jmdm. ist zum Singen*

Präsens	Imperfekt	Konjunktiv Präsens
მე მემღერება შენ გემღერება მას ემღერება ჩვენ გვემღერება თქვენ გემღერებათ მათ ემღერებათ	მე მემღერებოდა შენ გემღერებოდა მას ემღერებოდა ჩვენ გვემღერებოდა თქვენ გემღერებოდათ მათ ემღერებოდათ	მე მემღერებოდეს შენ გემღერებოდეს მას ემღერებოდეს ჩვენ გვემღერებოდეს თქვენ გემღერებოდეთ მათ ემღერებოდეთ

3.63 მეპატარავები - ვეპატარავები *jmdm. klein vorkommen* (მას ეპატარავება – *ihm kommt er klein vor*)

Präsens	Imperfekt	Konjunktiv Präsens	Aorist	Optativ
მე მეპატარავება შენ გეპატარავება მას ეპატარავება ჩვენ გვეპატარავება თქვენ გეპატარავებათ მათ ეპატარავებათ	მე მეპატარავებოდა შენ გეპატარავებოდა მას ეპატარავებოდა ჩვენ გვეპატარავებოდა თქვენ გეპატარავებოდათ მათ ეპატარავებოდათ	მე მეპატარავებოდა შენ გეპატარავებოდა მას ეპატარავებოდა ჩვენ გვეპატარავებოდა თქვენ გეპატარავებოდათ მათ ეპატარავებოდათ	მე მეპატარავა შენ გეპატარავა მას ეპატარავა ჩვენ გვეპატარავა თქვენ გეპატარავათ მათ ეპატარავათ	მე მეპატარავოს შენ გეპატარავოს მას ეპატარავოს ჩვენ გვეპატარავოს თქვენ გეპატარავოთ მათ ეპატარავოთ

3.64 ენატრება (ნატვრა) *sich sehnen (er sehnt sich)*

Präsens	Imperfekt	Konjunktiv Präsens	Futur	Konditional	Konjunktiv Futur
მე მენატრება	მე მენატრებოდა	მე მენატრებოდეს	მე მომენატრება	მე მომენატრებოდა	მე მომენატრებოდეს
შენ გენატრება	შენ გენატრებოდა	შენ გენატრებოდეს	შენ მოგენატრება	შენ მოგენატრეოდა	შენ მოგენატრეოდეს
მას ენატრება	მას ენატრებოდა	მას ენატრებოდეს	მას მოენატრება	მას მოენატრებოდა	მას მოენატრებოდეს
ჩვენ გვენატრება	ჩვენ გვენატრებოდა	ჩვენ გვენატრებოდეს	ჩვენ მოგვენატრება	ჩვენ მოგვენატრებოდა	ჩვენ მოგვენატრებოდეს
თქვენ გენატრებათ	თქვენ გენატრებოდათ	თქვენ გენატრებოდეთ	თქვენ მოგენატრებათ	თქვენ მოგენატრებოდათ	თქვენ მოგენატრებოდეთ
მათ ენატრებათ	მათ ენატრებოდათ	მათ ენატრებოდეთ	მათ მოენატრებათ	მათ მოენატრებოდათ	მათ მოენატრებოდეთ

Aorist	Optativ	Perfekt	Plusquamperfekt	Konjunktiv Perfekt
მე მომენატრა	მე მომენატროს	მე მომნატრებია	მე მომნატრებოდა	მე მომნატრებოდეს
შენ მოგენატრა	შენ მოგენატროს	შენ მოგნატრებია	შენ მოგნატრებოდა	შენ მოგნატრებოდეს
მას მოენატრა	მას მოენატროს	მას მონატრებია	მას მონატრებოდა	მას მონატრებოდეს
ჩვენ მოგვენატრა	ჩვენ მოგვენატროს	ჩვენ მოგვნატრებია	ჩვენ მოგვნატრებოდა	ჩვენ მოგვნატრებოდეს
თქვენ მოგენატრათ	თქვენ მოგენატროთ	თქვენ მოგნატრებიათ	თქვენ მოგნატრებოდათ	თქვენ მოგნატრებოდეთ
მათ მოენატრათ	მათ მოენატროთ	მათ მონატრებიათ	მათ მონატრებოდათ	მათ მონატრებოდეთ

3.65 ავიწყდება (დავიწყება) *vergessen, jmdm. ist etwas in Vergessenheit geraten*

Präsens	Imperfekt	Konjunktiv Präsens	Futur	Konditional	Konjunktiv Futur
მე მავიწყდება	მე მავიწყდებოდა	მე მავიწყდებოდეს	მე დამავიწყდება	მე დამავიწყდებოდა	მე დამავიწყდებოდეს
შენ გავიწყდება	შენ გავიწყდებოდა	შენ გავიწყდებოდეს	შენ დაგავიწყდება	შენ დაგავიწყდებოდა	შენ დაგავიწყდებოდეს
მას ავიწყდება	მას ავიწყდებოდა	მას ავიწყდებოდეს	მას დაავიწყდება	მას დაავწყდებოდა	მას დაავიწყდებოდეს
ჩვენ გვავიწყდება	ჩვენ გვავიწყდებოდა	ჩვენ გვავიწყდებოდეს	ჩვენ დაგვავიწყდება	ჩვენ დაგვავიწყდებოდა	ჩვენ დაგვავიწყდებოდეს
თქვენ გავიწყდებათ	თქვენ გავიწყდებოდათ	თქვენ გავიწყდებოდეთ	თქვენ დაგავიწყდებათ	თქვენ დაგავიწყდებოდათ	თქვენ დაგავიწყდებოდეთ
მათ ავიწყდებათ	მათ ავიწყდებოდათ	მათ ავიწყდებოდეთ	მათ დაავიწყდებათ	მათ დაავიწყდებოდათ	მათ დაავიწყდებოდეთ

Aorist	Optativ	Perfekt	Plusquamperfekt	Konjunktiv Perfekt
მე დამავიწყდა	მე დამავიწყდეს	მე დამვიწყებია	მე დამვიწყებოდა	მე დამვიწყებოდეს
შენ დაგავიწყდა	შენ დაგავიწყდეს	შენ დაგვიწყებია	შენ დაგვიწყებოდა	შენ დაგვიწყებოდეს
მას დაავიწყდა	მას დაავიწყდეს	მას და(ჰ)ვიწყებია	მას და(ჰ)ვუწყებოდა	მას და(ჰ)ვიწყებოდეს
ჩვენ დაგვავიწყდა	ჩვენ დაგვავიწყდეს	ჩვენ დაგვვიწყებია	ჩვენ დაგვვიწყებოდა	ჩვენ დაგვვიწყებოდეს
თქვენ დაგავიწყდათ	თქვენ დაგავიწყდეთ	თქვენ დაგვიწყებია	თქვენ დაგვიწყებოდა	თქვენ დაგვიწყებოდეს
მათ დაავიწყდათ	მათ დაავიწყდეთ	მათ და(ჰ)ვიწყებია	მათ და(ჰ)ვიწყებოდა	მათ და(ჰ)ვიწყებოდეს

3.66 ესმევა *jmdm. bekommt das Trinken nicht*

Präsens	Imperfekt	Konjunktiv Präsens
მე მესმევა	მე მესმეოდა	მე მესმეოდეს
შენ გესმევა	შენ გესმეოდა	შენ გესმეოდეს
მას ესმევა	მას ესმეოდა	მას ესმეოდეს
ჩვენ გვესმევა	ჩვენ გვესმეოდა	ჩვენ გვესმეოდეს
თქვენ გესმევათ	თქვენ გესმეოდათ	თქვენ გესმეოდეთ
მათ ესმევათ	მათ ესმეოდათ	მათ ესმეოდეს

Besondere Verben

Im Folgenden werden die Formen einiger besonderer georgischer Verben vorgestellt. Sie stehen, ausgehend von den deutschen Verben, in alphabetischer Reihenfolge:

antworten / jmdm. antworten
bringen / herbringen (unbelebt)[7]
bringen / herbringen (belebt) s. *mitnehmen* (+*Vorsilbe* მო- *statt* წა-)
fahren
fragen (etw., 1 Objekt)
fragen (jmdn. / für jmdn., 1 Objekt)
fragen (jmdn. etw., 2 Objekte)
freuen, sich
geben
gehen (s. fahren)
gehen (hin und her, oft)
haben (unbelebt)
haben (belebt, Person, Tier, Auto)
hinbringen (belebt) s. *mitnehmen (+ Vorsilbe* მი- *statt* წა-*)*
hinbringen (unbelebt)
hören (ohne Objekt, siehe auch: zuhören)
kaufen
legen (etw.)
legen (jmdn.)
legen, sich
lieben
liegen (belebt)
liegen (unbelebt)

[7] »belebt«: nur bei belebten Substantiven/Objekten (Person/Tier) zu benutzen, »unbelebt«: nur bei unbelebten Substantiven zu benutzen.

machen
mitbringen (unbelebt); wie: mitnehmen (+ *Vorsilbe* მო- *statt* მი-)
mitnehmen (belebt)
sagen (etw., 1 Objekt)
sagen (jmdm. etw., 2 Objekte)
schlafen
sehen (etw./jmdn.)
sehen (gucken/schauen/fernsehen)
sein
setzen, sich
sitzen
sprechen (ohne Objekt)
sprechen (mit jmdm./etw., 1 Objekt)
stehen
(hin)stellen, sich
trinken
verkaufen
verstehen
vorlesen
warten (ohne Objekt)
warten (jmd. auf jmdn.)
warten (auf jmdn./etw.)
wissen
wollen
zuhören

პასუხი (პასუხობს) *antworten / jmdm. antworten*

Präsens	Imperfekt	Konjunktiv Präsens	Futur	Konditional	Konjunktiv Futur	Aorist
მე ვპასუხობ	მე ვპასუხობდი	მე ვპასუხობდე	მე ვუპასუხებ	მე ვუპასუხებდი	მე ვუპასუხებდე	მე ვუპასუხე
შენ პასუხობ	შენ პასუხობდი	შენ პასუხობდე	შენ უპასუხებ	შენ უპასუხებდი	შენ უპასუხებდე	შენ უპასუხე
ის პასუხობს	ის პასუხობდა	ის პასუხობდეს	ის უპასუხებს	ის უპასუხებდა	ის უპასუხებდეს	მან უპასუხა
ჩვენ ვპასუხობთ	ჩვენ ვპასუხობდით	ჩვენ ვპასუხობდეთ	ჩვენ ვუპასუხებთ	ჩვენ ვუპასუხებდით	ჩვენ ვუპასუხებდეთ	ჩვენ ვუპასუხეთ
თქვენ პასუხობთ	თქვენ პასუხობდით	თქვენ პასუხობდეთ	თქვენ უპასუხებთ	თქვენ უპასუხებდით	თქვენ უპასუხებდეთ	თქვენ უპასუხეთ
ისინი პასუხობენ	ისინი პასუხობდნენ	ისინი პასუხობდნენ	ისინი უპასუხებენ	ისინი უპასუხებდნენ	ისინი უპასუხებდნენ	მათ უპასუხეს

Optativ	Perfekt	Plusquamperfekt	Konjunktiv Perfekt
მე ვუპასუხო	მე მიპასუხ(ნ)ია მისთვის	მე მეპასუხა	მე მეპასუხოს
შენ უპასუხო	შენ გიპასუხ(ნ)ია	შენ გეპასუხა	შენ გეპასუხოს
მან უპასუხოს	მას უპასუხ(ნ)ია	მას ეპასუხა	მას ეპასუხოს
ჩვენ ვუპასუხოთ	ჩვენ გვიპასუხ(ნ)ია	ჩვენ გვეპასუხა	ჩვენ გვეპასუხოს
თქვენ უპასუხოთ	თქვენ გიპასუხ(ნ)იათ	თქვენ გეპასუხათ	თქვენ გეპასუხოთ
მათ უპასუხონ	მათ უპასუხ(ნ)იათ	მათ ეპასუხათ	მათ ეპასუხოთ

მოტანა (მოაქვს) *bringen / herbringen (unbelebt)*

Präsens	Imperfekt	Konjunktiv Präsens	Futur	Konditional	Konjunktiv Futur	Aorist
მე მომაქვს	მე მომქონდა	მე მომქონდეს	მე მოვიტან	მე მოვიტანდი	მე მოვიტანდე	მე მოვიტანე
შენ მოგაქვს	შენ მოგქონდა	შენ მოგქონდეს	შენ მოიტან	შენ მოიტანდი	შენ მოიტანდე	შენ მოიტანე
მას მოაქვს	მას მოჰქონდა	მას მოჰქონდეს	ის მოიტანს	ის მოიტანდა	ის მოიტანდეს	მან მოიტანა
ჩვენ მოგვაქვს	ჩვენ მოგვქონდა	ჩვენ მოგვქონდეს	ჩვენ მოვიტანთ	ჩვენ მოვიტანდით	ჩვენ მოვიტანდეთ	ჩვენ მოვიტანეთ
თქვენ მოგაქვთ	თქვენ მოგქონდათ	თქვენ მოგქონდეთ	თქვენ მოიტანთ	თქვენ მოიტანდით	თქვენ მოიტანდეთ	თქვენ მოიტანეთ
მათ მოაქვთ	მათ მოჰქონდათ	მათ მოჰქონდეთ	ისინი მოიტანენ	ისინი მოიტანდნენ	ისინი მოიტანდნენ	მათ მოიტანეს

Optativ	Perfekt	Plusquamperfekt	Konjunktiv Perfekt
მე მოვიტანო	მე მომიტანია	მე მომეტანა	მე მომეტანოს
შენ მოიტანო	შენ მოგიტანია	შენ მოგეტანა	შენ მოგეტანოს
მან მოიტანოს	მას მოუტანია	მას მოეტანა	მას მოეტანოს
ჩვენ მოვიტანოთ	ჩვენ მოგვიტანია	ჩვენ მოგვეტანა	ჩვენ მოგვეტანოს
თქვენ მოიტანოთ	თქვენ მოგიტანიათ	თქვენ მოგეტანათ	თქვენ მოგეტანოთ
მათ მოიტანონ	მათ მოუტანიათ	მათ მოეტანათ	მათ მოეტანოთ

სვლა/წასვლა (მიდის) *fahren*

Präsens	Imperfekt	Konjunktiv Präsens	Futur	Konditional	Konjunktiv Futur	Aorist
მე მივდივარ	მე მივდიოდი	მე მივდიოდე	მე წავალ	მე წავიდოდი	მე წავიდოდე	მე წავედი
შენ მიდიხარ	შენ მიდიოდი	შენ მიდიოდე	შენ წახვალ	შენ წახვიდოდი	შენ წახვიდოდე	შენ წახვედი
ის მიდის	ის მიდიოდა	ის მიდიოდეს	ის წავა	ის წავიდოდა	ის წავიდოდეს	ის წავიდა
ჩვენ მივდივართ	ჩვენ მივდიოდით	ჩვენ მივდიოდეთ	ჩვენ წავალთ	ჩვენ წავიდოდით	ჩვენ წავიდოდეთ	ჩვენ წავედით
თქვენ მიდიხართ	თქვენ მიდიოდით	თქვენ მიდიოდეთ	თქვენ წახვალთ	თქვენ წახვიდოდით	თქვენ წახვიდოდეთ	თქვენ წახვედით
ისინი მიდიან	ისინი მიდიოდნენ	ისინი მიდიოდნენ	ისინი წავლენ	ისინი წავიდოდნენ	ისინი წავიდოდნენ	ისინი წავიდნენ

Optativ	Perfekt	Plusquamperfekt	Konjunktiv Perfekt
მე წავიდე	მე წავსულვარ	მე წავსულიყავი	მე წავსულიყო
შენ წახვიდე	შენ წასულხარ	შენ წასულიყავი	შენ წასულიყო
ის წავიდეს	ის წასულა	ის წასულიყო	ის წასულიყოს
ჩვენ წავიდეთ	ჩვენ წავსულვართ	ჩვენ წავსულიყავით	ჩვენ წავსულიყოთ
თქვენ წახვიდეთ	თქვენ წასულხართ	თქვენ წასულიყავით	თქვენ წასულიყოთ
ისინი წავიდნენ	ისინი წასულან	ისინი წასულიყვნენ	ისინი წასულიყვნენ

კითხვა (კითხულობს) მას /მათ *fragen (etw., 1 Objekt)*

Präsens	Imperfekt	Konjunktiv Präsens	Futur	Konditional	Konjunktiv Futur	Aorist
მე ვკითხულობ	მე ვკითხულობდი	მე ვკითხულობდე	მე ვიკითხავ	მე ვიკითხავდი	მე ვიკითხავდე	მე ვიკითხე
შენ კითხულობ	შენ კითხულობდი	შენ კითხულობდე	შენ იკითხავ	შენ იკითხავდი	შენ იკითხავდე	შენ იკითხე
ის კითხულობს	ის კითხულობდა	ის კითხულობდეს	ის იკითხავს	ის იკითხავდა	ის იკითხავდეს	მან იკითხა
ჩვენ ვკითხულობთ	ჩვენ ვკითხულობდით	ჩვენ ვკითხულობდეთ	ჩვენ ვიკითხავთ	ჩვენ ვიკითხავდით	ჩვენ ვიკითხავდეთ	ჩვენ ვიკითხეთ
თქვენ კითხულობთ	თქვენ კითხულობდით	თქვენ კითხულობდეთ	თქვენ იკითხავთ	თქვენ იკითხავდით	თქვენ იკითხავდეთ	თქვენ იკითხეთ
ისინი კითხულობენ	ისინი კითხულობდნენ	ისინი კითხულობდნენ	ისინი იკითხავენ	ისინი იკითხავდნენ	ისინი იკითხავდნენ	მათ იკითხეს

Optativ	Perfekt	Plusquamperfekt	Konjunktiv Perfekt
მე ვიკითხო	მე მიკითხავს/მიკითხია	მე მეკითხა	მე მეკითხოს
შენ იკითხო	შენ გიკითხავს/გიკითხია	შენ გეკითხა	შენ გეკითხოს
მან იკითხოს	მას უკითხავს/უკითხია	მას ეკითხა	მას ეკითხოს
ჩვენ ვიკითხოთ	ჩვენ გვიკითხავს/გვიკითხია	ჩვენ გვეკითხა	ჩვენ გვეკითხოს
თქვენ იკითხოთ	თქვენ გიკითხავთ/გიკითხიათ	თქვენ გეკითხათ	თქვენ გეკითხოთ
მათ იკითხონ	მათ უკითხავთ/უკითხიათ	მათ ეკითხათ	მათ ეკითხოთ

(შე)კითხვა (ეკითხება) *fragen (jmdn. / für jmdn., 1 Objekt)*

Präsens	Imperfekt	Konjunktiv Präsens	Futur	Konditional	Konjunktiv Futur	Aorist
მე ვეკითხები შენ ეკითხები ის ეკითხება ჩვენ ვეკითხებით თქვენ ეკითხებით ისინი ეკითხებიან	მე ვეკითხებოდი შენ ეკითხებოდი ის ეკითხებოდა ჩვენ ვეკითხებოდით თქვენ ეკითხებოდით ისინი ეკითხებოდნენ	მე ვეკითხებოდე შენ ეკითხებოდე ის ეკითხებოდეს ჩვენ ვეკითხებოდეთ თქვენ ეკითხებოდეთ ისინი ეკითხებოდნენ	მე შევეკითხები შენ შეეკითხები ის შეეკითხება ჩვენ შევეკითხებით თქვენ შეეკითხებით ისინი შეეკითხებიან	მე შევეკითხებოდი შენ შეეკითხებოდი ის შეეკითხებოდა ჩვენ შევეკითხებოდით თქვენ შეეკითხებოდით ისინი შეეკითხებოდნენ	მე შევეკითხებოდე შენ შეეკითხებოდე ის შეეკითხებოდეს ჩვენ შევეკითხებოდეთ თქვენ შეეკითხებოდეთ ისინი შეეკითხებოდნენ	მე შევეკითხე შენ შეეკითხე ის შეეკითხა ჩვენ შევკეითხეთ თქვენ შეეკითხეთ ისინი შეეკითხეს

Optativ	Perfekt	Plusquamperfekt	Konjunktiv Perfekt
მე შევეკითხო შენ შეეკითხო ის შეეკითხოს ჩვენ შევეკითხოთ თქვენ შეეკითხოთ ისინი შეეკითხონ	მე შევკითხვივარ შენ შეკითხვიხარ ის შეკითხვია ჩვენ შევკითხვივართ თქვენ შეკითხვიხართ ისინი შეკითხვიან	მე შევკითხვოდი შენ შეკითხვოდი ის შეკითხვოდა ჩვენ შევკითხვოდით თქვენ შეკითხვოდით ისინი შეკითხვოდნენ	მე შევკითხვოდე შენ შეკითხვოდე ის შეკითხვოდეს ჩვენ შევკითხვოდეთ თქვენ შეკითხვოდეთ ისინი შეკითხვოდნენ

(შე)კითხვა (ეკითხება) *fragen (jmdn. etw., 2 Objekte)*

Präsens	Imperfekt	Konjunktiv Präsens	Futur	Konditional	Konjunktiv Futur	Aorist
მე ვეკითხები შენ ეკითხები ის ეკითხება ჩვენ ვეკითხებით თქვენ ეკითხებით ისინი ეკითხებიან	მე ვეკითხებოდი შენ ეკითხებოდი ის ეკითხებოდა ჩვენ ვეკითხებოდით თქვენ ეკითხებოდით ისინი ეკითხებოდნენ	მე ვეკითხებოდე შენ ეკითხებოდე ის ეკითხებოდეს ჩვენ ვეკითხებოდეთ თქვენ ეკითხებოდეთ ისინი ეკითხებოდნენ	მე ვკითხავ შენ ჰკითხავ ის ჰკითხავს ჩვენ ვკითხავთ თქვენ ჰკითხავთ ისინი ჰკითხავენ	მე ვკითხავდი შენ ჰკითხავდი ის ჰკითხავდა ჩვენ ვკითხავდით თქვენ ჰკითხავდით ისინი ჰკითხავდნენ	მე ვკითხავდე შენ ჰკითხავდე ის ჰკითხავდეს ჩვენ ვკითხავდეთ თქვენ ჰკითხავდეთ ისინი ჰკითხავდნენ	მე ვკითხე შენ ჰკითხე მან ჰკითხა ჩვენ ვკითხეთ თქვენ ჰკითხეთ მათ ჰკითხეს

Optativ	Perfekt	Plusquamperfekt	Konjunktiv Perfekt
მე ვკითხო შენ ჰკითხო მან ჰკითხოს ჩვენ ვკითხოთ თქვენ ჰკითხოთ მათ ჰკითხონ	მე მიკითხავს/მიკითხია შენ გიკითხავს/გიკითხია მას უკითხავს/უკითხია ჩვენ გვიკითხავს/გვიკითხია თქვენ გიკითხავთ/გიკითხიათ მათ უკითხავთ/უკითხიათ	მე მეკითხა შენ გეკითხა მას ეკითხა ჩვენ გვეკითხა თქვენ გეკითხათ მათ ეკითხათ	მე მეკითხოს შენ გეკითხოს მას ეკითხოს ჩვენ გვეკითხოს თქვენ გეკითხოთ მათ ეკითხოთ

გახარება (უხარია) *freuen, sich*

Präsens	Imperfekt	Konjunktiv Präsens	Futur	Konditional	Konjunktiv Futur
მე მიხარია	მე მიხაროდა	მე მიხაროდეს	მე გამიხარდება	მე გამიხარდებოდა	მე გამიხარდებოდეს
შენ გიხარია	შენ გიხაროდა	შენ გიხაროდეს	შენ გაგიხარდება	შენ გაგიხარდებოდა	შენ გაგიხარდებოდეს
მას უხარია	მას უხაროდა	მას უხაროდეს	მას გაუხარდება	მას გაუხარდებოდა	მას გაუხარდებოდეს
ჩვენ გვიხარია	ჩვენ გვიხაროდა	ჩვენ გვიხაროდეს	ჩვენ გაგვიხარდება	ჩვენ გაგვიხარდებოდა	ჩვენ გაგვიხარდებოდეს
თქვენ გიხარიათ	თქვენ გიხაროდათ	თქვენ გიხაროდეთ	თქვენ გაგიხარდებათ	თქვენ გაგიხარდებოდათ	თქვენ გაგიხარდებოდეთ
მათ უხარიათ	მათ უხაროდათ	მათ უხაროდეთ	მათ გაუხარდებათ	მათ გაუხარდებოდათ	მათ გაუხარდებოდეთ

Aorist	Optativ	Perfekt	Plusquamperfekt	Konjunktiv Perfekt
მე გამიხარდა	მე გამიხარდეს	მე გამხარებია	მე გამხარებოდა	მე გამხარებოდეს
შენ გაგიხარდა	შენ გაგიხარდეს	შენ გაგხარებია	შენ გაგხარებოდა	შენ გაგხარებოდეს
მას გაუხარდა	მას გაუხარდეს	მას გახარებია	მას გახარებოდა	მას გახარებოდეს
ჩვენ გაგვიხარდა	ჩვენ გაგვიხარდეს	ჩვენ გაგვხარებია	ჩვენ გაგვხარებოდა	ჩვენ გაგვხარებოდეს
თქვენ გაგიხარდათ	თქვენ გაგიხარდეთ	თქვენ გაგხარებიათ	თქვენ გაგხარებოდათ	თქვენ გაგხარებოდეთ
მათ გაუხარდათ	მათ გაუხარდეთ	მათ გახარებიათ	მათ გახარებოდათ	მათ გახარებოდეთ

მიცემა (აძლევს) *geben*

Präsens	Imperfekt	Konjunktiv Präsens	Futur	Konditional	Konjunktiv Futur	Aorist	Optativ
მე ვაძლევ	მე ვაძლევდი	მე ვაძლევდე	მე მივცემ	მე მივცემდი	მე მივცემდე	მე მივეცი	მე მივცე
შენ აძლევ	შენ აძლევდი	შენ აძლევდე	შენ მისცემ	შენ მისცემდი	შენ მისცემდე	შენ მიეცი	შენ მისცე
ის აძლევს	ის აძლევსდა	ის აძლევდეს	ის მისცემს	ის მისცემდა	ის მისცემდეს	მან მისცა	მან მისცეს
ჩვენ ვაძლევთ	ჩვენ ვაძლევდით	ჩვენ ვაძლევდეთ	ჩვენ მივცემთ	ჩვენ მივცემდით	ჩვენ მივცემდეთ	ჩვენ მივეცით	ჩვენ მივცეთ
თქვენ აძლევთ	თქვენ აძლევდით	თქვენ აძლევდეთ	თქვენ მისცემთ	თქვენ მისცემდით	თქვენ მისცემდეთ	თქვენ მიეცით	თქვენ მისცეთ
ისინი აძლევენ	ისინი აძლევდნენ	ისინი აძლევდნენ	ისინი მისცემენ	ისინი მისცემდნენ	ისინი მისცემდნენ	მათ მისცეს	მათ მისცენ

Perfekt	Plusquamperfekt	Konjunktiv Perfekt
მე მიმიცია ის მისთვის	მე მიმეცა	მე მიმეცეს
შენ მიგიცია	შენ მიგეცა	შენ მიგეცეს
მას მიუცია	მას მიეცა	მას მიეცეს
ჩვენ მიგვიცია	ჩვენ მიგვეცა	ჩვენ მიგვეცეს
თქვენ მიგიციათ	თქვენ მიგეცათ	თქვენ მიგეცეთ
მათ მიუციათ	მათ მიეცათ	მათ მიეცეთ

სვლა /დადის/ *gehen (hin und her, oft)*

Präsens	Imperfekt	Konjunktiv Präsens	Futur	Konditional	Konjunktiv Futur	Aorist	Optativ
მე დავდივარ	მე დავდიოდი	მე დავდიოდე	მე ვივლი	მე ვივლიდი	მე ვივლიდე	მე ვიარე	მე ვიარო
შენ დადიხარ	შენ დადიოდი	შენ დადიოდე	შენ ივლი	შენ ივლიდი	შენ ივლიდე	შენ იარე	შენ იარო
ის დადის	ის დადიოდა	ის დადიოდეს	ის ივლის	ის ივლიდა	ის ივლიდეს	მან იარა	მან იაროს
ჩვენ დავდივართ	ჩვენ დავდიოდით	ჩვენ დავდიოდეთ	ჩვენ ვივლით	ჩვენ ვივლიდით	ჩვენ ვივლიდეთ	ჩვენ ვიარეთ	ჩვენ ვიაროთ
თქვენ დადიხართ	თქვენ დადიოდით	თქვენ დადიოდეთ	თქვენ ივლით	თქვენ ივლიდით	თქვენ ივლიდეთ	თქვენ იარეთ	თქვენ იაროთ
ისინი დადიან	ისინი დადიოდნენ	ისილი დადიოდნენ	ისინი ივლიან	ისინი ივლიდნენ	ისინი ივლიდნენ	მათ იარეს	მათ იარონ

Perfekt	Plusquamperfekt	Konjunktiv Perfekt
მე მივლია	მე მევლო / მეარა	მე მევლოს / მეაროს
შენ გივლია	შენ გევლო / გეარა	შენ გევლოს / გეაროს
მას უვლია	მას ევლო / ეარა	მას ევლოს / ეაროს
ჩვენ გვივლია	ჩვენ გვევლო / გვეარა	ჩვენ გვევლოს / გვეაროს
თქვენ გივლიათ	თქვენ გევლოთ / გეარათ	თქვენ გევლოთ /გეაროთ
მათ უვლიათ	მათ ევლოთ /ეარათ	მათ ევლოთ / ეაროთ

ქონა (აქვს) *haben (unbelebt)*

Präsens	Imperfekt	Konjunktiv Präsens	Futur	Konditional	Konjunktiv Futur	Aorist	Optativ
მე მაქვს	მე მქონდა	მე მქონდეს	მე მექნება	მე მექნებოდა	მე მექნებოდეს	–	–
შენ გაქვს	შენ გქონდა	შენ გქონდეს	შენ გექნება	შენ გექნებოდა	შენ გექნებოდეს		
მას აქვს	მას ჰქონდა	მას ჰქონდეს	მას ექნება	მას ექნებოდა	მას ექნებოდეს		
ჩვენ გვაქვს	ჩვენ გვქონდა	ჩვენ გვქონდეს	ჩვენ გვექნება	ჩვენ გვექნებოდა	ჩვენ გვექნებოდეს		
თქვენ გაქვთ	თქვენ გქონდათ	თქვენ გქონდეთ	თქვენ გექნებათ	თქვენ გექნებოდათ	თქვენ გექნებოდეთ		
მათ აქვთ	მათ ჰქონდათ	მათ ჰქონდეთ	მათ ექნებათ	მათ ექნებოდათ	მათ ექნებოდეთ		

Perfekt	Plusquamperfekt	Konjunktiv Perfekt
მე მქონია	მე მქონოდა	მე მქონოდეს
შენ გქონია	შენ გქონოდა	შენ გქონოდეს
მას ჰქონია	მას ჰქონოდა	მას ჰქონოდეს
ჩვენ გვქონია	ჩვენ გვქონოდა	ჩვენ გვქონოდეს
თქვენ გქონიათ	თქვენ გქონოდათ	თქვენ გქონოდეთ
მათ ჰქონიათ	მათ ჰქონოდათ	მათ ჰქონოდეთ

ყოლა (ჰყავს) *haben (belebt, Person, Tier, Auto)*

Präsens	Imperfekt	Konjunktiv Präsens	Futur	Konditional	Konjunktiv Futur	Aorist	Optativ
მე მყავს	მე მყავდა	მე მყავდეს	მე მეყოლება	მე მეყოლებოდა	მე მეყოლებოდეს	–	–
შენ გყავს	შენ გყავდა	შენ გყავდეს	შენ გეყოლება	შენ გეყოლებოდა	შენ გეყოლებოდეს		
მას ჰყავს	მას ჰყავდა	მას ჰყავდეს	მას ეყოლება	მას ეყოლებოდა	მას ეყოლებოდეს		
ჩვენ გვყავს	ჩვენ გვყავდა	ჩვენ გვყავდეს	ჩვენ გვეყოლება	ჩვენ გვეყოლებოდა	ჩვენ გვეყოლებოდეს		
თქვენ გყავთ	თქვენ გყავდათ	თქვენ გყავდეთ	თქვენ გეყოლებათ	თქვენ გეყოლებოდათ	თქვენ გეყოლებოდეთ		
მათ ჰყავთ	მათ ჰყავდათ	მათ ჰყავდეთ	მათ ეყოლებათ	მათ ეყოლებოდათ	მათ ეყოლებოდეთ		

Perfekt	Plusquamperfekt	Konjunktiv Perfekt
მე მყოლია	მე მყოლოდა	მე მყოლოდეს
შენ გყოლია	შენ გყოლოდა	შენ გყოლოდეს
მას ჰყოლია	მას ჰყოლოდა	მას ჰყოლოდეს
ჩვენ გვყოლია	ჩვენ გვყოლოდა	ჩვენ გვყოლოდეს
თქვენ გყოლიათ	თქვენ გყოლოდათ	თქვენ გყოლოდეთ
მათ ჰყოლიათ	მათ ჰყოლოდათ	მათ ჰყოლოდეთ

მიტანა (მიაქვს) *hinbringen (unbelebt)*

Präsens	Imperfekt	Konjunktiv Präsens	Futur	Konditional	Konjunktiv Futur	Aorist	Optativ
მე მიმაქვს	მე მიმქონდა	მე მიმქონდეს	მე მივიტან	მე მივიტანდი	მე მივიტანდე	მე მივიტანე	მე მივიტანო
შენ მიგაქვს	შენ მიგქონდა	შენ მიგქონდეს	შენ მიიტან	შენ მიიტანდი	შენ მიიტანდე	შენ მიიტანე	შენ მიიტანო
მას მიაქვს	მას მიჰქონდა	მას მიჰქონდეს	ის მიიტანს	ის მიიტანდა	ის მიიტანდეს	მან მიიტანა	მან მიიტანოს
ჩვენ მიგვაქვს	ჩვენ მიგვქონდა	ჩვენ მიგვქონდეს	ჩვენ მივიტანთ	ჩვენ მივიტანდით	ჩვენ მივიტანდეთ	ჩვენ მივიტანეთ	ჩვენ მივიტანოთ
თქვენ მიგაქვთ	თქვენ მიგქონდათ	თქვენ მიგქონდეთ	თქვენ მიიტანთ	თქვენ მიიტანდით	თქვენ მიიტანდეთ	თქვენ მიიტანეთ	თქვენ მიიტანოთ
მათ მიაქვთ	მათ მიჰქონდათ	მათ მიჰქონდეთ	ისინი მიიტანენ	ისინი მიიტანდნენ	ისინი მიიტანდნენ	მათ მიიტანეს	მათ მიიტანონ

Perfekt	Plusquamperfekt	Konjunktiv Perfekt
მე მიმიტანია	მე მიმეტანა	მე მიმეტანოს
შენ მიგიტანია	შენ მიგეტანა	შენ მიგეტანოს
მას მიუტანია	მას მიეტანა	მას მიეტანოს
ჩვენ მიგვიტანია	ჩვენ მიგვეტანა	ჩვენ მიგვეტანოს
თქვენ მიგიტანიათ	თქვენ მიგეტანათ	თქვენ მიგეტანოთ
მათ მიუტანიათ	მათ მიეტანათ	მათ მიეტანოთ

(მო)სმენა (ესმის) *hören (ohne Objekt)*

Präsens	Imperfekt	Konjunktiv Präsens	Futur	Konditional	Konjunktiv Futur	Aorist	Optativ
მე მესმის შენ გესმის მას ესმის ჩვენ გვესმის თქვენ გესმით მათ ესმით	მე მესმოდა შენ გესმოდა მას ესმოდა ჩვენ გვესმოდათ თქვენ გესმოდათ მათ ესმოდათ	მე მესმოდეს შენ გესმოდეს მას ესმოდეს ჩვენ გვესმოდეს თქვენ გესმოდეთ მათ ესმოდეთ	მე მომესმება შენ მოგესმება მას მოესმება ჩვენ მოგვესმება თქვენ მოგესმებათ მათ მოესმებათ	მე მომესმოდა შენ მოგესმოდა მას მოესმოდა ჩვენ მოგვესმოდათ თქვენ მოგესმოდათ მათ მოესმოდათ	მე მომესმოდეს შენ მოგესმოდეს მას მოესმოდეს ჩვენ მოგვესმოდეს თქვენ მოგესმოდეთ მათ მოესმოდეთ	მე მომესმა შენ მოგესმა მას მოესმა ჩვენ მოგვესმა თქვენ მოგესმათ მათ მოესმათ	მე მომესმას შენ მოგესმას მას მოესმას ჩვენ მოგვესმას თქვენ მოგესმათ მათ მოესმათ

Perfekt	Plusquamperfekt	Konjunktiv Perfekt
მე მსმენია შენ გსმენია მას სმენია ჩვენ გვსმენია თქვენ გსმენიათ მათ სმენიათ	მე გამეგო(ნა) შენ გაგეგო(ნა) მას გაეგო(ნა) ჩვენ გავეგო(ნა) თქვენ გაგეგო(ნა)თ მათ გაეგო(ნა)თ	მე გამეგ(ონ)ოს შენ გაგეგ(ონ)ოს მას გაეგო(ონ)ოს ჩვენ გაგვეგ(ონ)ოს თქვენ გაგეგ(ონ)ოთ მათ გაეგ(ონ)ოთ

ყიდვა *kaufen* (ყიდულობს)

Präsens	Imperfekt	Konjunktiv Präsens	Futur	Konditional	Konjunktiv Futur	Aorist	Optativ
მე ვყიდულობ შენ ყიდულობ ის ყიდულობს ჩვენ ვყიდულობთ თქვენ ყიდულობთ ისინი ყიდულობენ	მე ვყიდულობდი შენ ყიდულობდი ის ყიდულობდა ჩვენ ვყიდულობდით თქვენ ყიდულობდით ისინი ყიდულობდნენ	მე ვყიდულობდე შენ ყიდულობდე ის ყიდულობდეს ჩვენ ვყიდულობდეთ თქვენ ყიდულობდეთ ისინი ყიდულობდნენ	მე ვიყიდი შენ იყიდი ის იყიდის ჩვენ ვიყიდით თქვენ იყიდით ისინი იყიდიან	მე ვიყიდ(ი)დი შენ იყიდ(ი)დი ის იყიდ(ი)და ჩვენ ვიყიდ(ი)დით თქვენ იყიდ(ი)დით ისინი იყიდ(ი)დნენ	მე ვიყიდ(ი)დე შენ იყიდ(ი)დე ის იყიდ(ი)დეს ჩვენ ვიყიდ(ი)დეთ თქვენ იყიდ(ი)დეთ ისინი იყიდ(ი)დნენ	მე ვიყიდე შენ იყიდე მან იყიდა ჩვენ ვიყიდეთ თქვენ იყიდეთ მათ იყიდეს	მე ვიყიდო შენ იყიდო მან იყიდოს ჩვენ ვიყიდოთ თქვენ იყიდოთ მათ იყიდონ

Perfekt	Plusquamperfekt	Konjunktiv Perfekt
მე (არ) მიყიდია შენ (არ) გიყიდია მას (არ) უყიდია ჩვენ (არ) გვიყიდია თქვენ (არ) გიყიდიათ მათ (არ) უყიდიათ	მე მეყიდა შენ გეყიდა მას ეყიდა ჩვენ გვეყიდა თქვენ გეყიდათ მათ ეყიდათ	მე მეყიდოს შენ გეყიდოს მას ეყიდოს ჩვენ გვეყიდოს თქვენ გეყიდოთ მათ ეყიდოთ

დადება *legen (etw.)*

Präsens	Imperfekt	Konjunktiv Präsens	Futur	Konditional	Konjunktiv Futur	Aorist	Optativ
მე ვდებ შენ დებ ის დებს ჩვენ ვდებთ თქვენ დებთ ისინი დებენ	მე ვდებდი შენ დებდი ის დებდა ჩვენ ვდებდით თქვენ დებდით ისინი დებდნენ	მე ვდებდე შენ დებდე ის დებდეს ჩვენ ვდებდეთ თქვენ დებდეთ ისინი დებდნენ	მე დავდებ შენ დადებ ის დადებს ჩვენ დავდებთ თქვენ დადებთ ისინი დადებენ	მე დავდებდი შენ დადებდი ის დადებდა ჩვენ დავდებდით თქვენ დადებდით ისინი დადებდნენ	მე დავდებდე შენ დადებდე ის დადებდეს ჩვენ დავდებდეთ თქვენ დადებდეთ ისინი დადებდნენ	მე დავდე შენ დადე მან დადო ჩვენ დავდეთ თქვენ დადეთ მათ დადეს	მე დავდო შენ დადო მან დადოს ჩვენ დავდოთ თქვენ დადოთ მათ დადონ

Perfekt	Plusquamperfekt	Konjunktiv Perfekt
მე დამიდია შენ დაგიდია მას დაუდია ჩვენ დაგვიდია თქვენ დაგიდიათ მათ დაუდიათ	მე დამედო შენ დაგედო მას დაედო ჩვენ დაგვედო თქვენ დაგედოთ მათ დაედოთ	მე დამედოს შენ დაგედოს მას დაედოს ჩვენ დაგვედოს თქვენ დაგედოთ მათ დაედოთ

დააწვინა (აწვენს) *legen (jmdn.)*

Präsens	Imperfekt	Konjunktiv Präsens	Futur	Konditional	Konjunktiv Futur	Aorist
მე ვაწვენ შენ აწვენ ის აწვენს ჩვენ ვაწვენთ თქვენ აწვენთ ისინი აწვენენ	მე ვაწვენდი შენ აწვენდი ის აწვენდა ჩვენ ვაწვენდით თქვენ აწვენდით ისინი აწვენდნენ	მე ვაწვენდე შენ აწვენდე ის აწვენდეს ჩვენ ვაწვენდეთ თქვენ აწვენდეთ ისინი აწვენდნენ	მე დავაწვენ შენ დააწვენ ის დააწვენს ჩვენ დავაწვენთ თქვენ დააწვენთ ისინი დააწვენენ	მე დავაწვენდი შენ დააწვენდი ის დააწვენდა ჩვენ დავაწვენდით თქვენ დააწვენდით ისინი დააწვენდნენ	მე დავაწვენდე შენ დააწვენდე ის დააწვენდეს ჩვენ დავაწვენდეთ თქვენ დააწვენდეთ ისინი დააწვენდნენ	მე დავაწვინე შენ დააწვინე მან დააწვინა ჩვენ დავაწვინეთ თქვენ დააწვინეთ მათ დააწვინეს

Optativ	Perfekt	Plusquamperfekt	Konjunktiv Perfekt
მე დავაწვინო შენ დააწვინო მან დააწვენოს ჩვენ დავაწვინოთ თქვენ დააწვინოთ მათ დააწვინონ	მე დამიწვენია შენ დაგიწვენია მას დაუწვენია ჩვენ დაგვიწვენია თქვენ დაგიწვენიათ მათ დაუწვინიათ	მე დამეწვინა შენ დაგეწვინა მას დაეწვინა ჩვენ დაგვეწვინა თქვენ დაგეწვინათ მათ დაეწვინათ	მე დამეწვინოს შენ დაგეწვინოს მას დაეწვინოს ჩვენ დაგვეწვინოს თქვენ დაგეწვინოთ მათ დაეწვინოთ

დაწვა (წვება) *legen, sich*

Präsens	Imperfekt	Konjunktiv Präsens	Futur	Konditional	Konjunktiv Futur	Aorist	Optativ
მე ვწვები	მე ვწვებოდი	მე ვწვებოდე	მე დავწვები	მე დავწვებოდი	მე დავწვებოდე	მე დავწექი	მე დავწვე
შენ წვები	შენ წვებოდი	შენ წვებოდე	შენ დაწვები	შენ დაწვებოდი	შენ დაწვებოდე	შენ დაწექი	შენ დაწვე
ის წვება	ის წვებოდა	ის წვებოდეს	ის დაწვება	ის დაწვებოდა	ის დაწვებოდეს	ის დაწვა	ის დაწვეს
ჩვენ ვწვებით	ჩვენ ვწვებოდით	ჩვენ ვწვებოდეთ	ჩვენ დავწვებით	ჩვენ დავწვებოდით	ჩვენ დავწვებოდეთ	ჩვენ დავწექით	ჩვენ დავწვეთ
თქვენ წვებით	თქვენ წვებოდით	თქვენ წვებოდეთ	თქვენ დაწვებით	თქვენ დაწვებოდით	თქვენ დაწვებოდეთ	თქვენ დაწექით	თქვენ დაწვეთ
ისინი წვებიან	ისინი წვებოდნენ	ისინი წვებოდნენ	ისინი დაწვებიან	ისინი დაწვებოდნენ	ისინი დაწვებოდნენ	ისინი დაწვნენ	ისინი დაწვნენ

Perfekt	Plusquamperfekt	Konjunktiv Perfekt
მე დავწოლილვარ	მე დავწოლილიყავი	მე დავწოლილიყო
შენ დაწოლილხარ	შენ დაწოლილიყავი	შენ დაწოლილიყო
ის დაწოლილა	ის დაწოლილიყო	ის დაწოლილიყოს
ჩვენ დავწოლილვართ	ჩვენ დავწოლილიყავით	ჩვენ დავწოლილიყოთ
თქვენ დაწოლილხართ	თქვენ დაწოლილიყავით	თქვენ დაწოლილიყოთ
ისინი დაწოლილან	ისინი დაწოლილიყვნენ	ისინი დაწოლილიყვნენ

სიყვარული (უყვარს) *lieben*

Präsens	Imperfekt (geborgt)	Konjunktiv Präsens	Futur	Konditional	Konjunktiv Futur	Aorist (geborgt)
მე მიყვარს	მე მიყვარდა	მე მიყვარდეს	მე მეყვარება	მე მეყვარებოდა	მე მეყვარებოდეს	მე შემიყვარდა
შენ გიყვარს	შენ გიყვარდა	შენ გიყვარდეს	შენ გეყვარება	შენ გეყვარებოდა	შენ გეყვარებოდეს	შენ შეგიყვარდა
მას უყვარს	მას უყვარდა	მას უყვარდეს	მას ეყვარება	მას ეყვარებოდა	მას ეყვარებოდეს	მას შეუყვარდა
ჩვენ გვიყვარს	ჩვენ გვიყვარდა	ჩვენ გვიყვარდეს	ჩვენ გვეყვარება	ჩვენ გვეყვარებოდა	ჩვენ გვეყვარებოდეს	ჩვენ შეგვიყვარდა
თქვენ გიყვართ	თქვენ გიყვარდათ	თქვენ გიყვარდეთ	თქვენ გეყვარებათ	თქვენ გეყვარებოდათ	თქვენ გეყვარებოდეთ	თქვენ შეგიყვარდათ
მათ უყვართ	მათ უყვარდათ	მათ უყვარდეთ	მათ ეყვარებათ	მათ ეყვარებოდათ	მათ ეყვარებოდეთ	მათ შეუყვარდათ

Optativ	Perfekt	Plusquamperfekt	Konjunktiv Perfekt
მე შემიყვარდეს	მე მყვარებია	მე მყვარებოდა	მე მყვარებოდეს
შენ შეგიყვარდეს	შენ გყვარებია	შენ გყვარებოდა	შენ გყვარებოდეს
მას შეუყვარდეს	მას ჰყვარებია	მას ჰყვარებოდა	მას ჰყვარებოდეს
ჩვენ შეგვიყვარდეს	ჩვენ გვყვარებია	ჩვენ გვყვარებოდა	ჩვენ გვყვარებოდეს
თქვენ შეგიყვარდეთ	თქვენ გყვარებიათ	თქვენ გყვარებოდათ	თქვენ გყვარებოდეთ
მათ შეუყვარდეთ	მათ ჰყვარებიათ	მათ ჰყვარებოდათ	მათ ჰყვარებოდეთ

წოლა (წევს) *liegen (belebt)*

Präsens	Imperfekt	Konjunktiv Präsens	Futur	Konditional	Konjunktiv Futur	Aorist	Optativ
მე ვწევარ შენ წეხარ ის წევს ჩვენ ვწევართ თქვენ წეხართ ისინი წვანან	მე ვწვებოდი შენ წვებოდი ის წვებოდა ჩვენ ვწვებოდით თქვენ წვებოდით ისინი წვებოდნენ	მე ვწვებოდე შენ წვებოდე ის წვებოდეს ჩვენ ვწვებოდეთ თქვენ წვებოდეთ ისინი წვებოდნენ	მე ვიწვები შენ იწვები ის იწვება ჩვენ ვიწვებით თქვენ იწვებით ისინი იწვებიან	მე ვიწვებოდი შენ იწვებოდი ის იწვებოდა ჩვენ ვიწვებოდით თქვენ იწვებოდით ისინი იწვებოდნენ	მე ვიწვებოდე შენ იწვებოდე ის იწვებოდეს ჩვენ ვიწვებოდეთ თქვენ იწვებოდეთ ისინი იწვებოდნენ	მე ვიწექი შენ იწექი ის იწვა ჩვენ ვიწექით თქვენ იწექით ისინი იწვნენ	მე ვიწვე შენ იწვე ის იწვეს ჩვენ ვიწვეთ თქვენ იწვეთ ისინი იწვნენ

Perfekt	Plusquamperfekt	Konjunktiv Perfekt
მე ვწოლივარ შენ წოლიხარ ის სწოლია ჩვენ ვწოლივართ თქვენ წოლიხართ ისინი სწოლიან	მე ვსწოლოდი შენ სწოლოდი ის სწოლოდა ჩვენ ვსწოლოდით თქვენ სწოლოდით ისინი სწოლოდნენ	მე ვსწოლოდე შენ სწოლოდე ის სწოლოდეს ჩვენ ვსწოლოდეთ თქვენ სწოლოდეთ ისინი სწოლოდნენ

დება (დევს) *liegen (unbelebt)*

Präsens	Imperfekt	Konjunktiv Präsens	Futur	Konditional	Konjunktiv Futur	Aorist	Optativ
[მე ვდე[ვ]ვარ] / [მკვდარივით] [შენ დე[ვ]ვხარ] ის დევს [ჩვენ ვდე[ვ]ვართ] [თქვენ დე[ვ]ხართ] ისინი დევს	–	–	[მე ვიდები] [შენ იდები] ის იდება [ჩვენ ვიდებით] [თქვენ იდებით] ისინი იდება	[მე ვიდებოდი] [შენ იდებოდი] ის იდებოდა [ჩვენ ვიდებოდით] [თქვენ იდებოდით] ისინი იდებოდა	[მე ვიდებოდე] [შენ იდებოდე] ის იდებოდეს [ჩვენ ვიდებოდეთ] [თქვენ იდებოდეთ] ისინი იდებოდეს	[მე ვიდე] [შენ იდე] ის იდო [ჩვენ ვიდეთ] [თქვენ ვიდეთ] ისინი იდო	[მე ვიდო] [შენ ვიდო] ის იდოს [ჩვენ იდოთ] [თქვენ იდოთ] ისინი იდოს

Perfekt	Plusquamperfekt	Konjunktiv Perfekt
[მე ვდებულვარ] [შენ დებულხარ] ის დებულა [ჩვენ ვდებულვართ] [თქვენ დებულხართ] ისინი დაბულა	[მე ვდებულიყავი] [შენ დებულიყავი] ის დებულიყო [ჩვენ ვდებულიყავით] [თქვენ დებულიყავით] ისინი დებულიყო	[მე ვდებულიყო] [შენ დებულიყო] ის დებულიყოს [ჩვენ ვდებულიყოთ] [თქვენ დებულიყოთ] ისინი დებულიყოს

ქ(მ)ნა (შვრება) *machen*

Präsens	Imperfekt	Konjunktiv Präsens	Futur	Konditional	Konjunktiv Futur	Aorist	Optativ
მე ვშვრები შენ შვრები ის შვრება ჩვენ ვშვრებით თქვენ შვრებით ისინი შვრებიან	მე ვშვრებოდი შენ შვრებოდი ის შვრებოდა ჩვენ ვშვრებოდით თქვენ შვრებოდით ისინი შვრებოდნენ	მე ვშვრებოდე შენ შვრებოდე ის შვრებოდეს ჩვენ ვშვრებოდეთ თქვენ შვრებოდეთ ისინი შვრებოდნენ	მე ვიზამ შენ იზამ ის იზამს ჩვენ ვიზამთ თქვენ იზამთ ისინი იზამენ	მე ვიზამდი შენ იზამდი ის იზამდა ჩვენ ვიზამდით თქვენ იზამდით ისინი იზამდნენ	მე ვიზამდე შენ იზამდე ის იზამდეს ჩვენ ვიზამდეთ თქვენ იზამდეთ ისინი იზამდნენ	მე ვქენი შენ ქენი მან ქნა ჩვენ ვქენით თქვენ ქენით მათ ქნეს	მე ვქნა შენ ქნა მან ქნას ჩვენ ვქნათ თქვენ ქნათ მათ ქნან

Perfekt	Plusquamperfekt	Konjunktiv Perfekt
მე მიქნია შენ გიქნია მას უქნია ჩვენ გვიქნია თქვენ გიქნიათ მათ უქნიათ	მე მექნა შენ გექნა მას ექნა ჩვენ გვექნა თქვენ გექნათ მათ ექნათ	მე მექნას შენ გექნას მას ექნას ჩვენ გვექნას თქვენ გექნათ მათ ექნათ

წაღება (მიაქვს) *mitnehmen*

Präsens	Imperfekt	Konjunktiv Präsens	Futur	Konditional	Konjunktiv Futur	Aorist	Optativ
მე მიმაქვს შენ მიგაქვს მას მიაქვს ჩვენ მიგვაქვს თქვენ მიგაქვთ მათ მიაქვთ	მე მიმქონდა შენ მიგქონდა მას მიჰქონდა ჩვენ მიგვქონდა თქვენ მიგქონდათ მათ მიჰქონდათ	მე მიმქონდეს შენ მიგქონდეს მას მიჰქონდეს ჩვენ მიგვქონდეს თქვენ მიგქონდეთ მათ მიჰქონდეთ	მე წავიღებ შენ წაიღებ ის წაიღებს ჩვენ წავიღებთ თქვენ წაიღებთ ისინი წაიღებენ	მე წავიღებდი შენ წაიღებდი ის წაიღებდა ჩვენ წავიღებდით თქვენ წაიღებდით ისინი წაიღებდნენ	მე წავიღებდე შენ წაიღებდე ის წაიღებდეს ჩვენ წაიღებდეთ თქვენ წაიღებდეთ ისინი წაიღებდნენ	მე წავიღე შენ წაიღე მან წაიღო ჩვენ წავიღეთ თქვენ წაიღეთ მათ წაიღეს	მე წავიღო შენ წაიღო მან წაიღოს ჩვენ წავიღოთ თქვენ წაიღოთ მათ წაიღონ

Perfekt	Plusquamperfekt	Konjunktiv Perfekt
მე წამიღია შენ წაგიღია მას წაუღია ჩვენ წაგვიღია თქვენ წაგიღიათ მათ წაუღიათ	მე წამეღო შენ წაგეღო მას წაეღო ჩვენ წაგვეღო თქვენ წაგეღოთ მათ წაეღოთ	მე წამეღოს შენ წაგეღოს მას წაეღოს ჩვენ წაგვეღოს თქვენ წაგეღოთ მათ წაეღოთ

თქმა (ამბობს) *sagen (etw., 1 Objekt)*

Präsens	Imperfekt	Konjunktiv Präsens	Futur	Konditional	Konjunktiv Futur	Aorist	Optativ
მე ვამბობ	მე ვამბობდი	მე ვამბობდე	მე ვიტყვი	მე ვიტყვოდი	მე ვიტყვოდე	მე ვთქვი	მე ვთქვა
შენ ამბობ	შენ ამბობდი	შენ ამბობდე	შენ იტყვი	შენ იტყვოდი	შენ იტყვოდე	შენ თქვი	შენ თქვა
ის ამბობს	ის ამბობდა	ის ამბობდეს	ის იტყვის	ის იტყვოდა	ის იტყვოდეს	მან თქვა	მან თქვას
ჩვენ ვამბობთ	ჩვენ ვამბობდით	ჩვენ ვამბობდეთ	ჩვენ ვიტყვით	ჩვენ ვიტყვოდით	ჩვენ ვიტყვოდეთ	ჩვენ ვთქვით	ჩვენ ვთქვათ
თქვენ ამბობთ	თქვენ ამბობდით	თქვენ ამბობდეთ	თქვენ იტყვით	თქვენ იტყვოდით	თქვენ იტყვოდეთ	თქვენ თქვით	თქვენ თქვათ
ისინი ამბობენ	ისინი ამბობდნენ	ისინი ამბობდნენ	ისინი იტყვიან	ისინი იტყვოდნენ	ისინი იტყვოდნენ	მათ თქვეს	მათ თქვან

Perfekt	Plusquamperfekt	Konjunktiv Perfekt
მე მითქვამს	მე მეთქვა	მე მეთქვას
შენ გითქვამს	შენ გეთქვა	შენ გეთქვას
მას უთქვამს	მას ეთქვა	მას ეთქვას
ჩვენ გვითქვამს	ჩვენ გვეთქვა	ჩვენ გვეთქვას
თქვენ გითქვამთ	თქვენ გეთქვათ	თქვენ გეთქვათ
მათ უთქვამთ	მათ ეთქვათ	მათ ეთქვათ

თქმა (ეუბნება) *sagen (jmdm. etw., 2 Objekte)*

Präsens	Imperfekt	Konjunktiv Präsens	Futur	Konditional	Konjunktiv Futur	Aorist	Optativ
მე ვეუბნები	მე ვეუბნებოდი	მე ვეუბნებოდე	მე ვეტყვი	მე ვეტყოდი	მე ვეტყოდე	მე ვუთხარი	მე ვუთხრა
შენ ეუბნები	შენ ეუბნებოდი	შენ ეუბნებოდე	შენ ეტყვი	შენ ეტყოდი	შენ ეტყოდე	შენ უთხარი	შენ უთხრა
ის ეუბნება	ის ეუბნებოდა	ის ეუბნებოდეს	ის ეტყვის	ის ეტყოდა	ის ეტყოდეს	მან უთხრა	მან უთხრას
ჩვენ ვეუბნებით	ჩვენ ვეუბნებოდით	ჩვენ ვეუბნებოდეთ	ჩვენ ვეტყვით	ჩვენ ვეტყოდით	ჩვენ ვეტყოდეთ	ჩვენ ვუთხარით	ჩვენ ვუთხრათ
თქვენ ეუბნებით	თქვენ ეუბნებოდით	თქვენ ეუბნებოდეთ	თქვენ ეტყვით	თქვენ ეტყოდით	თქვენ ეტყოდეთ	თქვენ უთხარით	თქვენ უთხრათ
ისინი ეუბნებიან	ისინი ეუბნებოდნენ	ისინი ეუბნებოდნენ	ისინი ეყტყვიან	ისინი ეყტყოდნენ	ისინი ეყტყოდნენ	მათ უთხრეს	მათ უთხრან

Perfekt	Plusquamperfekt	Konjunktiv Perfekt
მე მითქვამს ის მისთვის	მე მეთქვა	მე მეთქვას
შენ გითქვამს	შენ გეთქვა	შენ გეთქვას
მას უთქვამს	მას ეთქვა	მას ეთქვას
ჩვენ გვითქვამს	ჩვენ გვეთქვა	ჩვენ გვეთქვას
თქვენ გითქვამთ	თქვენ გეთქვათ	თქვენ გეთქვათ
მათ უთქვამთ	მათ ეთქვათ	მათ ეთქვათ

ძილი (სძინავს) *schlafen*

Präsens	Imperfekt	Konjunktiv Präsens	Futur	Konditional	Konjunktiv Futur	Aorist	Optativ
მე მძინავს შენ გძინავს მას სძინავს ჩვენ გვძინავს თქვენ გძინავთ მათ სძინავთ	–	–	მე მეძინება შენ გეძინება მას ეძინება ჩვენ გვეძინება თქვენ გეძინებათ მათ ეძინებათ	მე მეძინებოდა შენ გეძინებოდა მას ეძინებოდა ჩვენ გვეძინებოდა თქვენ გეძინებოდათ მათ ეძინებოდათ	მე მეძინებოდეს შენ გეძინებოდეს მას ეძინებოდეს ჩვენ გვეძინებოდეს თქვენ გეძინებოდეთ მათ ეძინებოდეთ	მე მეძინა შენ გეძინა მას ეძინა ჩვენ გვეძინა თქვენ გეძინათ მათ ეძინათ	მე მეძინოს შენ გეძინოს მას ეძინოს ჩვენ გვეძინოს თქვენ გეძინოთ მათ ეძინოთ

Perfekt	Plusquamperfekt	Konjunktiv Perfekt
მე მიძინია შენ გიძინია მას უძინია ჩვენ გვიძინია თქვენ გიძინიათ ისინი უძინიათ	მე მძინებოდა შენ გძინებოდა მას სძინებოდა ჩვენ გვძინებოდა თქვენ გძინებოდათ ისინი სძინებოდათ	მე მძინებოდეს შენ გძინებოდეს მას სძინებოდეს ჩვენ გვძინებოდეს თქვენ გძინებოდეთ ისინი სძინებოდეთ

ხედვა (ხედავს) *sehen (etw./jmdn.)*

Präsens	Imperfekt	Konjunktiv Präsens	Futur	Konditional	Konjunktiv Futur	Aorist
მე ვხედავ შენ ხედავ ის ხედავს ჩვენ ვხედავთ თქვენ ხედავთ ისინი ხედავენ	მე ვხედავდი შენ ხედავდი ის ხედავდა ჩვენ ვხედავდით თქვენ ხედავდით ისინი ხედავდნენ	მე ვხედავდე შენ ხედავდე ის ხედავდეს ჩვენ ვხედავდეთ თქვენ ხედავდეთ ისინი ხედავდნენ	მე დავინახავ შენ დაინახავ ის დაინახავს ჩვენ დავინახავთ თქვენ დაინახავთ ისინი დაინახავენ	მე დავინახავდი შენ დაინახავდი ის დაინახავდა ჩვენ დავინახავდით თქვენ დაინახავდით ისინი დაინახავდნენ	მე დავინახავდე შენ დაინახავდე ის დაინახავდეს ჩვენ დავინახავდეთ თქვენ დაინახავდეთ ისინი დაინახავდნენ	მე დავინახე შენ დაინახე მან დაინახა ჩვენ დაივნახეთ თქვენ დაინახეთ მათ დაინახეს

Optativ	Perfekt	Plusquamperfekt	Konjunktiv Perfekt
მე დავინახო შენ დაინახო მან დაინახოს ჩვენ დავინახოთ თქვენ დაინახოთ მათ დაინახონ	მე დამინახავს/დამინახია შენ დაგინახავს/დაგინახია მას დაუნახავს/დაუნახია ჩვენ დაგვინახავს/დაგვინახია თქვენ დავინახავთ/დაგინახიათ მათ დაუნახავთ/დაუნახიათ	მე დამენახა შენ დაგენახა მას დაენახა ჩვენ დაგვენახა თქვენ დაგენახათ მათ დაენახათ	მე დამენახოს შენ დაგენახოს მას დაენახოს ჩვენ დაგვენახოს თქვენ დაგენახოთ მათ დაენახოთ

ყურება (უყურებს) *sehen (gucken/schauen/fernsehen)*

Präsens	Imperfekt	Konjunktiv Präsens	Futur (wie Präsens)	Konditional (wie Imperfekt)	Konj. Futur (wie Konj. P.)	Aorist	Optativ
მე ვუყურებ შენ უყურებ ის უყურებს ჩვენ ვუყურებთ თქვენ უყურებთ ისინი უყურებენ	მე ვუყურებდი შენ უყურებდი ის უყურებდა ჩვენ ვუყურებდით თქვენ უყურებდით ისინი უყურებდნენ	მე ვუყურებდე შენ უყურებდე ის უყურებდეს ჩვენ ვუყურებდეთ თქვენ უყურებდეთ ისინი უყურებდნენ	–	–	–	მე ვუყურე შენ უყურე მან უყურა ჩვენ ვუყურეთ თქვენ უყურეთ მათ უყურეს	მე ვუყურო შენ უყურო მან უყუროს ჩვენ ვუყუროთ თქვენ უყუროთ მათ უყურონ

Perfekt	Plusquamperfekt	Konjunktiv Perfekt
მე მიყურებია შენ გიყურებია მას უყურებია ჩვენ გვიყურებია თქვენ გიყურებიათ მათ უყურებიათ	მე მეყურებინა შენ გეყურებინა მას ეყურებინა ჩვენ გვეყურებინა თქვენ გეყურებინათ მათ ეყურებინათ	მე მეყურებინოს შენ გეყურებინოს მას ეყურებინოს ჩვენ გვეყურებინოს თქვენ გეყურებინოთ მათ ეყურებინოთ

ყოფნა *sein*

Präsens	Imperfekt	Konjunktiv Präsens	Futur	Konditional	Konjunktiv Futur	Aorist	Optativ
მე ვარ შენ ხარ ის არის (oder -ა) ჩვენ ვართ თქვენ ხართ ისინი არიან	–	–	მე ვიქნები შენ იქნები ის იქნება ჩვენ ვიქნებით თქვენ იქნებით ისინი იქნებიან	მე ვიქნებოდი შენ იქნებოდი ის იქნებოდა ჩვენ ვიქნებოდით თქვენ იქნებოდით ისინი იქნებოდნენ	მე ვიქნებოდე შენ იქნებოდე ის იქნებოდეს ჩვენ ვიქნებოდეთ თქვენ იქნებოდეთ ისინი იქნებოდნენ	მე ვიყავი შენ იყავი ის იყო ჩვენ ვიყავით თქვენ იყავით ისინი იყვნენ	მე ვიყო შენ იყო ის იყოს ჩვენ ვიყოთ თქვენ იყოთ ისინი იყვნენ

Perfekt	Plusquamperfekt	Konjunktiv Perfekt
მე ვყოფილვარ შენ ყოფილხარ ის ყოფილა ჩვენ ვყოფილვართ თქვენ ყოფილხართ ისინი ყოფილან	მე ვყოფილიყავი შენ ყოფილიყავი ის ყოფილიყო ჩვენ ვყოფილიყავით თქვენ ყოფილიყავით ისინი ყოფილიყვნენ	მე ვყოფილიყო შენ ყოფილიყო ის ყოფილიყოს ჩვენ ვყოფილიყოთ თქვენ ყოფილიყოთ ისინი ყოფილიყნენ

დაჯდომა (დაჯდება) *setzen, sich*

Präsens	Imperfekt	Konjunktiv Präsens	Futur	Konditional	Konjunktiv Futur	Aorist
მე ვჯდები შენ ჯდები ის ჯდება ჩვენ ვსხდებით თქვენ სხდებით ისინი სხდებიან	მე ვჯდებოდი შენ ჯდებდოი ის ჯდებოდა ჩვენ ვსხდებოდით თქვენ სხდებოდით ისინი სხდებოდნენ	მე ვჯდებოდე შენ ჯდებდოე ის ჯდებოდეს ჩვენ ვსხდებოდეთ თქვენ სხდებოდეთ ისინი სხდებოდნენ	მე დავჯდები შენ დაჯდები ის დაჯდება ჩვენ დავსხდებით თქვენ დასხდებით ისინი დასხდებიან	მე დავჯდებოდი შენ დაჯდებოდი ის დაჯდებოდა ჩვენ დავსხდებოდით თქვენ დასხდებოდით ისინი დასხდებოდნენ	მე დავჯდებოდე შენ დაჯდებოდე ის დაჯდებოდეს ჩვენ დავსხდებოდეთ თქვენ დასხდებოდეთ ისინი დასხდებოდნენ	მე დავჯექი შენ დაჯექი ის დაჯდა ჩვენ დავსხედით თქვენ დასხედით ისინი დასხდნენ

Optativ	Perfekt	Plusquamperfekt	Konjunktiv Perfekt
მე დავჯდე შენ დაჯდე ის დაჯდეს ჩვენ დავსხდეთ თქვენ დასხდეთ ისინი დასხდნენ	მე დავმჯდარვარ შენ დამჯდარხარ ის დამჯდარა ჩვენ დავმსხდარვართ თქვენ დამსხდარვართ ისინი დამსხდარან	მე დავმჯდარიყავი შენ დამჯდარიყავი ის დამჯდარიყო ჩვენ დავმსხდარიყავით თქვენ დამსხდარიყავით ისინი დამსხდარიყვნენ	მე დავმჯდარიყო შენ დამჯდარიყო ის დამჯდარიყოს ჩვენ დავმსხდარიყოთ თქვენ დამსხდარიყოთ ისინი დამსხდარიყვონ

ჯდომა, სხდომა (ზის) *sitzen*

Präsens	Imperfekt	Konjunktiv Präsens	Futur	Konditional	Konjunktiv Futur	Aorist	Optativ
მე ვზივარ შენ ზიხარ ის ზის ჩვენ ვსხედვართ თქვენ სხედხართ ისინი სხედან	–	–	მე ვიჯდები შენ იჯდები ის იჯდება ჩვენ ვისხდებით თქვენ ისხდებით ისინი ისხდებიან	მე ვიჯდებოდი შენ იჯდებოდი ის იჯდებოდა ჩვენ ვისხდებოდით თქვენ ისხდებოდით ისინი ისხდებოდნენ	მე ვიჯდებოდე შენ იჯდებოდე ის იჯდებოდეს ჩვენ ვისხდებოდეთ თქვენ ისხდებოდეთ ისინი ისხდებოდნენ	მე ვიჯექი შენ იჯექი ის იჯდა ჩვენ ვისხედით თქვენ ისხედით ისინი ისხდნენ	მე ვიჯდე შენ იჯდე ის იჯდეს ჩვენ ვისხდეთ თქვენ ისხდეთ ისინი ისხდნენ

Perfekt	Plusquamperfekt	Konjunktiv Perfekt
მე ვმჯდარვარ შენ მჯდარხათ ის მჯდარა ჩვენ ვმსხდარვართ თქვენ მსხდარხართ ისინიმსხდარან	მე ვმჯდარიყავი შენ მჯდარიყავი ის მჯდარიყო ჩვენ ვმსხდარიყავით თქვენ მსხდარიყავით ისინი მსხდარიყვნენ	მე ვმჯდარიყო შენ მჯდარიყო ის მჯდარიყოს ჩვენ ვმსხდარიყოთ თქვენ მსხდარიყოთ ისინი მსხდარიყვნენ

ლაპარაკი (ლაპარაკობს) *sprechen (ohne Objekt)*

Präsens	Imperfekt	Konjunktiv Präsens	Futur	Konditional	Konjunktiv Futur
მე ვლაპარაკობ შენ ლაპარაკობ ის ლაპარაკობს ჩვენ ვლაპარაკობთ თქვენ ლაპარაკობთ ისინი ლაპარაკობენ	მე ვლაპარაკობდი შენ ლაპარაკობდი ის ლაპარაკობდა ჩვენ ვლაპარაკობდით თქვენ ლაპარაკობდით ისინი ლაპარაკობდნენ	მე ვლაპარაკობდე შენ ლაპარაკობდე ის ლაპარაკობდეს ჩვენ ვლაპარაკობდეთ თქვენ ლაპარაკობდეთ ისინი ლაპარაკობდნენ	მე ვილაპარაკებ შენ ილაპარაკებ ის ილაპარაკებს ჩვენ ვილაპარაკებთ თქვენ ილაპარაკებთ ისინი ილაპარაკებენ	მე ვილაპარაკებდი შენ ილაპარაკებდი ის ილაპარაკებდა ჩვენ ვილაპარაკებდით თქვენ ილაპარაკებდით ისინი ილაპარაკებდნენ	მე ვილაპარაკებდე შენ ილაპარაკებდე ის ილაპარაკებდეს ჩვენ ვილაპარაკებდეთ თქვენ ილაპარაკებდეთ ისინი ილაპარაკებდნენ

Aorist	Optativ	Perfekt	Plusquamperfekt	Konjunktiv Perfekt
მე ვილაპარაკე შენ ილაპარაკე მან ილაპარაკა ჩვენ ვილაპარაკეთ თქვენ ილაპარაკეთ მათ ილაპარაკეს	მე ვილაპარაკო შენ ილაპარაკო მან ილაპარაკოს ჩვენ ვილაპარაკოთ თქვენ ილაპარაკოთ მათ ილაპარაკონ	მე მილაპარაკ(ნ)ია შენ გილაპარაკ(ნ)ია მას ულაპარაკ(ნ)ია ჩვენ გვილაპარაკ(ნ)ია თქვენ გილაპარაკ(ნ)იათ მათ ულაპარაკ(ნ)იათ	მე მელაპარაკა შენ გელაპარაკა მას ელაპარაკა ჩვენ გველაპარაკა თქვენ გელაპარაკათ მათ ელაპარაკათ	მე მელაპარაკოს შენ გელაპარაკოს მას ელაპარაკოს ჩვენ გველაპარაკოს თქვენ გელაპარაკოთ მათ ელაპარაკოთ

ლაპარაკი/დალაპარაკება მას/მათ (ელაპარაკება) *sprechen (mit jmdm./etw., 1 Objekt)*

Präsens	Imperfekt	Konjunktiv Präsens	Futur	Konditional
მე ველაპარაკები შენ ელაპარაკები ის ელაპარაკება ჩვენ ველაპარაკებით თქვენ ელაპარაკებით ისინი ელაპარაკებიან	მე ველაპარაკებოდი შენ ელაპარაკებოდი ის ელაპარაკებოდა ჩვენ ველაპარაკებოდით თქვენ ელაპარაკებოდით ისინი ელაპარაკებოდნენ	მე ველაპარაკებოდე შენ ელაპარაკებოდე ის ელაპარაკებოდეს ჩვენ ველაპარაკებოდეთ თქვენ ელაპარაკებოდეთ ისინი ელაპარაკებოდნენ	მე დაველაპარაკები შენ დაელაპარაკები ის დაელაპარაკება ჩვენ დაველაპარაკებით თქვენ დაელაპარაკებით ისინი დაელაპარაკებიან	მე დაველაპარაკებოდი შენ დაელაპარაკებოდი ის დაელაპარაკებოდა ჩვენ დაველაპარაკებოდით თქვენ დაელაპარაკებოდით ისინი დაელაპარაკებოდნენ

Konjunktiv Futur	Aorist	Optativ	Perfekt	Plusquamperfekt
მე დაველაპარაკებოდე შენ დაელაპარაკებოდე ის დაელაპარაკებოდეს ჩვენ დაველაპარაკებოდეთ თქვენ დაელაპარაკებოდეთ ისინი დაელაპარაკებოდნენ	მე დაველაპარაკე შენ დაელაპარაკე ის დაელაპარაკა ჩვენ დაველაპარაკეთ თქვენ დაელაპარაკეთ ისინი დაელაპარაკეს	მე დაველაპარაკო შენ დაელაპარაკო ის დაელაპარაკოს ჩვენ დაველაპარაკოთ თქვენ დაელაპარაკოთ ისინი დაელაპარაკონ	მე დავლაპარაკებივარ შენ დალაპარაკებიხარ ის დალაპარაკებია ჩვენ დავლაპარაკებივართ თქვენ დალაპარაკებიხართ ისინი დალაპარაკებიან	მე დავლაპარაკებოდი შენ დალაპარაკებოდი ის დალაპარაკებოდა ჩვენ დავლაპარაკებოდათ თქვენ დალაპარაკებოდათ ისინი დალაპარაკებოდნენ

Konjunktiv Perfekt
მე დავლაპარაკებოდე შენ დალაპარაკებოდე ის დალაპარაკებოდეს ჩვენ დავლაპარაკებოდეთ თქვენ დალაპარაკებოდეთ ისინი დალაპარაკებოდნენ

დგომა/დადგომა (დგას) *stehen*

Präsens	Imperfekt	Konjunktiv Präsens	Futur	Konditional	Konjunktiv Futur	Aorist	Optativ
მე ვდგავარ შენ დგახარ ის დგას ჩვენ ვდგავართ თქვენ დგახართ ისინი დგანან	–	–	მე ვიდგები შენ იდგები ის იდგება ჩვენ ვიდგებით თქვენ იდგებით ისინი იდგებიან	მე ვიდგებოდი შენ იდგებოდი ის იდგებოდა ჩვენ ვიდგებოდით თქვენ იდგებოდით ისინი იდგებოდენენ	მე ვიდგებოდე შენ იდგებოდე ის იდგებოდეს ჩვენ ვიდგებოდეთ თქვენ იდგებოდეთ ისინი იდგებოდენენ	მე ვიდექი შენ იდექი ის იდგა ჩვენ ვიდექით თქვენ იდექით ისინი იდგნენ	მე ვიდგე შენ იდგე ის იდგეს ჩვენ ვიდგეთ თქვენ იდგეთ ისინი იდგნენ

Perfekt	Plusquamperfekt	Konjunktiv Perfekt
მე ვმდგარვარ შენ მდგარხარ ის მდგარა ჩვენ ვმდგარვართ თქვენ მდგარხართ ისინი მდგარან	მე ვმდგარიყავი შენ მდგარიყავი ის მდგარიყო ჩვენ ვმდგარიყავით თქვენ მდგარიყავით ისინი მდგარიყვნენ	მე ვმდგარიყო შენ მდგარიყო ის მდგარიყოს ჩვენ ვმდგარიყოთ თქვენ მდგარიყოთ ისინი მდგარიყვნენ

დადგომა (დგება) *(hin)stellen, sich*

Präsens	Imperfekt	Konjunktiv Präsens	Futur	Konditional	Konjunktiv Futur	Aorist
მე ვდგები შენ დგები ის დგება ჩვენ ვდგებით თქვენ დგებით ისინი დგებიან	მე ვდგებოდი შენ დგებოდი ის დგებოდა ჩვენ ვდგებოდით თქვენ დგებოდით ისინი დგებოდნენ	მე ვდგებოდი შენ დგებოდი ის დგებოდა ჩვენ ვდგებოდით თქვენ დგებოდით ისინი დგებოდნენ	მე დავდგები შენ დადგები ის დადგება ჩვენ დავდგებით თქვენ დადგებით ისინი დადგებიან	მე დავდგებოდი შენ დადგებოდი ის დადგებოდა ჩვენ დავდგებოდით თქვენ დადგებოდით ისინი დადგებოდნენ	მე დავდგებოდე შენ დადგებოდე ის დადგებოდეს ჩვენ დავდგებოდეთ თქვენ დადგებოდეთ ისინი დადგებოდნენ	მე დავდექი შენ დადექი ის დადგა ჩვენ დავდექით თქვენ დადექით ისინი დადგნენ

Optativ	Perfekt	Plusquamperfekt	Konjunktiv Perfekt
მე დავდგე შენ დადგე ის დადგეს ჩვენ დავდგეთ თქვენ დადგეთ ისინი დადგნენ	მე დავმგარვარ შენ დამგარხარ ის დამდგარა ჩვენ დავმგარვართ თქვენ დამგარხართ ისინი დამგარან	მე დავმგარიყავი შენ დამგარიყავი ის დამდგარიყო ჩვენ დავმგარიყავით თქვენ დამგარხართ ისინი დამგარიყვნენ	მე დავმგარიყო შენ დამგარიყო ის დამდგარიყოს ჩვენ დავმგარიყოთ თქვენ დამგარიყოთ ისინი დამგარიყვნენ

სმა (სვამს) *trinken (austrinken)*

Präsens	Imperfekt	Konjunktiv Präsens	Futur	Konditional	Konjunktiv Futur
მე ვსვამ შენ სვამ ის სვამს ჩვენ ვსვამთ თქვენ სვამთ ისინი სვამენ	მე ვსვამდი შენ სვამდი ის სვამდა ჩვენ ვსვამდით თქვენ სვამდით ისინი სვამდნენ	მე ვსვამდე შენ სვამდე ის სვამდეს ჩვენ ვსვამდეთ თქვენ სვამდეთ ისინი სვამდნენ	მე დავლევ//შევსვამ შენ დალევ//შესვამ ის დალევს//შესვამს ჩვენ დავლევთ//შევსვამთ თქვენ დალევთ//შესვამთ ისინი დალევენ//შესვამენ	მე დავლევდი//შევსვამდი შენ დალევდი//შესვამდი ის დალევდა//შესვამდა ჩვენ დავლევდით//შევსვამდით თქვენ დალევდითშესვამდით ისინი დალევდნენ//შესვამდნენ	ჰე დავლევდე//შევსვამდე შენ დალევდე//შესვამდე ის დალევდეს//შესვამდეს ჩვენ დავლევდეთ//შევსვამდეთ თქვენ დალევდეთ/შესვამდეთ ისინი დალევდნენ//შესვამდნენ

Aorist	Optativ	Perfekt	Plusquamperfekt	Konjunktiv Perfekt
მე დავლიე//შევსვი შენ დალიე//შესვი მან დალია//შესვა ჩვენ დავლიეთ//შევსვით თქვენ დალიეთ//შესვით მათ დალიეს//შესვეს	მე დავლიო//შევსვა შენ დალიო//შესვა მან დალიოს//შესვას ჩვენ დავლიოთ//შევსვათ თქვენ დალიოთ//შესვათ მათ დალიონ//შესვან	მე დამილევია//შემისვია შენ დაგილევია//შეგისვია მას დაულევია//შეუსვია ჩვენ დაგვილევია//შეგვისვია თქვენ დაგილევიათ//შეგისვიათ მათ დაულევიათ//შეუსვიათ	მე დამელია//შემესვა შენ დაგელია//შეგესვა მას დაელია//შეესვა ჩვენ დაგველია//შეგვესვა თქვენ დაგელიათ//შეგესვათ მათ დაელიათ//შეესვათ	მე დამელოს//შემესვას შენ დაგელიოს//შეგესვას მას დაელიოს//შეესვას ჩვენ დაგველიოს//შეგვესვას თქვენ დაგელიოთ//შეგესვათ მათ დაელიოთ//შეესვათ

გაყიდვა (ყიდის) *verkaufen*

Präsens	Imperfekt	Konjunktiv Präsens	Futur	Konditional	Konjunktiv Futur	Aorist	Optativ
მე ვყიდი შენ ყიდი ის ყიდის ჩვენ ვყიდით თქვენ ყიდით ისინი ყიდიან	მე ვყიდ(ი)დი შენ ყიდ(ი)დი ის ყიდ(ი)და ჩვენ ვყიდ(ი)დით თქვენ ყიდ(ი)დით ისინი ყიდ(ი)დნენ	მე ვყიდ(ი)დე შენ ყიდ(ი)დე ის ყიდ(ი)დეს ჩვენ ვყიდ(ი)დეთ თქვენ ყიდ(ი)დეთ ისინი ყიდ(ი)დნენ	მე გავყიდი შენ გაყიდი ის გაყიდის ჩვენ გავყიდით თქვენ გაყიდით ისინი გაყიდიან	მე გავყიდ(ი)დი შენ გაყიდ(ი)დი ის გაყიდ(ი)და ჩვენ გავყიდ(ი)დით თქვენ გაყიდ(ი)დით ისინი გაყიდ(ი)დნენ	მე გავყიდ(ი)დე შენ გაყიდ(ი)დე ის გაყიდ(ი)დეს ჩვენ გავყიდ(ი)დეთ თქვენ გაყიდ(ი)დეთ ისინი გაყიდ(ი)დნენ	მე გავყიდე შენ გაყიდე მან გაყიდა ჩვენ გავყიდეთ თქვენ გაყიდეთ მათ გაყიდეს	მე გავყიდო შენ გაყიდო მან გაყიდოს ჩვენ გავყიდოთ თქვენ გაყიდოთ მათ გაყიდონ

Perfekt	Plusquamperfekt	Konjunktiv Perfekt
მე (არ) გამიყიდია შენ (არ) გაგიყიდია მას (არ) გაუყიდია ჩვენ (არ) გაგვიყიდია თქვენ (არ) გაგიყიდიათ მათ (არ) გაუყიდიათ	მე გამეყიდა შენ გაგეყიდა მას გაეყიდა ჩვენ გაგვეყიდა თქვენ გაგეყიდათ მათ გაეყიდათ	მე გამეყიდოს შენ გაგეყიდოს მას გაეყიდოს ჩვენ გაგვეყიდოს თქვენ გაგეყიდოთ მათ გაეყიდოთ

გაგება (ესმის) *verstehen*

Präsens	Imperfekt	Konjunktiv Präsens	Futur	Konditional	Konjunktiv Futur	Aorist	Optativ
მე ვიგებ შენ იგებ ის იგებს ჩვენ ვიგებთ თქვენ იგებთ ისინი იგებენ	მე ვიგებდი შენ იგებდი ის იგებდა ჩვენ ვიგებდით თქვენ იგებდით ისინი იგებდნენ	მე ვიგებდე შენ იგებდე ის იგებდეს ჩვენ ვიგებდეთ თქვენ იგებდეთ ისინი იგებდნენ	მე გავიგებ შენ გაიგებ ის გაიგებს ჩვენ გავიგებთ თქვენ გაიგებთ ისინი გაიგებენ	მე გავიგებდი შენ გაიგებდი ის გაიგებდა ჩვენ გავიგებდით თქვენ გაიგებდით ისინი გაიგებდნენ	მე გავიგებდე შენ გაიგებდე ის გაიგებდეს ჩვენ გავიგებდეთ თქვენ გაიგებდეთ ისინი გაიგებდნენ	მე გავიგე შენ გაიგე მან გაიგო ჩვენ გავიგეთ თქვენ გაიგეთ მათ გაიგეს	მე გავიგო შენ გაიგო მან გაიგოს ჩვენ გავიგოთ თქვენ გაიგოთ მათ გაიგონ

Perfekt	Plusquamperfekt	Konjunktiv Perfekt
მე გამიგია შენ გაგიგია მას გაუგია ჩვენ გაგვიგია თქვენ გაგიგიათ მათ გაუგიათ	მე გამეგო შენ გაგეგო მას გაეგოს ჩვენ გავეგოთ თქვენ გაგეგოთ მათ გაეგოთ	მე გამეგოს შენ გაგეგოს მას გაეგოს ჩვენ გაგვეგოს თქვენ გაგეგოთ მათ გაეგოთ

კითხვა (კითხულობს) *vorlesen*

Präsens	Imperfekt	Konjunktiv Präsens	Futur	Konditional
მე ვკითხულობ შენ კითხულობ ის კითხულობს ჩვენ ვკითხულობთ თქვენ კითხულობთ ისინი კითხულობენ	მე ვკითხულობდი შენ კითხულობდი ის კითხულობდა ჩვენ ვკითხულობდით თქვენ კითხულობდით ისინი კითხულობდნენ	მე ვკითხულობდე შენ კითხულობდე ის კითხულობდეს ჩვენ ვკითხულობდეთ თქვენ კითხულობდეთ ისინი კითხულობდნენ	მე ვიკითხავ/წაიკითხავ შენ იკითხავ/წაიკითხავ ის იკითხავს/წაიკითხავს ჩვენ ვიკითხავთ/წაიკითხავთ თქვენ იკითხავთ/წაიკითხავთ ისინი იკითხავენ/წაიკითხავენ	მე ვიკითხავდი/წაიკითხავდი შენ იკითხავდი/წაიკითხავდი ის იკითხავდა/წაიკითხავდა ჩვენ ვიკითხავდით/წაიკითხავდით თქვენ იკითხავდით/წაიკითხავდით ისინი იკითხავდნენ/წაიკითხავდნენ

Konjunktiv Futur	Aorist	Optativ	Perfekt	Plusquamperfekt
ვიკითხავდე/წაიკითხავდე იკითხავდე/წაიკითხავდე იკითხავდეს/წაიკითხავდეს ვიკითხავდეთ/წაიკითხავდეთ იკითხავდეთ/წაიკითხავდეთ იკითხავდნენ/წაიკითხავდნენ	მე ვიკითხე/წავიკითხე შენ იკითხე/წაიკითხე მან იკითხა/წაიკითხა ჩვენ ვიკითხეთ/წაიკითხეთ თქვენ იკითხეთ/წაიკითხეთ ისინი იკითხეს/წაიკითხეს	მე ვიკითხო/წავიკითხო შენ იკითხო/წაიკითხო მან იკითხოს/წაიკითხოს ჩვენ ვიკითხოთ/წაიკითხოთ თქვენ იკითხოთ/წაიკითხოთ ისინი იკითხონ/წაიკითხონ	მე მიკითხავს/წამიკითხავს შენ გიკითხავს/წაგიკითხავს ის უკითხავს/წაუკითხავს ჩვენ გვიკითხავს/წაგვიკითხავს თქვენ გიკითხავთ/წაგიგითხავთ ისინი უკითხავთ/წაუკითხავთ	მე მეკითხა/წამეკითხა შენ გეკითხა/წაგეკითხა ის ეკითხა/წაეკითხა ჩვენ გვეკითხა/წაგვეკითხა თქვენ გეკითხათ/წაგეგითხათ ისინი ეკითხათ/წაეკითხათ

Konjunktiv Perfekt
მე მეკითხოს/წამეკითხოს შენ გეკითხოს/წაგეკითხოს ის ეკითხოს/წაეკითხოს ჩვენ გვეკითხოს/წაგვეკითხოს თქვენ გეკითხოთ/წაგეგითხოთ ისინი ეკითხოთ/წაეკითხოთ

(დ)ცდა (იცდის) *warten (ohne Objekt)*

Präsens	Imperfekt	Konjunktiv Präsens	Futur	Konditional	Konjunktiv Futur	Aorist
მე ვიცდი შენ იცდი ის იცდის ჩვენ ვიცდით თქვენ იცდით ისინი იცდიან	მე ვიცდიდი შენ იცდიდი ის იცდიდა ჩვენ ვიცდიდით თქვენ იცდიდით ისინი იცდიდნენ	მე ვიცდიდე შენ იცდიდე ის იცდიდეს ჩვენ ვიცდიდეთ თქვენ იცდიდეთ ისინი იცდიდნენ	მე და- მოვიცდი შენ და- მო/იცდი ის და- მოიცდის ჩვენ და- მოვიცდით თქვენ და- მოიცდით ისინი და- მოიცდიან	მე და- მოვიცდიდი შენ და- მო/იცდიდი ის და- მოიცდისდა ჩვენ და- მოვიცდიდით თქვენ და- მოიცდიდით ისინი და- მოიცდიდნენ	მე და- მოვიცდიდე შენ და- მო/იცდიდე ის და- მოიცდისდეს ჩვენ და- მოვიცდიდეთ თქვენ და- მოიცდიდეთ ისინი და- მოიცდიდნენ	მე და- მოვიცადე შენ და- მოიცადე მან და- მოიცადა ჩვენ და- მოვიცადეთ თქვენ და- მოიცადეთ მათ და- მოიცადეს

Optativ	Perfekt	Plusquamperfekt	Konjunktiv Perfekt
მე და- მოვიცადო შენ და- მოიცადო მან და- მოიცადოს ჩვენ და- მოვიცადოთ თქვენ და- მოიცადოთ მათ და- მოიცადონ	მე და- მომიცდია შენ და- მოგიცდია მას და- მოუცდია ჩვენ და- მოგვიცდია თქვენ და- მოიცდიათ მათ და- მოიცდიათ	მე და- მომეცადა შენ და- მოგეცადა მას და- მოეცადა ჩვენ და- მოგვეცადა თქვენ და- მოეცადათ მათ და- მოეცადათ	მე და- მომეცადოს შენ და- მოგეცადოს მას და- მოეცადოს ჩვენ და- მოგვეცადოს თქვენ და- მოეცადოთ მათ და- მოეცადოთ

ოდინი (ელის/ელოდება მას/მათ) *warten (jmd. auf jmdn.)*

Präsens	Imperfekt	Konjunktiv Präsens	Futur	Konditional	Konjunktiv Futur
მე ველ(ოდებ)ი შენ ელ(ოდებ)ი ის ელ(ოდებ)ა ჩვენ ველ(ოდებ)ით თქვენ ელ(ოდებ)ით ისინი ელ(ოდებ)იან	მე ველ(ოდებ)ოდი შენ ელ(ოდებ)ოდი ის ელ(ოდებ)ოდა ჩვენ ველ(ოდებ)ოდით თქვენ ელ(ოდებ)ოდით ისინი ელ(ოდებ)ოდნენ	მე ველ(ოდებ)ოდე შენ ელ(ოდებ)ოდე ის ელ(ოდებ)ოდეს ჩვენ ველ(ოდებ)ოდეთ თქვენ ელ(ოდებ)ოდეთ ისინი ელ(ოდებ)ოდნენ	მე დაველოდები შენ დაელოდები ის დაელოდება ჩვენ დაველოდებით თქვენ დაელოდებით ისინი დაელოდებიან	მე დაველოდებოდი შენ დაელოდებოდი ის დაელოდებოდა ჩვენ დაველოდებოდით თქვენ დაელოდებოდით ისინი დაელოდებოდნენ	მე დაველოდებოდე შენ დაელოდებოდე ის დაელოდებოდეს ჩვენ დაველოდებოდეთ თქვენ დაელოდებოდეთ ისინი დაელოდებოდნენ

Aorist	Optativ	Perfekt	Plusquamperfekt	Konjunktiv Perfekt
მე (და)ველოდე შენ (და)ელოდე ის (და)ელოდა ჩვენ (და)ველოდეთ თქვენ (და)ელოდეთ ისინი (და)ელოდნენ	მე (და)ველოდო შენ (და)ელოდო ის (და)ელოდოს ჩვენ (და)ველოდოთ თქვენ (და)ელოდოთ ისინი (და)ელოდონ	მე დავლოდებივარ შენ დალოდებიხარ ის დალოდებია ჩვენ დავლოდებივართ თქვენ დალოდებიხართ ისინი დალოდებიან	მე დავლოდებოდი შენ დალოდებოდი ის დალოდებოდა ჩვენ დავლოდებოდით თქვენ დალოდებოდით ისინი დალოდებოდნენ	მე დავლოდებოდე შენ დალოდებოდე ის დალოდებოდეს ჩვენ დავლოდებოდეთ თქვენ დალოდებოდეთ ისინი დალოდებოდნენ

მოცდა/დაცდა (უცდის) მას/მათ *warten (auf jmdn./etw.)*

Präsens	Imperfekt	Konjunktiv Präsens	Futur	Konditional	Konjunktiv Futur
მე ვუცდი შენ უცდი ის უცდის ჩვენ ვუცდით თქვენ უცდით ისინი უცდიან	მე ვუცდიდი შენ უცდიდი ის უცდიდა ჩვენ ვუცდიდით თქვენ უცდიდით ისინი უცდიდნენ	მე ვუცდიდე შენ უცდიდე ის უცდიდეს ჩვენ ვუცდიდეთ თქვენ უცდიდეთ ისინი უცდიდნენ	მე და- მოვუცდი შენ და- მოუცდი ის და- მოუცდის ჩვენ და- მოვუცდით თქვენ და- მოუცდით ისინი და- მოუცდიან	მე და- მოვუცდიდი შენ და- მოუცდიდი ის და- მოუცდიდა ჩვენ და- მოვუცდიდით თქვენ და- მოუცდიდით ისინი და- მოუცდიდნენ	მე და- მოვუცდიდე შენ და- მოუცდიდე ის და- მოუცდიდეს ჩვენ და- მოვუცდიდეთ თქვენ და- მოუცდიდეთ ისინი და- მოუცდიდნენ

Aorist	Optativ	Perfekt	Plusquamperfekt	Konjunktiv Perfekt
მე და- მოვუცადე შენ და- მოუცადე მან და- მოუცადა ჩვენ და- მოვუცადეთ თქვენ და- მოუცადეთ მათ და- მოუცადეს	მე და- მოვუცადო შენ და- მოუცადო მან და- მოუცადოს ჩვენ და- მოვუცადოთ თქვენ და- მოუცადოთ მათ და- მოუცადონ	მე და- მომიცდია მისთვის/მათთვის შენ და- მოგიცდია მას და- მოუცდია ჩვენ და- მოგვიცდია თქვენ და- მოიცდიათ მათ და- მოიცდიათ	მე და- მომეცადა შენ და- მოგეცადა მას და- მოეცადა ჩვენ და- მოგვეცადა თქვენ და- მოეცადათ მათ და- მოეცადათ	მე და- მომეცადოს შენ და- მოგეცადოს მას და- მოეცადოს ჩვენ და- მოგვეცადოს თქვენ და- მოეცადოთ მათ და- მოეცადოთ

ცოდნა (იცის) *wissen*

Präsens	Imperfekt	Konjunktiv Präsens	Futur	Konditional	Konjunktiv Futur	Aorist	Optativ
მე ვიცი შენ იცი მან იცის ჩვენ ვიცით თქვენ იცით მათ იციან	მე ვიცოდი შენ იცოდი მან იცოდა ჩვენ ვიცოდით თქვენ იცოდით მათ იცოდნენ	მე ვიცოდე შენ იცოდე მან იცოდეს ჩვენ ვიცოდეთ თქვენ იცოდეთ მათ იცოდნენ	მე მეცონიდება შენ გეცოდინება მას ეცოდინება ჩვენ გვეცოდინება თქვენ გეცოდინებათ მათ ეცოდინებათ	მე მეცოდინებოდა შენ გეცოდინებოდა მას ეცოდინებოდა ჩვენ გვეცოდინებოდა თქვენ გეცოდინებოდათ მათ ეცოდინებოდათ	–	–	–

Perfekt	Plusquamperfekt	Konjunktiv Perfekt
მე მცონდია შენ გცოდნია მას სცოდნია ჩვენ გვცოდნია თქვენ გცოდნიათ მათსცოდნიათ	მე მცოდნოდა შენ გცოდნოდა მას სცოდნოდა ჩვენ გვცოდნოდა თქვენ გცოდნოდა მათ სცოდნოდათ	მე მცოდნოდეს შენ გცოდნოდეს მას სცოდნოდეს ჩვენ გვცოდნოდეს თქვენ გცოდნოდეთ მათ სცოდნოდეთ

მდონამ (უნდა) *wollen*

Präsens	Imperfekt	Konjunktiv Präsens	Futur	Konditional	Konjunktiv Futur	Aorist	Optativ
მე მინდა შენ გინდა მას უნდა ჩვენ გვინდა თქვენ გინდათ მათ უნდათ	მე მინდოდა შენ გინდოდა მას უნდოდა ჩვენ გვინდოდა თქვენ გინდოდათ მათ უნდოდათ	მე მინდოდეს შენ გინდოდეს მას უნდოდეს ჩვენ გვინდოდეს თქვენ გინდოდეთ მათ უნდოდეთ	მე მენდომება შენ გენდომება მას ენდომება ჩვენ გვენდომება თქვენ გენდომებათ მათ ენდომებათ	მე მენდომებოდა შენ გენდომებოდა მას ენდომებოდა ჩვენ გვენდომებოდა თქვენ გენდომებოდათ მათ ენდომებოდათ	მე მენდომებოდეს შენ გენდომებოდეს მას ენდომებოდეს ჩვენ გვენდომებოდეს თქვენ გენდომებოდეთ მათ ენდომებოდეთ	–	–

Perfekt	Plusquamperfekt	Konjunktiv Perfekt
მე მ(ნ)დომ(ებ)ია შენ გ(ნ)დომ(ებ)ია მას (ნ)დომ(ებ)ია ჩვენ გვ(ნ)დომ(ებ)ია თქვენ გ(ნ)დომ(ებ)იათ მათ (ნ)დომ(ებ)იათ	მე მ(ნ)დომ(ებ)ოდა შენ გ(ნ)დომ(ებ)ოდა მას (ნ)დომ(ებ)ოდა ჩვენ გვ(ნ)დომ(ებ)ოდა თქვენ გ(ნ)დომ(ებ)ოდათ მათ (ნ)დომ(ებ)ოდათ	მე მ(ნ)დომ(ებ)ოდეს შენ გ(ნ)დომ(ებ)ოდეს მას (ნ)დომ(ებ)ოდეს ჩვენ გვ(ნ)დომ(ებ)ოდეს თქვენ გ(ნ)დომ(ებ)ოდეთ მათ (ნ)დომ(ებ)ოდეთ

(მო)სმენა (უსმენს) *zuhören*

Präsens	Imperfekt	Konjunktiv Präsens	Futur	Konditional	Konjunktiv Futur
მე ვუსმენ	მე ვუსმენდი	მე ვუსმენდე	მე მოვუსმენ	მე მოვუსმენდი	მე მოვუსმენდე
შენ უსმენ	შენ უსმენდი	შენ უსმენდე	შენ მოუსმენ	შენ მოუსმენდი	შენ მოუსმენდე
ის უსმენს	ის უსმენდა	ის უსმენდეს	ის მოუსმენს	ის მოუსმენდა	ის მოუსმენდეს
ჩვენ ვუსმენთ	ჩვენ ვუსმენდით	ჩვენ ვუსმენდეთ	ჩვენ მოვუსმენთ	ჩვენ მოვუსმენდით	ჩვენ მოვუსმენდეთ
თქვენ უსმენთ	თქვენ უსმენდით	თქვენ უსმენდეთ	თქვენ მოუსმენთ	თქვენ მოუსმენდით	თქვენ მოუსმენდეთ
ისინი უსმენენ	ისინი უსმენდნენ	ისინი უსმენდნენ	ისინი მოუსმენენ	ისინი მოუსმენდნენ	ისინი მოუსმენდნენ

Aorist	Optativ	Perfekt	Plusquamperfekt	Konjunktiv Perfekt
მე მოვუსმინე	მე მოვუსმინო	მე მომისმენია	მე მომესმინა	მე მომესმინოს
შენ მოუსმინე	შენ მოუსმინო	შენ მოგისმენია	შენ მოგესმინა	შენ მოგესმინოს
მან მოუსმინა	მან მოუსმინოს	მას მოუსმენია	მას მოესმინა	მას მოესმინოს
ჩვენ მოვუსმინეთ	ჩვენ მოვუსმინოთ	ჩვენ მოგვისმენია	ჩვენ მოგვესმინა	ჩვენ მოგვესმინოს
თქვენ მოუსმინეთ	თქვენ მოუსმინოთ	თქვენ მოგისმენიათ	თქვენ მოგესმინათ	თქვენ მოგესმინოთ
მათ მოუსმინეს	მათ მოუსმინონ	მათ მოუსმენიათ	მათ მოესმინათ	მათ მოესმინოთ